GESCHICHTE DES SELBSTBEWUSSTSEINS

ULRICH CLAESGES

GESCHICHTE
DES
SELBSTBEWUSSTSEINS

DER URSPRUNG DES SPEKULATIVEN PROBLEMS
IN FICHTES WISSENSCHAFTSLEHRE
VON 1794-95

MARTINUS NIJHOFF / DEN HAAG / 1974

© *1974 by Martinus Nijhoff, The Hague, Netherlands*
All rights reserved, including the right to translate or to
reproduce this book or parts thereof in any form

ISBN 90 247 1621 7

PRINTED IN THE NETHERLANDS

VORWORT

Aufgabe der vorliegenden Untersuchung ist eine Interpretation der frühen Wissenschaftslehre Fichtes unter einem über Fichte insgesamt hinausweisenden systematischen Gesichtspunkt. Diese Aufgabe bedarf einer Erläuterung

Die Fichte-Literatur der letzten Jahre hat sich vornehmlich dem späteren Fichte zugewandt, und zwar meist in einer apologetischen Absicht: Es gilt, Fichte gegen den von Richard Kroner[1] vorgenommenen Versuch, dessen Wissenschaftslehre in die Entwicklung des Deutschen Idealismus von Kant zu Hegel einzubeziehen, zu verteidigen.

Das sicher einseitige Fichtebild Kroners, der nur die frühe Wissenschaftslehre Fichtes berücksichtigt und dessen weitere Entwicklung ignoriert, hat die neuere Forschung überzeugend revidiert.[2] Für Kroner waren Kant, Fichte und Schelling ebenso wie die „Randfiguren" Reinhold, Maimon und andere nichts als Vorläufer Hegels, und zwar so, daß dessen System die Verwirklichung der Programme seiner Vorgänger darstellt und somit die Auflösung aller Fragen und Aporien enthält, die den Weg zu ihm hin kennzeichnen.

Wenn man etwa die Wissenschaftslehren von 1801 und 1804, die von Fichte selber aber nicht veröffentlicht wurden, berücksichtigt, dann scheint in der Tat eine Einordnung Fichtes in den wie immer gearteten Entwicklungsgang des Deutschen Idealismus unmöglich.

Hier ist aber eine differenziertere Betrachtungsweise angebracht. Wenn Schelling seine frühen Schriften in einer Aufnahme und Umbildung Fichtescher Gedanken konzipiert; wenn Hegel in seinen Jenaer Schriften in eine Auseinandersetzung zwischen Fichte und Schelling eingreift und dabei erstmalig seine eigenen, auch von Schelling ab-

---

[1] R. Kroner, *Von Kant zu Hegel*. 2 Bde. Tübingen 1921/24.
[2] Einen Überblick gibt G. Schulte, *Die Wissenschaftslehre des späten Fichte*. Frankfurt am Main 1971.

weichenden Grundgedanken entwickelt: dann gehört Fichte mit diesen seinen frühen, von ihm selbst veröffentlichen Schriften in die Entwicklung des Deutschen Idealismus hinein. Das muß gesagt werden, auch wenn es den von Kroner unterstellten einheitlichen Entwicklungsgang zu Hegel hin nicht geben sollte.

Wie es also falsch sein mag, den späteren Fichte (den der Wissenschaftslehren von 1801, 1804 und später) *zusammen* mit der Wissenschaftslehre von 1794 in den Entwicklungsgang des Deutschen Idealismus *einzubeziehen* (was Kroner nicht getan hat, was sich aber von ihm her nahe legen könnte), so ist es sicher ebenso falsch, mit dem späteren Fichte *auch* den der Wissenschaftslehre von 1794 aus der Entwicklung des Deutschen Idealismus *herauszunehmen*.

Genau das aber hat die neuere Fichte-Forschung versucht. Sie hat es u.a. dadurch versucht, daß sie die frühe Wissenschaftslehre ausschließlich von den späteren her versteht, sie durch ständige Rückgriffe vor allem auf die Wissenschaftslehren von 1801 und 1804, ja sogar auf die Wissenschaftslehre von 1810, zu interpretieren versucht.[3]

Darüber, daß die Wissenschaftslehre von 1794 nur zu verstehen sei, wenn man sie unter Zuhilfenahme der späteren lese und interpretiere, scheint in der neueren Fichte-Forschung ein einhelliger Konsens zu herrschen.

Aus diesem Konsens wird die vorliegende Untersuchung, deren Manuskript bereits 1970 fertiggestellt wurde,[4] ausbrechen; sie wird etwas unternehmen, was die Fichte-Forschung für unzulässig, wenn nicht gar für unmöglich hält: durch eine ausführliche Interpretation der Schriften zur Wissenschaftslehre bis 1795 ohne jeden Rekurs auf spätere Schriften Fichtes soll gezeigt werden, daß in der frühen Wissenschaftslehre eine Gestalt von Transzendentalphilosophie vorliegt, durch die sie in die Entwicklung des Deutschen Idealismus hineingehört, ja eine entscheidende Entwicklungslinie allererst inauguriert. Diese Gestalt von Transzendentalphilosophie, die zum Programm Schellings und Hegels wird, nennen wir Geschichte des Selbstbewußtseins.

Dabei soll die Interpretation der frühen Wissenschaftslehre so weit getrieben werden, daß das mit dem Titel Geschichte des Selbstbewußtseins genannte spekulative Problem sichtbar gemacht werden kann.

---

[3] Vgl. z.B. H. Girndt, *Die Differenz des Fichteschen und Hegelschen Systems in der Hegelschen ,,Differenzschrift"*. Bonn 1965; K. Schuhmann, *Die Grundlage der Wissenschaftslehre in ihrem Umrisse. Zu Fichtes Wissenschaftslehren von 1794 und 1810*. Den Haag 1968.

[4] Die Untersuchung wurde in etwas anderer Form im Wintersemester 1970/71 von der Philosophischen Fakultät der Universität zu Köln als Habilitationsschrift angenommen.

Mit diesem Versuch soll andererseits nicht geleugnet werden, daß es auch bei Fichte selber eine Entwicklung gibt, die von der zu Hegel hin wesentlich verschieden ist. Es soll nicht bestritten werden, daß die späteren Wissenschaftslehren als Fortbildungen ihrer frühen Gestalt interpretierbar sind. Unser Versuch impliziert nicht die Behauptung eines Bruchs im Denken Fichtes, wohl aber die Behauptung einer fundamentalen Ambivalenz der frühen Wissenschaftslehre. Der Nachweis dieser Ambivalenz wird in der vorliegenden Untersuchung dadurch erbracht, daß wesentliche Teile der frühen Wissenschaftslehre als Geschichte des Selbstbewußtseins interpretiert werden.

Wie jeder Versuch, zentrale Texte der Philosophie unter dem Hinblick übergeordneter Sachprobleme zu interpretieren und zu diskutieren, steht auch unsere Untersuchung vor besonderen Schwierigkeiten, zumal sie ihre Intentionen zum Teil im Gegenzug gegen das Selbstverständnis der Texte zu realisieren hat. Wem es darauf ankommt, nur noch einmal anders zu sagen, was der Text bzw. sein Autor schon selber gesagt haben, hat es freilich leichter.

Aber gerade weil wir uns damit nicht begnügen wollen, ist eine gewisse Ausführlichkeit des Textanalyse, zum Teil im Sinne eines reinen Kommentars,[5] nicht zu umgehen, betrifft doch unsere These primär den Charakter und die Struktur des in den Texten vorliegenden Gedankenganges. Es sollen nicht nur Resultate mitgeteilt, sondern auch der Weg, der zu diesen führt, aufgezeigt werden, um so den Gedankengang Schritt für Schritt nachprüfbar zu halten. Um eine solche Nachprüfung, was mehr ist als die Versicherung einer gegenteiligen Meinung, sei der Leser hiermit gebeten. Daß eine andere Interpretation der frühen Wissenschaftslehre Fichtes als die hier vorgelegte möglich ist, ist Bestandteil unserer These; es käme darauf an zu zeigen, daß unsere Interpretation unmöglich ist.

Köln, im April 1973   Ulrich Claesges

---

[5] Das betrifft vor allem die Kapitel 6 und 7 der Arbeit. Wer sich nur für Resultate interessiert, der sei an den 4. Abschnitt verwiesen.

INHALTSVERZEICHNIS

1. Abschnitt

Der oberste Grundsatz der Philosophie

2. Abschnitt

Die Wissenschaftslehre

EINLEITUNG

§ 1. Vorerinnerung

Der Terminus „Geschichte des Selbstbewußtseins" stammt von Schelling. Er taucht bei ihm erstmalig in derjenigen Abhandlung auf, in der er sich ausführlich mit der Wissenschaftslehre Fichtes auseinandersetzt. In seinen *Abhandlungen zur Erläuterung des Idealismus der Wissenschaftslehre*[1] schreibt Schelling: „Alle Handlungen des Geistes also gehen darauf, das Unendliche im Endlichen darzustellen. Das Ziel aller dieser Handlungen ist das Selbstbewußtseyn, und die Geschichte dieser Handlungen ist nichts anderes als die Geschichte des Selbstbewußtseyns. Jede Handlung der Seele ist auch ein bestimmter Zustand der Seele. Die Geschichte des menschlichen Geistes wird also nichts anderes seyn als die Geschichte der verschiedenen Zustände, durch welche hindurch er allmählich zur Anschauung seiner selbst, zum reinen Selbstbewußtseyn, gelangt".[2] In seinem *System der transzendentalen Idealismus*[3] hat Schelling dann später die Transzendentalphilosophie ausdrücklich als Geschichte des Selbstbewußtseins durchgeführt. In der *Vorrede* zu diesem Werk schreibt er: „Das Mittel übrigens, wodurch der Verfasser seinen Zweck, den Idealismus in seiner ganzen Ausdehnung darzustellen, zu erreichen versucht hat, ist, daß er alle Theile der Philosophie in Einer Continuität und die gesamte Philosophie als das, was sie ist, nämlich als fortgehende Geschichte des Selbstbewußtseyns ... vorgetragen hat".[4]

Bei dieser seiner Auffassung, der transzendentale Idealismus sei Geschichte des Selbstbewußtseins oder müsse als eine solche durchgeführt werden, hätte sich Schelling rein äußerlich auf zwei Andeutun-

---

[1] *Schellings Werke.* Herausgegeben von K. F. A. Schelling (1856 ff.) Bd. I, S. 345–452 (1796/97).
[2] Bd. I, S. 382.
[3] Bd. III, S. 329–634 (1800).
[4] Bd. III, S. 331.

gen Fichtes berufen können. In seiner Abhandlung *Über den Begriff der Wissenschaftslehre oder der sogenannten Philosophie*[5] sagte Fichte, wo er die Aufgabe des Philosophen bestimmt: „Wir sind nicht Gesetzgeber des menschlichen Geistes, sondern seine Historiographen; freilich nicht Zeitungsschreiber, sondern pragmatische Geschichtsschreiber".[6] An einer Stelle in der *Grundlage der gesamten Wissenschaftslehre*[7] heißt es dann: „Die Wissenschaftslehre soll sein eine pragmatische Geschichte des menschlichen Geistes...". Der Kontext, in dem der zuletzt genannte Hinweis auftaucht, erlaubt eine erste Verdeutlichung unseres Ansatzes.

Die bei der Aufstellung dreier oberster Grundsätze ansetzende frühe Wissenschaftslehre Fichtes wird in zwei Reihen der Reflexion durchgeführt. Die erste Reihe befreit in einer quasi-dialektischen Methode die in der Grundsynthesis des dritten Grundsatzes enthaltenen speziellen Grundsätze der theoretischen bzw. praktischen Wissenschaftslehre von den ihnen zunächst anhaftenden Widersprüchen. Diese erste Reihe hat nur einen durch die Reflexion künstlich hervorgebrachten Gegenstand. Mit der widerspruchsfreien Gestalt der in den speziellen Grundsätzen ausgedrückten Synthesen aber sind „Fakta" des Bewußtseins erreicht, von denen die zweite Reihe ihren Ausgang nimmt. Auf diese zweite Reihe bezieht sich obiger Hinweis. Die zweite Reihe hat aber gegenüber der ersten einen wesentlich anderen Charakter.[8] In ihr hat die Reflexion einen unabhängig von ihr vorhandenen Gegenstand. Dieser ist in einer Entwicklung begriffen, der die Methode gleichsam nur zuzusehen hat.

Es ist das Ziel dieser Untersuchung, jene zweite Reihe als Geschichte des Selbstbewußtseins zu interpretieren, um dadurch das spekulative Problem einer solchen Aufgabenstellung zu entwickeln.

Das Ziel bestimmt die Auswahl der zu interpretierenden Schriften

---

[5] I, 29–81 (1794). Fichtes Werke werden in dieser Arbeit zitiert nach Band- und Seitenzahl der Ausgabe von I. H. Fichte, *Johann Gottlieb Fichte's sämmtliche Werke* (1845 f.), und zwar ohne jeden Zusatz (also z.B. I, 222). Alle Zitate, bei denen die moderne Schreibweise der ursprünglich benutzten Ausgabe von Medicus (Darmstadt 1962) und der Philosophischen Bibliothek (Meiner, Hamburg) beibehalten wurde, sind mit der neuen Gesamtausgabe der Werke Fichtes, die von der Bayerischen Akademie der Wissenschaften herausgegeben wird (Stuttgart) verglichen worden. Die Zeichensetzung in den Zitaten entspricht dem Text der Akademieausgabe. Hervorhebungen in den Zitaten wurden fortgelassen.

[6] I, 77.

[7] I, 85–328 (1794/95).

[8] Diese zweite Reihe ist thematisch innerhalb der *Grundlage* in der *Deduktion der Vorstellung* (I, 227–246) und in den §§ 6–11 (I, 246–328). Darüber hinaus in der Schrift *Grundriß des Eigentümlichen der Wissenschaftslehre in Rücksicht auf das theoretische Vermögen* (I, 331–410). Ein Überlick über die neuere Fichte-Literatur zeigt, daß man sich mit dieser zweiten Reihe so gut wie gar nicht befaßt hat.

Fichtes. Wir werden uns im folgenden auf die Schriften zur Wissenschaftslehre bis 1795 beschränken.[9] Der Grund dafür liegt in einer bestimmten Modifikation der Wissenschaftslehre, die Fichte nach 1795 vorgenommen hat. Diese Veränderung scheint zunächst nur den Ausgangspunkt der Wissenschaftslehre zu betreffen: der Ansatz bei obersten Grundsätzen wird aufgegeben. An seine Stelle tritt ein Ansatz bei der intellektuellen Anschauung. Die „Neue Darstellung der Wissenschaftslehre", zu der neben den Schriften im *Philosophischen Journal*[10] die *Darstellung der Wissenschaftslehre nova methodo* (1798/99)[11] gehört, setzt an mit der Aufforderung, sich selbst als Ich anzuschauen: „Dieses dem Philosophen angemutete Anschauen seiner selbst im Vollziehen des Aktes, wodurch ihm das Ich entsteht, nenne ich intellektuelle Anschauung".[12] Die so vollzogene intellektuelle Anschauung wird aber dadurch Ausgangspunkt der Wissenschaftslehre, daß sie als ein Implikationsgefüge auseinandergelegt werden kann.[13] In dieser Selbstkonstruktion des Selbstbewußtseins ist sich das Ich zunächst als in sich zurückgehende Tätigkeit gegeben, und zwar in der Weise der Anschauung.[14] Diese Anschauung aber ist als solche nicht möglich, ohne daß sie zugleich begriffen wird. Das angeschaute Handeln wird als Handeln durch Entgegensetzung begriffen, d.h. dadurch, daß dem Handeln ein bloßes Sein entgegengesetzt wird.[15]

Bezüglich ihrer Ansätze könnte der Unterschied zwischen der ersten und zweiten Gestalt der Wissenschaftslehre also so angegeben werden: „Der wahre Unterschied zwischen beiden Darstellungen ist der: In der ‚WL nova methodo' ist die Struktur der Ichheit selber zum Gegenstand der Untersuchung geworden, dagegen erscheint in der ‚Grundlage . . .'

---

[9] Diese Schriften sind also: *Rezension des Aenesidemus* (1793); I, 1–25; – *Über den Begriff der Wissenschaftslehre oder der sogenannten Philosophie, als Einladungsschrift zu seinen Vorlesungen über diese Wissenschaft* (1794); I, 29–81; – *Grundlage der gesamten Wissenschaftslehre als Handschrift für seine Zuhörer* (1794/95); I, 85–328; – *Grundriß des Eigentümlichen der Wissenschaftslehre in Rücksicht auf das theoretische Vermögen, als Handschrift für seine Zuhörer* (1795); I, 331–410.
Vgl. dazu Fichte in der Vorrede zur *Grundlage*: „Im gegenwärtigen Buche, wenn man die Schrift: Grundriß des Eigentümlichen der Wissenschaftslehre in Rücksicht auf das theoretische Vermögen mit dazu nimmt, glaube ich mein System, so weit verfolgt zu haben, daß jeder Kenner sowohl den Grund, und Umfang desselben als auch die Art, wie auf jenen aufgebaut werden muß, vollständig übersehen könne". (I, 87).
[10] *Erste Einleitung in die Wissenschaftslehre von Professor Fichte* (1797); I, 419–449; – *Zweite Einleitung in die Wissenschaftslehre für Leser, die schon ein philosophisches System haben* (1797); I, 453–518; – *Versuch einer neuen Darstellung der Wissenschaftslehre. Fortsetzung* (1797); I, 521–534.
[11] *Nachgelassene Schriften* Bd. 2, hrsg. von H. Jacob, Berlin 1937, 344 ff.
[12] I, 463.
[13] Die entsprechende Methode deutet Fichte schon in der *Ersten Einleitung* an. – Vgl. I, 446.
[14] Vgl. I, 459.
[15] Vgl. I, 492; I, 460 f.

die Aktualität der Ichheit in einer Dreifachheit prinzipieller Aspekte, des Setzens, des Gegensetzens und des limitiert-Setzens, deren transzendentalvorgängiges Ineins als intellektuelle Anschauung erst 1798 in der neuen Darstellung thematisch wird".[16]

Jener Neuansatz hat aber weitreichende Konsequenzen für die Gesamtgestalt der Wissenschaftslehre. Mit ihm fällt nämlich der für die frühe Wissenschaftslehre konstitutive Unterschied der Reflexionsreihen fort und damit die Möglichkeit, die zweite Reihe als Geschichte des Selbstbewußtseins zu interpretieren. Ist das Selbstbewußtsein, so könnte man sagen, ein über die intellektuelle Anschauung zu explizierendes Gefüge von Anschauung und Begriff, von Handeln und Sein, von Selbstbestimmung und Bestimmtheit, so muß es (das Selbstbewußtsein) nicht mehr als Resultat einer Geschichte seiner selbst entwickelt werden.[17]

§ 2. Die Kopernikanische Wende der Vernunftkritik

,,Geschichte des Selbstbewußtseins" ist der Name für eine bestimmte Gestalt der Transzendentalphilosophie. Im Ausgang von wesentlichen Bestimmungen der Transzendentalphilosophie, wie sie durch Kant begründet wurde, sei in dieser *Einleitung* vorgreifend die Idee einer Geschichte des Selbstbewußtseins verdeutlicht.

In der *Vorrede* zur zweiten Auflage seiner *Kritik der reinen Vernunft* vergleicht Kant sein in der Vernunftkritik angewandtes Verfahren mit dem des Kopernikus: ,,Bisher nahm man an, alle unsere Erkenntnis müsse sich nach den Gegenständen richten; aber alle Versuche über sie a priori etwas durch Begriffe auszumachen, wodurch unsere Erkenntnis erweitert würde, gingen unter dieser Voraussetzung zu nichte. Man versuche es daher einmal, ob wir in den Aufgaben der Metaphysik damit besser fortkommen, daß wir annehmen, die Gegenstände müssen sich nach unserem Erkenntnis richten, welches so schon besser mit der verlangten Möglichkeit einer Erkenntnis derselben a priori zusammenstimmt, die über Gegenstände, ehe sie uns gegeben werden, etwas festsetzen soll. Es ist hiermit eben so, als mit den ersten Gedanken des Kopernikus bewandt, der nachdem es mit der Erklärung der Himmels-

---

[16] B. Zimmermann, *Freiheit und Reflexion. Untersuchungen zum Problem des Anfangs des Philosophierens bei Joh. G. Fichte.* Diss. Köln 1969, S. 194, Anm.; vgl. auch ebenda, S. 237. Zur Abgrenzung der beiden Gestalten der WL vgl. ebenda, S. 18 ff.

[17] Der Terminus ,,Geschichte des Bewußtseins" kommt noch einmal in der Wissenschaftslehre nova methodo vor, auf die aber aus angegebenen Gründen hier nicht eingegangen werden kann.

bewegungen nicht gut fort wollte, wenn er annahm, das ganze Sternen-
heer drehe sich um den Zuschauer, versuchte, ob es nicht besser gelin-
gen mochte, wenn er den Zuschauer sich drehen und dagegen die
Sterne in Ruhe ließ".[18]

Was veranlaßte Kant, sein Verfahren mit dem des Kopernikus zu
vergleichen? Kopernikus hat nicht einfach eine unbrauchbar gewordene
Hypothese durch eine neue ersetzt, vielmehr bedeutet seine Annahme,
die Erde drehe sich um die Sonne, eine „Umänderung der Denkart".[19]
Kopernikus setzte sich mit seiner Hypothese in Widerspruch zur
natürlichen Ansicht, die meint, die Sonne bewege sich um die Erde,
diese selbst aber stehe still. Dieser Widerspruch ist von besonderer
Art; denn Kopernikus war in der Lage nicht nur zu erklären, warum
wir meinen, die Sonne bewege sich um die stillstehende Erde, sondern
auch, warum wir niemals aufhören, die Sonne auf- und untergehen zu
sehen.

Das von Kant gemeinte tertium comparationis liegt offenbar darin,
daß sich eine wissenschaftliche Hypothese (und dann eine ganze
Theorie) durch Umkehrung der Denkart in Widerspruch zur natürlichen Ansicht setzt, aber so, daß sie erklären kann, warum die natürliche Ansicht so und nicht anders ist und bleibt. Kants Vergleich macht
darauf aufmerksam, daß sich durch eine Umkehrung der Denkart das
Verhältnis der wissenschaftlichen Theorie, d.h. hier der Philosophie,
zur natürlichen Ansicht entscheidend geändert hat.

Philosophie konstituiert sich bereits in ihren Anfängen durch eine
Selbstunterscheidung von der natürlichen Ansicht.[20] Philosophie hat
von Anfang an die natürliche Ansicht kritisiert, nicht die wahre Ansicht, d.i. Einsicht zu sein. Die genannte Selbstunterscheidung konstituiert den Unterschied zwischen ἐπιστήμη und δόξα. Dabei ist in bezug
auf die Einsicht der Philosophie (als ἐπιστήμη) die natürliche Ansicht
(δόξα) möglicherweise nicht Wahrheit, aber auch nicht notwendig Irrtum, sondern Schein. Zwar ist für die ἐπιστήμη die δόξα in dem Augenblick, wo diese sich gehörig von jener abgesetzt hat, uninteressant
geworden, dennoch kann es für die Philosophie eine sinnvolle Aufgabe
sein, den Schein, der offenbar ein Mittleres zwischen Wahrheit und Irrtum ist, hinsichtlich seiner Arten und Quellen zu unterscheiden und zu
bestimmen.[21]

---

[18] B XVI; vgl. B XXII, Anm.
[19] B XXII, Anm.
[20] Vgl. K. Held, „Der Logos-Gedanke des Heraklit" in: *Durchblicke. Festschrift für Martin
Heidegger zum 80. Geburtstag.* Frankfurt 1970, S. 162–206.
[21] Diese Aufgabe hat in der Neuzeit J. Heinrich Lambert ausdrücklich in Angriff genom-

Durch die Kopernikanische Wende der Vernunftkritik bekommt nun das seit jeher bestehende polemische Verhältnis der Philosophie zur gewöhnlichen Ansicht einen ganz neuen Charakter; es beruht erstmalig auf einem Prinzip. Der durch die Umkehr der Denkart gewonnenen philosophischen Position steht eine natürliche Denkart gegenüber, die dadurch und nur dadurch in den Blick kommt, daß sie verlassen wird. Damit konstituiert sich Transzendentalphilosophie durch einen erneuten Akt der Selbstunterscheidung, einer Selbstunterscheidung von allen nichttranszendentalen Positionen, also auch von aller „Ontologie". Diese Selbstunterscheidung hat zur Folge, daß der Schein nun nicht mehr wie bisher in einzelnen Ansichten, bezogen auf bestimmte Gegenstände und Gegenstandsgebiete, liegt, sondern seinen Grund in der natürlichen Denkart selber hat. Das Meinen („Erkennen", „Wissen"), das sich in der natürlichen Denkart hält, nennen wir *natürliches Bewußtsein*. Nicht bestimmte, im einzelnen angebbare Gründe sind es nun, die für den Schein verantwortlich sind, sondern das natürliche Bewußtsein als solches ist der Grund für den Schein, ist für den Schein verantwortlich. Dabei ist freilich eine Sinnverschiebung im Begriff des Scheins vollzogen; in ihr liegt der Ursprung des transzendentalphilosophischen Begriffs von Erscheinung.[22] *Durch die Selbstunterscheidung der Transzendentalphilosophie vom natürlichen Bewußtsein ist das letztere als solches und als Ganzes erklärungsbedürftig geworden.*

§ 3. Philosophie und natürliches Bewußtsein bei Kant

Das durch die Kopernikanische Wende neu bestimmte Verhältnis der Philosophie zum natürlichen Bewußtsein kann anhand der *Kritik der reinen Vernunft* verdeutlicht werden.

Die Vernunftkritik ist Transzendental-Philosophie. Sie beschäftigt sich, so lautet Kants Definition, „mit unserer Erkenntnisart von

men, und zwar unter dem bezeichnenden Titel: „Phänomenologie". Die menschliche Erkenntnis ist vielfältig von Schein bedroht und durchsetzt. Die Phänomenologie muß die Ursachen des Scheins, die im Erkennenden selbst, in den Objekten oder in deren Beziehung zum Erkennenden liegen können, aufdecken, um so die Mittel bereitzustellen, dem Schein zu entgehen. Lamberts 1764 erschienenes Werk trägt den Titel: *Neues Organon oder Gedanken über die Erforschung und Bezeichnung des Wahren und dessen Unterscheidung von Irrtum und Schein durch J. H. Lambert.* „Phänomenologie" ist der vierte Teil dieses *Neuen Organon* mit dem Untertitel „Theorie des Scheins und seines Einflusses in die Richtigkeit und Unrichtigkeit der menschlichen Erkenntnis".

[22] Die Philosophie kann das natürliche Bewußtsein nicht total der Scheinhaftigkeit überantworten. Deshalb wird Kritik des natürlichen Bewußtseins auch immer eine Rechtfertigung desselben beinhalten müssen.

Gegenständen, sofern diese a priori möglich sein soll".[23] Die Umkehr
der Denkart ist in dieser Definition nicht impliziert, dennoch für Kant
Begriff der Transzendental-Philosophie konstitutiv, wie *Aesthetik* und
Analytik zur Genüge beweisen; deren Ergebnisse müssen hier vorausgesetzt werden.

Auskunft darüber, wie die transzendentale Theorie das natürliche
Bewußtsein bestimmt, indem sie es zugleich rechtfertigt und kritisiert,
kann uns die *Transzendentale Dialektik* geben. Diese aber wird ausdrücklich als eine Theorie, eine Logik des Scheins[24] bezeichnet. Aber
nicht der logische Schein, der ein vermeidbarer Fehler ist, sondern der
transzendentale Schein, der durch den transzendenten Verstandesgebrauch entsteht,[25] ist Gegenstand der *Dialektik*. Dieser Schein aber
ist eine Bestimmung des natürlichen Bewußtseins. Kant stellt fest:
„Der transzendentale Schein dagegen hört gleichwohl nicht auf, ob
man ihn schon aufgedeckt und seine Nichtigkeit durch die transzendentale Kritik deutlich eingesehen hat ... Die Ursache hier von ist
diese: daß in unserer Vernunft (subjektiv als ein menschliches Erkennt-
nisvermögen betrachtet) Grundregeln und Maximen ihres Gebrauchs
liegen, welche gänzlich das Ansehen objektiver Grundsätze haben, und
wodurch es geschieht, daß die subjektive Notwendigkeit einer gewissen
Verknüpfung unserer Begriffe, zu Gunsten des Verstandes, für eine
objektive Notwendigkeit, der Bestimmung der Dinge an sich selbst
gehalten wird. Eine Illusion, die gar nicht zu vermeiden ist, ... so
wenig selbst der Astronom verhindern kann, daß ihm der Mond im
Aufgange nicht größer scheine, ob er gleich durch diesen Schein nicht
betrogen wird".[26] Der dialektische Schein ist als Schein unaufhebbar:
„Denn wir haben es mit einer natürlichen und unvermeidlichen Illusion
zu tun, die selbst auf subjektiven Grundsätzen beruht und sie als objektive unterschiebt, anstatt daß die logische Dialektik in Auflösung der
Trugschlüsse es nur mit einem Fehler, in Befolgung der Grundsätze,
oder mit einem gekünstelten Scheine, in Nachahmung desselben zu tun

[23] A 12/B 26.
[24] Kant hat der Forderung Lamberts nach einer Theorie des Scheins große Bedeutung beigemessen. So erwägt er in einem Brief an Lambert vom 2. September 1770 die Ausarbeitung
einer „phaenomenologia generalis", die als bloß „negative Wissenschaft", als „propädeutische
Disziplin" der Metaphysik voranzugehen habe. Die Phänomenologie sollte die Prinzipien der
Sinnlichkeit in ihre Schranken weisen, damit sie nicht die Urteile über Gegenstände der
reinen Vernunft verwirre. Diese bloß negative Wissenschaft hat Kant später unter den
Bedingungen der Vernunftkritik gleichsam mit umgekehrten Vorzeichen, denn nun gilt es
die reine Vernunft in ihre Schranken zu weisen, unter dem Titel „Transzendentale Dialektik"
durchgeführt.
[25] Vgl. A 296/B 352 f.
[26] A 297/B 353.

hat".[27] Wir haben also hier genau den Sachverhalt, daß die Philosophie die Ansichten des natürlichen Bewußtseins als Schein entlarvt, gleichwohl diese Ansichten, als dem natürlichen Bewußtsein notwendig, erkennt und erklärt.

Die Gliederung der *Transzendentalen Dialektik* ergibt sich, wie bekannt, dadurch, daß drei Klassen von Vernunftideen aus den drei Arten der Vernunftschlüsse abgeleitet werden. Uns interessiert hier die Entwicklung der *Transzendentalen Dialektik* im einzelnen nicht. Es kommt nur darauf an zu zeigen, wie der transzendentale Idealismus das natürliche Bewußtsein als solches thematisiert und den ihm eigenen Schein, als einen notwendigen, erklärt. Kant definiert den Schein allgemein: ,,Man kann allen Schein darin setzen: daß die subjektive Bedingung des Denkens vor die Erkenntnis des Objekts gehalten wird".[28] Geschieht dies nun, werden also die subjektiven Bedingungen des Denkens für die Erkenntnis der Objekte gehalten, so liegt genau das vor, was Kant ,,Subreption" nennt. Gemäß der Bestimmung der reinen Vernunft, daß sie die Totalität der Synthesis der Bedingungen zu einem gegebenen Bedingten sucht, betrifft der dialektische Schein der reinen Vernunft ,,das Allgemeine der Bedingungen des Denkens".[29] Es gibt damit drei Fälle dialektischen Vernunftgebrauchs:

,,1. Die Synthesis der Bedingungen eines Gedankens überhaupt,

2. Die Synthesis der Bedingungen des empirischen Denkens,

3. Die Synthesis der Bedingungen des reinen Denkens".[30]

Wird in diesen drei Fällen die Synthesis der Bedingungen für die synthetische Erkenntnis eines Objekt genommen, so liegt jeweils eine transzendentale Subreption vor:

1. Bezüglich des Paralogismus sagt Kant: ,,Gleichwohl ist nichts natürlicher und verführerischer, als der Schein, die Einheit in der Synthesis der Gedanken vor eine wahrgenommene Einheit im Subjekte dieser Gedanken zu halten. Man könnte ihn die Subreption des hypostasierten Bewußtseins . . . nennen".[31]

2. Im Antinomienkapitel nennt Kant das den kosmologischen Ideen zugrundeliegende Vernunftprinzip regulativ. Er stellt fest: ,,Daher nenne ich es ein regulatives Prinzip der Vernunft, da hingegen der Grundsatz der absoluten Totalität der Reihe der Bedingungen, als im Objekte (den Erscheinungen) an sich selbst gegeben, ein konstitutives

[27] A 298/B 355.
[28] A 396.
[29] A 396.
[30] A 397.
[31] A 402.

kosmologisches Prinzip sein würde, dessen Nichtigkeit ich eben durch diese Unterscheidung habe anzeigen und dadurch habe verhindern wollen, daß man nicht, wie sonst unvermeidlich geschieht (durch transzendentale Subreption), einer Idee, welche bloß zur Regel dient, objektive Realität beimesse".[32]

3. Das Ideal des höchsten Wesens ist auch nur ein regulatives Prinzip der Vernunft: „Es ist aber zugleich unvermeidlich, sich, vermittelst einer transzendentalen Subreption, dieses formale Prinzip als konstitutiv vorzustellen, und sich diese Einheit hypostatisch zu denken".[33]

Damit ist der dialektische Schein in seinen drei Gestalten auf seine Ursache, die transzendentale Subreption, zurückgeführt. Da dieser Schein kein bloßer Fehler ist, der bei hinreichender Aufklärung vermeidbar wäre, sondern ein notwendiger, ein natürlicher Schein ist, ist das natürliche Bewußtsein als natürliches Bewußtsein durch die transzendentale Subreption bestimmt.

Nun wurde gesagt, daß sich die transzendentale Theorie in Gegensatz zum natürlichen Bewußtsein als Ganzem setzt, daß sie dessen Denkhaltung als ganze und damit die Totalität der natürlichen Erkenntnis als „falsch"[34] durchschaut, gleichwohl aber als im natürlichen Bewußtsein als solchem begründet erkennt. Die *Transzendentale Dialektik* hat es aber nur mit dem transzendentalen Schein zu tun, der durch den transzendenten Verstandesgebrauch entsteht. Wie aber steht es mit dem empirischen Verstandesgebrauch? Ist es nicht die Aufgabe der Kritik, diesen Verstandesgebrauch, die Erfahrungserkenntnis, gegen alle skeptischen Einwände zu sichern? Gewiß. Und doch läßt sich zeigen, daß das genannte Verhältnis der transzendentalen Theorie zum natürlichen Bewußtsein auch für dessen Erfahrungserkenntnis gilt.

Merkwürdigerweise nämlich bestimmt und erläutert Kant an vielen Stellen die transzendentale Subreption durch eine andere Subreption, die darin besteht, dasjenige, was nichts anderes als Vorstellung oder geregelter Vorstellungszusammenhang ist, als für sich bestehende Dinge in Raum und Zeit, die von unserer Erfahrung völlig unabhängig sind, anzusehen. Kant sagt, wieder im Zusammenhang des Paralogismuskapitels: „Nun sind wir nach den gemeinen Begriffen unserer Vernunft in Ansehung der Gemeinschaft, darin unser denkendes Subjekt mit den Dingen außer uns steht, dogmatisch und sehen diese als wahr-

---

[32] A 509/B 537.

[33] A 196/B 647.

[34] Dieser Terminus soll nicht bedeuten, daß dem natürlichen Bewußtsein nicht doch „seine" Wahrheit zukommt. Diese Problematik läßt sich anhand von Kant nicht zu Ende denken.

hafte unabhängig von uns bestehende Gegenstände an, nach einem gewissen transzendentalen Dualism, der jene äußere Erscheinungen nicht als Vorstellungen zum Subjekte zählt, sondern sie, so wie sinnliche Anschauung sie uns liefert, außer uns als Objekte versetzt, und sie von dem denkenden Subjekte gänzlich abtrennt. Diese Subreption . . ."[35] An dieser Stelle wird also das „Verfahren" des natürlichen Bewußtseins („nach den gemeinen Begriffen unserer Vernunft") ausdrücklich Subreption genannt. Die vorhin schon zitierte Stelle, wo Kant im Zusammenhang mit dem Ideal der reinen Vernunft von transzendentaler Subreption spricht, fährt fort: „Denn, so wie der Raum, weil er alle Gestalten, die lediglich verschiedene Einschränkungen desselben sind, ursprünglich möglich macht, ob er gleich nur ein Principium der Sinnlichkeit ist, dennoch eben darum für ein schlechterdings notwendiges für sich bestehendes Etwas und einen a priori an sich selbst gegebenen Gegenstand gehalten wird, so geht es auch ganz natürlich zu, daß . . . diese Idee dadurch als ein wirklicher Gegenstand . . . vorgestellet . . . werde".[36]

Philosophie setzt sich genau dadurch, daß sie transzendentaler Idealismus ist, in den genannten Bezug zum natürlichen Bewußtsein. Daher steht zu vermuten, daß dort, wo Kant die Rolle des transzendentalen Idealismus in der Auflösung des dialektischen Scheins, speziell des antinomischen Streites der Vernunft mit sich selbst, bestimmt, jene bereits belegte Bestimmung des natürlichen Bewußtseins ausdrücklich genannt wird. Kant stellt dort fest: „Unser transzendentaler Idealism erlaubt es dagegen: daß die Gegenstände äußerer Anschauung, eben so wie sie im Raume angeschauet werden, auch wirklich sind, und in der Zeit alle Veränderungen, so wie sie der innere Sinn vorstellt. Denn da der Raum schon eine Form derjenigen Anschauung ist, die wir äußere nennen, und, ohne Gegenstände in demselben, es gar keine empirische Vorstellung geben würde: so können und müssen wir darin ausgedehnte Wesen als wirklich annehmen, und eben so ist es auch mit der Zeit. Jener Raum selber aber, samt dieser Zeit, und, zugleich mit beiden, alle Erscheinungen, sind doch an sich selbst keine Dinge, sondern nichts als Vorstellungen, und können gar nicht außer unserem Gemüt existieren . . .".[37]

Nun scheint aber unsere Interpretation des zweiten Teiles dieser und die der anderen angezogenen Stellen dem ersten Teil des letzten Zitates

[35] A 389; vgl. A 385.
[36] A 619/B 647; vgl. auch A 375 ff., A 384 f., A 506/B 534.
[37] A 492/B 520.

zu widersprechen. Dort ist jedoch nur vom empirischen Realismus die Rede, der durch den transzendentalen Idealismus notwendig gefordert ist. Der empirische Realismus ist die Position des natürlichen Bewußtseins, die durch den transzendentalen Idealismus ausdrücklich gerechtfertigt ist.[38]

Der empirische Realismus findet seine Rechtfertigung gerade darin, daß der transzendentale Idealismus zeigt: Erfahrung ist nur dadurch möglich, daß die Gegenstände der Erfahrung in Wahrheit nichts als Vorstellungen sind.[39]

Alle herangezogenen Stellen zeigen, daß das natürliche Bewußtsein, welches selbstverständlich wirkliche, für sich seiende, d.h. unabhängig von seiner Erfahrung existierende Dinge im Raum annimmt, eine Subreption begeht, nämlich die, Vorstellungen für existierende Dinge zu halten. Diese Subreption hängt aber an der Bestimmung des Raumes als der Form der ,,äußeren" Anschauung. Der Raum ist diejenige ,,subjektive Bedingung der Sinnlichkeit", die allein den Sinn des ,,außer uns" bestimmt. Aber gerade deshalb, so sagt Kant, wird er als ,,ein schlechterdings notwendiges für sich bestehendes Etwas und einen a priori an sich selbst gegebenen Gegenstand gehalten".[40] Die allgemeine Bestimmung der Subreption, daß eine subjektive Bedingung der Erkenntnis für die Erkenntnis eines Objekts gehalten wird,[41] trifft auch hier zu, nur daß jetzt die subjektive Bedingung der ,,äußeren" Anschauung für die Anschauung eines äußeren Objekts genommen wird.

Die gegebenen Bestimmungen reichen aus zu zeigen, wie der transzendentale Idealismus rein formal sein Verhältnis zum natürlichen Bewußtsein und damit dieses selbst bestimmt. Wir können abschließend sagen: Bei Kant definiert eine Subreption das natürliche Bewußtsein im Gegensatz zur Theorie des transzendentalen Idealismus, welche die Subreption als Subreption durchschaut, d.h. in unserem Fall weiß, daß die Dinge in Raum und Zeit nichts anderes als Vorstellungen sind. Allgemein bedeutet Subreption dabei, daß subjektive Bedingungen der

---

[38] Deshalb ist Natur als Inbegriff der Gegenstände möglicher Erfahrung nicht Schein, sondern Erscheinung; vgl. auch A 393.

[39] Kants Widerlegung des Idealismus (B 274 ff.) steht dem nur scheinbar entgegen. Kant will nur zeigen, daß die Gegenstände der äußeren Anschauung nicht weniger Realität und Objektivität haben als die Gegenstände des inneren Sinnes. Beide sind Erscheinungen und als solche gleichwertig.

[40] A 619/B 647. Diese Überlegungen zeigen, daß dem Raum im Rahmen der *Kritik der reinen Vernunft* eine bedeutendere Rolle zukommt, als es zunächst den Anschein hat. Zur Problematik des Raumes in der *Kr. d. r. V.*, vgl. J. Simon, *Sprache und Raum*, Berlin 1969. Zum Problem der Subreption vgl. dort S. 34 ff.

[41] A 396.

Erkenntnis als erkannte Objekte angesehen werden. Bei Kant definiert eine Subreption das natürliche Bewußtsein unabhängig davon, ob es in einer dogmatischen Metaphysik die durch die Vernunftkritik festgestellten Grenzen möglicher empirischer Erkenntnis überschreitet oder nicht. Überschreitet das natürliche Bewußtsein, etwa in den Naturwissenschaften, diese Grenzen nicht, dann bleibt es im Rahmen des durch den transzendentalen Idealismus gegen alle skeptischen Einwände gerechtfertigten empirischen Realismus, der gleichwohl als Denkhaltung durch die genannte Subreption bestimmt bleibt. Das natürliche Bewußtsein macht sich darüber hinaus, sofern es rationale Psychologie, Kosmologie und Theologie betreibt, jeweils einer bestimmten transzendentalen Subreption schuldig, die darin besteht, bloß regulative Prinzipien der Vernunft für erkennbare oder erkannte Gegenstände zu halten.

Der kritische Idealismus, der sich durch die Umkehr der Denkart als Transzendentalphilosophie etabliert, setzt sich dergestalt in einen Gegensatz zum natürlichen Bewußtsein, daß er dessen Ansicht als auf einer Subreption beruhend durchschaut, diese Ansicht gleichwohl innerhalb bestimmter Grenzen als notwendig zu erklären und zu rechtfertigen vermag.

§ 4. Die Idee einer Geschichte des Selbstbewußtseins

Geschichte des Selbstbewußtseins ist Transzendentalphilosophie. Für sie ist daher das herausgestellte Verhältnis von Philosophie und natürlichem Bewußtsein konstitutiv.

Es sei abschließend angedeutet, wie die Geschichte des Selbstbewußtseins die Aufgabe der Transzendentalphilosophie, die Erklärung des natürlichen Bewußtseins (kantisch gesprochen: die Erklärung, wie sich die Gegenstände „nach unserem Erkenntnis"[42] richten) in Angriff nimmt.

Die Position der Geschichte des Selbstbewußtseins ist prinzipiell diejenige der transzendentalen Reflexion: Philosophie hat ihren „Gegenstand", sagen wir Welt und Geschichte, nicht mehr unmittelbar, direkt, sondern nur noch vermittelt durch das in der Reflexion thematisierte natürliche Bewußtsein. Philosophie kann nicht mehr (als Ontologie) unbekümmert um die Ansicht des natürlichen Bewußtseins direkt auf ihren Gegenstand blicken. Sie gewinnt ihren Gegenstand allererst in der Ausarbeitung derjenigen Differenz, in die sie sich selbst zum natür-

---

[42] *Kritik der reinen Vernunft*, B XVI.

lichen Bewußtsein setzt, indem sie sich zugleich als Transzendentalphilosophie konstituiert. Die Ausarbeitung dieser Differenz ist ineins
ein Erklären und Begreifen des natürlichen Bewußtseins.

Das natürliche Bewußtsein hat nun aber selber den Charakter des
Wissens. Von diesem Wissen muß sich die Transzendentalphilosophie
absetzen; sie tut dies, indem sie durchgängig den Unterschied macht
zwischen dem, was für sie selbst ist bzw. gilt, und dem, was für das
natürliche Bewußtsein ist bzw. gilt. Dieser Unterschied ist als solcher
natürlich nur für die Transzendentalphilosophie.

Die genannten Bestimmungen reichen aber, für sich genommen,
noch nicht aus zu erklären, warum und wann Transzendentalphilosophie Geschichte des Selbstbewußtseins wird. Sie wird es dann, wenn sie
das, was dem natürlichen Bewußtsein als seine Welt gegenübertritt, als
Resultat einer Genesis auffaßt, einer Genesis, die nicht für das natürliche Bewußtsein als solches ist. Das natürliche Bewußtsein ist vielmehr so in diese Genesis einbezogen, daß es als Selbstbewußtsein und
Gegenstandsbewußtsein selbst Resultat der gleichen Genesis ist, der es
auch seine Welt verdankt.

Damit verbindet sich hier mit der für alle Transzendentalphilosophie
konstitutiven Unterscheidung des ,,für uns'' von dem ,,für es'' ein im
Begriff von Geschichte implizierter Unterschied. Geschichte meint
einmal den Ablauf der dargestellten oder darstellbaren Ereignisse (res
gestae), zum anderen die Darstellung dieser Ereignisse (historia rerum
gestarum). Geschichte des Selbstbewußtseins meint also die trans-
zendentalphilosophische Erklärung als die Darstellung einer Geschichte,
die das natürliche Bewußtsein zu ihrem Resultat hat.

Eine weitere Konkretisierung dieser Idee wird sich zugleich mit dem
zu leistenden Nachweis, daß die Wissenschaftslehre, zum mindesten
ansatzweise, dieses Programm verfolgt, ergeben. Soviel kann jedoch
schon gesagt werden: Der unabhängig von der philosophischen Reflexion vorhandene Gegenstand der zweiten Reihe der Wissenschaftslehre
ist in einer Entwicklung begriffen, die als Geschichte des Selbstbewußtseins im Sinne der res gestae aufgefaßt werden muß. Die zweite Reihe
der Wissenschaftslehre selber ist dann Geschichte des Selbstbewußtseins im Sinne der historia rerum gestarum.

Fragen wir abschließend nach dem konkreten Anlaß dafür, daß
Transzendentalphilosophie bei Fichte Geschichte des Selbstbewußtseins wird. Die Antwort auf diese Frage wird zugleich den Ausgangspunkt der folgenden Untersuchungen ergeben. Der genannte Anlaß
liegt, wie sich zeigen wird, darin, daß die frühe Wissenschaftslehre ent-

wickelt wurde, um ein Problem zu lösen, das sich K. L. Reinhold[43] in seiner Elementarphilosophie, wie er seinen Versuch auch nennt, gestellt hatte, an dem er aber gescheitert war. Es ist bekannt, daß die Gestalt der frühen Wissenschaftslehre, vor allem, was den Ansatz bei obersten Grundsätzen betrifft, durch Fichtes Auseinandersetzung mit Reinhold bestimmt ist. Diese Auseinandersetzung ist darüber hinaus aber auch für die bestimmte Gestalt verantwortlich, in der die Idee einer Geschichte des Selbstbewußtseins bei Fichte erstmalig auftritt.

Unsere Untersuchung, die sich ja auf die frühe Wissenschaftslehre beschränkt, hat also von dieser Auseinandersetzung auszugehen, deren Resultate wir im folgenden der *Rezension des Aenesidemus*[44] entnehmen. Was diese Auseinandersetzung für die frühe Wissenschaftslehre bedeutet, kann aber erst deutlich werden, wenn das Reinholdsche Problem, wenn mit anderen Worten die Frage, die Fichte beantworten will, zureichend expliziert ist. Aus diesem Grund werden wir auf dem Hintergrund der *Rezension* auch Reinholds Theorie des Vorstellungsvermögens heranziehen müssen. Dabei bleibt freilich ein systematischer Gesichtspunkt leitend.[45] Reinholds Theorie des Bewußtseins wird eine Stelle besetzen, die von der Idee einer Geschichte des Selbstbewußtseins systematisch gefordert ist.[46]

---

[43] Karl Leonhard Reinhold (1758–1823) war als Vorgänger Fichtes Professor für Philosophie in Jena; 1789 erschien sein Hauptwerk: *Versuch einer neuen Theorie des menschlichen Vorstellungsvermögens*.

[44] I, 1–25. – Fichte rezensierte in der Jenaer Allgemeinen Literaturzeitung 1794 die von G. E. Schulze stammende, 1792 anonym erschienene Schrift: *Aenesidemus oder über die Fundamente der von Herrn Prof. Reinhold in Jena gelieferten Elementarphilosophie. Nebst einer Verteidigung des Skeptizismus gegen die Anmaßungen der Vernunftkritik*.

[45] Die Entstehungsgeschichte der Wissenschaftslehre interessiert hier nicht. Vgl. zu dieser etwa W. Kabitz, *Studien zur Entwicklungsgeschichte der Fichteschen Wissenschaftslehre aus der Kantischen Philosophie*. Berlin 1902; – Richard Kroner, *Von Kant zu Hegel*. Tübingen 1961; – Dieter Henrich, „Fichte ursprüngliche Einsicht", in: *Subjektivität und Metaphysik. Festschrift für Wolfgang Cramer*, Frankfurt 1966, S. 188–232; – vgl. ferner die Einleitungen der Herausgeber zu den entsprechenden Schriften Fichtes in der Akademieausgabe.

[46] Dies notwendig eingeschränkte Interesse bestimmt auch, welche Schriften von Reinhold herangezogen werden müssen. Die entscheidenden Thesen Reinholds sind sämtlich dem 1. Band seiner „Beyträge" zu entnehmen: *Beyträge zur Berichtigung bisheriger Mißverständnisse der Philosophen von Karl Leonhard Reinhold. – Erster Band das Fundament der Elementarphilosophie betreffend*. Jena 1790. – Von diesem Band steht fest, daß Fichte ihn vor 1793 studiert hat (vgl. Kabitz, a.a.O., S. 47 f.). – Außerdem bezieht sich Aenesidemus-Schulze auf ihn. Zur Entwicklung der Reinholdschen Philosophie vgl. Alfred Klemmt, *Karl Leonhard Reinholds Elementarphilosophie*, Hamburg 1958.

I. ABSCHNITT

DER OBERSTE GRUNDSATZ DER PHILOSOPHIE

I. KAPITEL

DIE THEORIE DES BEWUSSTSEINS

§ 5. *Fichtes Ausgangspunkt. Die Rezension des Aenesidemus*

Der Gedanke, die gesamte Transzendentalphilosophie auf einen obersten Grundsatz zurückzuführen, stammt von Reinhold. In seiner Abhandlung *Ueber das Bedürfniß, die Möglichkeit und die Eigenschaften eines allgemeingeltenden ersten Grundsatzes der Philosophie*[1] stellt Reinhold nach allgemeinen Erörterungen die Bedingungen zusammen, denen ein oberster Grundsatz der Philosophie genügen muß. Er kommt zu dem Ergebnis, daß der Grundsatz, sofern er die gesamte Philosophie begründen soll, selber unbeweisbar sein müsse. Ein solcher Satz könne nur das in der Reflexion unmittelbar einleuchtende Faktum des Bewußtseins selbst ausdrücken. Der oberste Grundsatz der Philosophie müsse daher lauten: ,,Die Vorstellung wird im Bewußtseyn vom Vorgestellten und Vorstellenden unterschieden und auf beyde bezogen".[2]

Die *Neue Darstellung der Hauptmomente der Elementarphilosophie*[3] wiederholt im § I diesen Satz als ,,Satz des Bewußtseyns": ,,Im Bewußtseyn wird die Vorstellung durch das Subjekt vom Subjekt und Objekt unterschieden und auf beyde bezogen".

Fichte prüft in seiner *Rezension* die auf diesen und die weiteren Paragraphen der *Neuen Darstellung* bezogene Kritik des Aenesidemus.[4] Der Satz des Bewußtseins bestimmt das Bewußtsein durch die drei Begriffe: Subjekt, Vorstellung und Objekt und bestimmt diese drei Begriffe durcheinander; Subjekt und Objekt werden je von der Vorstellung unterschieden, zugleich aber wird die Vorstellung auf beide bezogen.[5]

---

[1] *Beyträge* I (1790), 93–164.
[2] *Beyträge* I, 144.
[3] *Beyträge* I, 165–254. Auf diese Schrift bezieht sich Aenesidemus–Schulze. Auch wir werden uns, wie schon angedeutet, auf diese Schrift beziehen.
[4] Zu den historischen Umständen der Rezension und der Auseinandersetzung zwischen Schulze, Reinhold und Fichte vgl. die Diss. von K. Spikhoff: *Die Vorstellung in der Polemik zwischen Reinhold, Schulze und Fichte 1792–94.* München 1961.
[5] Zur Interpretation des Satzes vgl. § 7 d.A.

Die Kritik des Aenesidemus versucht dagegen zu zeigen, daß der Satz des Bewußtseins nicht den Bedingungen genügt, die ein oberster Grundsatz als solcher erfüllen muß. Diese Einwände besagen:

1) Der Satz des Bewußtseins ist kein erster Satz, da er als Satz und Urteil unter der höchsten Regel alles Urteilens, dem Satz vom Widerspruch, steht.[6]

2) Der Satz des Bewußtseins ist kein durchgängig durch sich selbst bestimmter Satz, da er von den Begriffen „Unterscheiden" und „Beziehen" Gebrauch macht, deren Bedeutung er also voraussetzen muß.[7]

Nachdem Aenesidemus so festgestellt hat, was der Satz nicht sei, stellt er zwei Behauptungen darüber auf, was dieser Satz in Wahrheit sei:

3) Der Satz des Bewußtseins ist ein synthetischer Satz und kein analytischer, wie Reinhold behauptet, da das Bewußtsein als Subjekt des Satzes durch Prädikate bestimmt wird, die nicht in ihm liegen, sondern der Erfahrung entstammen.[8]

4) Der Satz des Bewußtseins gründet sich auf Abstraktion, was Reinhold leugnet.[9]

Wir müssen nun zusehen, welche Einwände, eventuell mit welcher Modifikation, Fichte gelten läßt und welche Einwände er zurückweist. Dadurch wird nicht nur der spezifische Ansatz der Wissenschaftslehre von 1794 deutlich, sondern auch, und das ist entscheidend, welche Bedeutung und welche Stellung und Funktion dem eventuell modifizierten Satz des Bewußtseins in dieser Wissenschaftslehre zukommt.

Zu 1): Fichte zeigt, daß dieser Einwand nicht trägt, wenn man mit Reinhold (und Kant) dem Satz vom Widerspruch nur formale und logische Gültigkeit beimißt. Dann nämlich muß gesagt werden, daß man über die Gesetze des Denkens nicht anders denken kann als nach diesen Gesetzen.[10] Unter der Voraussetzung aber, daß dem Satz vom Widerspruch „außer seiner formalen auch noch eine reale Gültigkeit"[11] beigemessen wird, besteht der Einwand zu Recht.

Zu 2): Der Einwand, daß der Satz des Bewußtseins von den durch ihn selbst nicht definierten und auch sonst nicht genau bestimmten Begriffen „Unterscheiden" und „Beziehen" Gebrauch mache, besteht zu Recht. Und nun nimmt Fichte den Gedanken einer realen Gültigkeit

---

[6] Vgl. I, 5.
[7] Vgl. I, 6.
[8] Vgl. I, 6.
[9] Vgl. I, 7.
[10] Vgl. I, 5; vgl. I, 92.
[11] I, 5.

des Satzes vom Widerspruch wieder auf. Fichte fragt: „Wie nun, wenn eben die Unbestimmtheit und Unbestimmbarkeit dieser Begriffe auf einen aufzuforschenden höhern Grundsatz, auf eine reale Gültigkeit des Satzes der Identität, und der Gegensetzung hindeutete; und wenn der Begriff des Unterscheidens und des Beziehens sich nur durch die der Identität, und des Gegenteils bestimmen ließe? –"[12] Mit der positiven Beantwortung dieser Frage wäre der Satz des Bewußtseins als oberster Grundsatz der Philosophie entthront.

Zu 3): Im dritten Einwand stellt Aenesidemus der Reinholdschen Auffassung, der Satz des Bewußtseins sei ein analytischer, die Behauptung entgegen, der Satz sei ein synthetischer. Fichte unterscheidet bei der Prüfung dieses Einwandes zwischen dem Satz des Bewußtseins als Ausdruck eines Faktums und dem ausgedrückten Faktum selbst.[13] Reinhold ist darin Recht zu geben, daß der Satz des Bewußtseins als Ausdruck des Faktums ein analytischer Satz ist: „Nämlich, wenn kein Bewußtsein ohne jene drei Stücke denkbar ist: so liegen sie allerdings im Begriffe des Bewußtseins; und der Satz, der sie aufstellt, ist als Reflexions-Satz, seiner logischen Gültigkeit nach, allerdings ein analytischer Satz".[14] Und nun gibt Fichte dem Einwand des Aenesidemus eine entscheidende Wende und gewinnt damit ein weiteres Argument dafür, daß der Satz des Bewußtseins nicht oberster Grundsatz sein kann. Fichte fragt: Welche Struktur hat eigentlich das Faktum, das nach Reinhold „im Bewußtsein selbst"[15] besteht? Welche Struktur hat das Bewußtsein, von dem der Satz des Bewußtseins redet? Er gibt die Antwort: Das Bewußtsein ist Synthesis: „Aber die Handlung des Vorstellens selbst, der Akt des Bewußtseins, ist doch offenbar eine Synthesis, da dabei unterschieden, und bezogen wird; und zwar die höchste Synthesis, und der Grund aller möglichen übrigen".[16] Und Fichte stellt die Frage: „Wie ist Synthesis denkbar, ohne vorausgesetzte Thesis, und Antithesis? –"[17]

Der Synthesischarakter zeigt sich daran, daß im Bewußtsein drei voneinander unterschiedene „Stücke" aufeinander bezogen werden, und zwar so, daß sie in ihrer Bezogenheit aufeinander die einheitliche Struktur des Bewußtseins ausmachen. Bei der Prüfung des 2. Einwandes wiesen die Begriffe „Unterscheiden" und „Beziehen" über den Satz

---

[12] I, 6. Mit dieser Frage wird bereits auf den ersten und zweiten Grundsatz der WL angespielt.
[13] Vgl. I, 7.
[14] I, 7.
[15] *Beyträge* I, 144.
[16] I, 7.
[17] I, 7.

des Bewußtseins hinaus auf eine reale Gültigkeit des Satzes der Identität – ihm entspricht die der Synthesis vorauszusetzende Thesis – und des Satzes der Gegensetzung, dem die vorauszusetzende Antithesis entspricht. Das im Satz des Bewußtseins ausgedrückte Faktum ist eine Synthesis, die Thesis und Antithesis voraussetzt; der Satz kann nicht oberster Grundsatz der Philosophie sein.

Die Prüfung des 4. Einwandes unterscheidet einen doppelten Sinn von Abstraktion. Der Satz des Bewußtseins gründet sich nicht auf eine Abstraktion in dem Sinn, daß im Blick auf besondere Weisen des Vorstellens, etwa Anschauung, Begriff und Idee, von deren Besonderheiten abgesehen sei. Vielmehr ermöglicht der unabhängig von jenen Besonderungen bestimmbare Begriff der Vorstellung überhaupt allererst deren Bestimmung. In einem anderen Sinn jedoch gründet sich Reinholds oberster Grundsatz auf eine Abstraktion. Fichtes Beweis dieser These hat die Gestalt eines doppelten Schlusses.[18] Danach hat jede Reflexion über das Bewußtsein empirisch bestimmte Vorstellungen zum Objekt. Von diesen empirischen Bestimmungen wird aber in der „Vorstellung des Vorstellens" abstrahiert: „Der Satz des Bewußtseins, an die Spitze der gesamten Philosophie gestellt, gründet sich demnach auf empirische Selbstbeobachtung, und sagt allerdings eine Abstraktion aus".[19]

Damit ist die Prüfung der Einwände gegen den Satz des Bewußtseins (§ I der *Neuen Darstellung*) im Grunde abgeschlossen. Als Ergebnis muß festgehalten werden, daß der Satz des Bewußtseins nicht oberster Grundsatz sein kann. Hinsichtlich des Ausgedrückten ist festgestellt: Das Faktum des Bewußtseins hat, da in ihm ein Unterscheiden und Beziehen vorkommt, den Charakter einer Synthesis; Synthesis aber setzt Thesis und Antithesis voraus. Hinsichtlich des Satzes selbst als Ausdruck jenes Faktums ist festgestellt: Er sagt eine auf empirische Selbstbeobachtung gegründete Reflexion aus.

Aber nicht um dieses negativen Ergebnisses willen setzen unsere Überlegungen bei der *Rezension des Aenesidemus* an, sondern um eines positiven willen. Fichte sagt vom Satz des Bewußtseins: „Freilich fühlt jeder, der diesen Satz wohl versteht, einen innern Widerstand, demselben bloß empirische Gültigkeit beizumessen. Das Gegenteil desselben läßt sich auch nicht einmal denken. Aber eben das deutet darauf hin, daß er sich noch auf etwas anderes gründen müsse, als auf eine bloße

---

[18] Vgl. I, 7 ff.
[19] I, 8.

Tatsache".[20] Der Satz des Bewußtseins, durch empirische Selbstbeobachtung (die den Charakter von Reflexion und Abstraktion hat)
gewonnen, kann für sich apodiktische Evidenz beanspruchen, da sein
Gegenteil sich nicht einmal denken läßt. Auch das Denken des Gegenteils hätte die im Satz des Bewußtseins angegebene Struktur.[21] Fichte
muß ihn also anerkennen. Die apodiktische Evidenz des Satzes aber
widerspricht seiner empirischen Herkunft. Deshalb, sagt Fichte, müsse
er ein Satz sein, ,,der auf einen andern Grundsatz sich gründet, aus
diesem aber a priori, und unabhängig von aller Erfahrung, sich streng
erweisen läßt".[22] Damit ist die Aufgabe der Wissenschaftslehre genannt: Aus einem obersten Grundsatz muß jener Satz des Bewußtseins
a priori deduziert werden.[23] Da der Satz des Bewußtseins als das zu
Deduzierende eine Synthesis ausdrückt, muß jener oberste Grundsatz
die dieser Synthesis notwendig vorauszusetzende Thesis (und Antithesis) ausdrücken. Damit ist klargestellt: Fichte übernimmt von Reinhold nicht nur dessen Forderung, einen obersten Grundsatz an den
Anfang der Philosophie zu stellen,[24] sondern auch dessen Bewußtseinsbegriff,[25] allerdings nicht ohne Modifikationen. Was aber hat Fichte
damit übernommen? Der Satz des Bewußtseins ist nur der erste Satz
einer Theorie des Bewußtseins als eines Vorstellungsvermögens. Wir
müssen auf Reinhold zurückgehen und dessen Bewußtseinsbegriff entwickeln, wobei wir die oben genannten Modifikationen dem weiteren
Verlauf der *Rezension* entnehmen.

§ 6. *Reinholds Ausgangspunkt. Die Theorie des Vorstellungsvermögens*

Reinholds Versuch, die Transzendentalphilosophie auf einen obersten
Grundsatz zu gründen, setzt mit einer Theorie der Vorstellung an. Damit soll der Kritik der reinen Vernunft das ihr (nach Reinhold) noch
fehlende Fundament gegeben werden. Nun steht aber jenem Versuch
einer Begründung der Transzendentalphilosophie innerhalb der Kantischen Vernunftkritik weniger die Spaltung der Vernunft in eine
theoretische und praktische, als vielmehr die Spaltung der ,,Trans-

---

[20] I, 8.
[21] Damit ist auch der Einwand des Aenesidemus erledigt, der Satz des Bewußtseins sei
kein allgemein geltender Satz. Vgl. I, 6.
[22] Vgl. I, 8.
[23] Vgl. auch Fichtes Brief an Hufeland vom 8. März 1794. Fichte schreibt, er werde ,,den
Begrif der Philosophie auf eine ganz neue Art aufstellen; und die Grundsätze derselben bis
zum Reinholdschen Satze des Bewußtseyns, deßen Beweiß sie geben wird, entwikeln".
Zitiert gemäß Akad.–Ausgabe Bd. I, 2, S. 100.
[24] Vgl. I, 20.
[25] Vgl. I, 10.

zendentalen Elementarlehre" innerhalb der *Kritik der reinen Vernunft* in eine „Transzendentale Aesthetik" und eine „Transzendentale Logik" entgegen. Es ist Kants Theorie von den beiden Stämmen der Erkenntnis, deren vielleicht gemeinschaftliche Wurzel uns unbekannt ist,[26] die einer Zurückführung der theoretischen Philosophie auf ein oberstes gemeinschaftliches Prinzip widerstreitet. In bezug auf dieses Problem wird ein einfacher Grundgedanke Reinholds für den Deutschen Idealismus entscheidend. Das Problem des obersten Grundsatzes der Philosophie ist unlösbar mit dem Problem der gemeinschaftlichen Wurzel der beiden Stämme der Erkenntnis verknüpft. Um diese Wurzel zu finden – so ist Reinholds Überlegung – muß man Anschauung und Begriff zunächst genau auf das hin befragen, was sie gemeinsam haben. Gemeinsam aber haben sie doch, daß sie Vorstellungen sind. Sinnlichkeit und Verstand (Vernunft) haben dann entsprechend das gemeinsam, daß sie Vorstellungsvermögen sind. Gelingt es, eine Theorie des Vorstellungsvermögens zu erstellen und zu zeigen, wie sich dieses in Sinnlichkeit und Verstand differenziert, so ist möglicherweise die gemeinsame Wurzel gefunden.[27]

Durch eine Theorie des Vorstellungsvermögens scheint es also möglich, der *Kritik der reinen Vernunft* das ihr noch fehlende Fundament zu liefern. Wie versteht Reinhold die *Kritik der reinen Vernunft*? Er schreibt: „Die Hauptmomente der Kritik der Vernunft sind meiner Ueberzeugung nach die in derselben entdeckten und vollständig aufgezählten Formen der Anschauungen, der Begriffe und der Ideen, in wieferne sie in der Natur der Sinnlichkeit, des Verstandes und der Vernunft a priori bestimmt sind . . ."[28] Anschauung, Begriff und Idee sind aber, wie schon Kant feststellt, Arten der Gattung „Vorstellung überhaupt".[29] Hier setzen Reinholds Überlegungen ein. Zwar habe, sagt er, die *Kritik der reinen Vernunft* diese Arten der Vorstellung im Hinblick darauf geprüft, in wiefern sie Erkenntnis a priori möglich machen,[30] und das Ergebnis dieser Prüfung sei anzuerkennen, aber sie habe dennoch den Begriff der Vorstellung unbestimmt gelassen. Rein-

---

[26] Vgl. *Kritik der reinen Vernunft*, B 29 f./A 15 f.

[27] Vgl. *Beyträge* I, 424 ff. Es ist bekannt, daß Fichte in der Einbildungskraft, deren Deduktion eine wesentliche Aufgabe der WL von 1794 ist, glaubt, diese gemeinsame Wurzel gefunden zu haben. Vgl. auch Martin Heidegger, *Kant und das Problem der Metaphysik* (Frankfurt 1950²), wo Heidegger nachzuweisen versucht, daß die transzendentale Einbildungskraft die gemeinsame Wurzel der Stämme sei, vor welcher Erkenntnis Kant jedoch zurückgeschreckt sei.

[28] *Ueber das Verhältnis der Theorie des Vorstellungsvermögens, zur Kritik der reinen Vernunft. Beyträge* I, 263.

[29] Vgl. *Kritik der reinen Vernunft*, A 320/B 377.

[30] Vgl. *Beyträge* I, 263.

hold sagt von der *Kritik der reinen Vernunft*: „Da sie den Begriff der Vorstellung überhaupt, folglich die Gattung, wirklich unbestimmt gelassen hat, so hat sie in soferne auch die Begriffe von sinnlicher Vorstellung, Begriff und Idee in Rücksicht auf dasjenige, wodurch sie zu bloßen Vorstellungen werden, und was sie zu Arten Einer Gattung macht, unbestimmt lassen müssen".[31] Gleichwohl habe Kant implizit vom Begriff der bloßen Vorstellung durchgängig Gebrauch gemacht: „Die ganze Kritik der Vernunft ist voll von Beweisen, dass sich ihr Verfasser die sinnliche Vorstellung sowohl als den Begriff und die Idee als etwas vorgestellt haben müsse, das von Objekt und Subjekt im Bewußtseyn unterschieden und auf beyde bezogen werden müsse. Aber sie enthält auch nicht weniger Beweise, dass er sich das Wesen der Vorstellung überhaupt nicht ausdrücklich durch diese Merkmale gedacht habe".[32] Die Kritik des Erkenntnisvermögens, als welche Reinhold die *Kritik der reinen Vernunft* versteht, ist zu ergänzen durch eine Theorie des Vorstellungsvermögens, worin erstere ihr Fundament hat. Die Theorie des Vorstellungsvermögens entfaltet als Elementarphilosophie („Philosophia prima"[33]) die im Satz des Bewußtseins implizierten Evidenzen. „Die Philosophie", sagt Reinhold, „ist Wissenschaft desjenigen, was durch das bloße Vorstellungsvermögen bestimmt ist".[34]

Wie immer auch das Verhältnis Reinholds zu Kant und das entsprechende Selbstverständnis Reinholds, das wir kurz angedeutet haben, zu beurteilen sein mag, entscheidend ist, daß Fichte bei Reinhold eine formal-einheitliche Theorie des Bewußtseins vorfand, die er, freilich als etwas noch zu Begründendes, übernahm.

Um das Ausmaß dieser Übernahme und deren systematische Konsequenzen beurteilen zu können, müssen wir im folgenden zunächst die Grundstruktur des Bewußtseins bzw. des Vorstellens überhaupt und deren Zurückführung auf das sogenannte Vorstellungsvermögen verfolgen (§ 7). Sodann müssen wir die ausgezeichneten Gestalten des Bewußtseins, nämlich das eigentliche Gegenstandsbewußtsein (§ 8) und das Selbstbewußtsein (§ 9) bestimmen.

---

[31] Vgl. *Beyträge* I, 267.
[32] *Beyträge* I, 269.
[33] *Beyträge* I, 158.
[34] *Beyträge* I, 59.

§ 7. Grundbestimmungen des Vorstellens

Der Satz des Bewußtseins, den Reinhold als obersten Grundsatz der Elementarphilosophie, der „Philosophie der Philosophie",[35] aufstellt, lautet: „Im Bewußtseyn wird die Vorstellung durch das Subjekt vom Subjekt und Objekt unterschieden und auf beyde bezogen".[36] Dieser Satz des Bewußtseins drückt als Satz einen Sachverhalt aus, den Reinhold als die Tatsache bezeichnet, „die im Bewußtseyn vorgeht".[37] Wo immer Bewußtsein stattfindet – und es findet statt, „sobald man sich etwas vorstellt"[38] – liegt jene im Satz des Bewußtseins ausgedrückte dreigliedrige Struktur vor. Sie kommt in der Reflexion – Fichte sagt: in der empirischen Selbstbeobachtung – zu apodiktisch evidenter Gegebenheit. Die Redeweise „im Bewußtsein" verrät, daß das Bewußtsein als eine Sphäre der Immanenz bestimmt wird, die jene drei Glieder, nämlich Subjekt, Vorstellung und Objekt, sowie deren Relationen umspannt. Diese Definitionen bleiben rein analytisch; sie zeigen nur, daß jedes der drei Glieder notwendig die beiden anderen fordert, ohne die beiden anderen nicht gedacht werden kann.

Da sowohl Subjekt als Objekt von der Vorstellung einerseits unterschieden, andererseits aber auf sie bezogen werden, können nach Reinhold beide in einer doppelten Hinsicht betrachtet werden. Achtet man auf das Bezogensein des Objekts auf die Vorstellung, so heißt das Objekt das Vorgestellte: „Das Objekt heißt ein Vorgestelltes in wie ferne die von ihm und dem Subjekte unterschiedene Vorstellung auf dasselbe bezogen ist".[39] Die andere Hinsicht ergibt die Bestimmung des Objekts als Ding an sich: „Das Objekt heißt ein Ding an sich in wie ferne die Vorstellung, die sich auf dasselbe beziehen läßt, von demselben unterschieden wird".[40] Ferner kann das Objekt auch Gegenstand heißen: „Das Objekt heißt Gegenstand, ein Ding, in wie ferne es als dasjenige gedacht wird, was sich auf die von ihm unterschiedene Vorstellung, und durch dieselbe auf das Vorstellende, bezieht".[41] Sofern auch zwischen Subjekt und Vorstellung Unterschiedensein und

---

[35] Beyträge I, 55. Dies erinnert an Fichtes „Definition" der WL als „Wissenschaft der Wissenschaft".
[36] Beyträge I, 167.
[37] Beyträge I, 176.
[38] Beyträge I, 221.
[39] Beyträge I, 171.
[40] Beyträge I, 171.
[41] Beyträge I, 171. – Hier deutet sich unter der dreigliedrigen Struktur eine zweigliedrige an. Dies wird uns bei der Erörterung des Gegenstandsbewußtseins beschäftigen. – Vgl. § 8 d.A.

Bezogensein besteht, ergeben sich analog die Bestimmungen des Subjekts als „Subjekt an sich" und als „Vorstellendes".

Es fällt auf, worauf Reinhold aber nicht reflektiert, daß das Subjekt als eines der drei Glieder im Satz des Bewußtseins selber in einer doppelten Hinsicht vorkommt:

1) Es ist wie das Objekt Relatum. Die Vorstellung wird von ihm unterschieden und auf es bezogen.

2) Es ist selbst das Unterscheidende und Beziehende.[42]

Wären die drei Glieder der Bewußtseinskorrelation nur wechselseitig durcheinander bestimmbar, so wäre die Elementarphilosophie bereits am Ende. Es könnten nur noch Arten von Vorstellungen empirisch aufgegriffen werden. Soll eine Theorie des Bewußtseins möglich sein, so muß mindestens eines der drei Glieder auch unabhängig von der Korrelation bestimmbar sein. Dies ist in der Tat Reinholds Meinung. Dies eine ist aber nicht das Subjekt, was ja zu vermuten wäre, da es gegenüber den beiden die genannte Auszeichnung besitzt, sondern der Begriff der Vorstellung. Damit ist eine Entscheidung gefällt, die für die frühe WL Fichtes von großer Bedeutung ist. Der Begriff der Vorstellung kann nach Reinhold unabhängig von der Korrelation analysiert werden, sofern nicht auf deren Bezogenwerden, sondern deren bloße Beziehbarkeit gesehen wird. Die Vorstellung heißt unter dieser Hinsicht bloße Vorstellung. § V lautet: „Die blosse Vorstellung ist dasjenige, was sich im Bewußtseyn auf Objekt und Subjekt beziehen lässt, und von beiden unterschieden wird".[43] Die bloße Vorstellung ist nicht dasjenige, was im Bewußtsein wirklich auf Subjekt und Objekt bezogen wird, sondern was auf beide bezogen werden kann. Reinhold argumentiert: „Dasjenige, was im Bewußtseyn auf Objekt und Subjekt bezogen wird, muss zwar nicht der Zeit aber doch seiner Natur nach vor den Handlungen des Bezogenwerdens da seyn; in wie ferne nichts bezogen werden kann, wenn nichts vorhanden ist, was sich beziehen lässt. Im Bewußtseyn geht also in soferne die bloße Vorstellung dem Objekte und Subjekte vorher, als sie den Grund der Möglichkeit des Subjektes und Objektes, in wie ferne dieselbe im Bewußtseyn vorkommen können, enthält. Beyde kommen im Bewusstseyn nur durch die Vorstellung, nur dadurch vor, daß die Vorstellung auf sie bezogen wird; diess ist

---

[42] Zeigt sich hier die von Fichte monierte Unklarheit in den Begriffen „Unterscheiden" und „Beziehen"? Fichte stellt fest, daß das Unterscheiden und Beziehen kein Vorstellen sei (I, 9) und zieht daraus den Schluß, daß dem Vorstellen eine Tätigkeit des Subjekts zugrunde liegen muß, die nicht Vorstellen ist. Dadurch soll der Satz des Bewußtseins aber nicht revidiert, sondern begründet werden.

[43] *Beyträge* I, 173.

aber nur dadurch möglich dass die blosse Vorstellung, das heisst, dasjenige vorhanden ist, was sich auf beyde beziehen lässt".[44]

Damit ist die dreigliedrige Struktur auf die bloße Vorstellung zurückgeführt. Die bloße Vorstellung ist „unmittelbarer Inhalt" des Bewußtseins. Dagegen kommen Subjekt und Objekt im Bewußtsein nur vor
als durch die bloße Vorstellung vermittelt: als Vorstellendes und Vorgestelltes, sofern sich die Vorstellung auf beide beziehen läßt; als
Subjekt an sich und Objekt an sich, sofern die Vorstellung von ihnen
unterschieden werden kann.[45]

Hier spätestens zeigt sich die von Fichte monierte Unklarheit in den
Begriffen Beziehen und Unterscheiden.[46] Die Vorstellung kann auf das
Vorstellende doch nur bezogen werden, sofern sie zugleich unterschieden wird. Das Subjekt ist auch das Vorstellende, sofern die Vorstellung
davon unterschieden wird, sonst wären Vorstellung und Vorstellendes
dasselbe. Damit ist es unmöglich, den Unterschied zwischen Subjekt
an sich und Vorstellendem bzw. zwischen Objekt an sich und Vorgestelltem dadurch zu bestimmen, daß einmal auf das „Unterscheiden",
das andre Mal auf das „Beziehen" gesehen wird.[47] Dann ist es aber
auch unmöglich zu sagen, Subjekt an sich und Objekt an sich kämen
im Bewußtsein vor.[48] Subjekt an sich und Objekt an sich sind also aus
der dreigliedrigen Struktur des Bewußtseins auszuschließen; nur als
Vorstellendes und Vorgestelltes gehen Subjekt und Objekt in diese ein.

Damit ist die Aufgabe gestellt, das Verhältnis des Bewußtseins mit
seiner dreigliedrigen Struktur zu Subjekt an sich und Objekt an sich
neu zu bestimmen. Auf die Annahme eines Subjekts an sich und eines
Objekts an sich kann nämlich (unter den auch von Fichte akzeptierten
Bedingungen) nicht verzichtet werden, da sonst nichts da wäre, was
dadurch, daß eine Vorstellung darauf bezogen wird, zu Vorstellendem
und Vorgestelltem werden könnte. Wir werden diesem Problem bei
Fichte wieder begegnen.

Mit der Rückführung der dreigliedrigen Struktur des Bewußtseins
auf die bloße Vorstellung ist aber der Zirkel der Erklärung noch nicht
endgültig durchbrochen, da auch gesagt werden kann, die bloße Vorstellung sei durch ihre Beziehbarkeit auf Subjekt und Objekt be-

[44] *Beyträge* I, 173 f.
[45] Vgl. *Beyträge* I, 174.
[46] Vgl. I, 6.
[47] Vgl. *Beyträge* I, § II-IV.
[48] Vgl. I, 10. Diese Korrektur ist natürlich bezüglich der weiteren Ausführungen Reinholds
zu beachten.

stimmt.[49] Diese Durchbrechung geschieht erst durch den Begriff des Vorstellungsvermögens. § VI lautet: „Das Vorstellungsvermögen ist dasjenige wodurch die bloße Vorstellung, das heisst das, was sich im Bewusstseyn auf Objekt und Subjekt beziehen lässt, aber von beyden unterschieden wird, möglich ist, und was in der Ursache der Vorstellung d.h. in demjenigen, welches den Grund der Wirklichkeit einer Vorstellung enthält, vor aller Vorstellung vorhanden seyn muß".[50] Das Vorstellungsvermögen ist in dem Grund der Wirklichkeit einer Vorstellung vor aller Vorstellung vorhanden. Es wird als eine „Kraft" angesehen, die jedoch nur in ihrer Wirkung, der bloßen Vorstellung zugänglich ist. Gleichwohl bedarf nach Reinhold das Vorstellungsvermögen eines Substrates, eines Trägers. Reinhold sagt: „Das Vorstellungsvermögen ist das einzige Prädikat, welches uns die Natur des Subjektes, das wir Seele nennen, ausdrückt".[51] Diese Beziehung des Vorstellungsvermögens zum Vorstellenden (oder zum Subjekt an sich?) kann von Fichte niemals akzeptiert werden.[52] Wichtig ist aber etwas anderes. Ist das Vorstellungsvermögen nur durch seine „Wirkung"[53] zugänglich, dann muß es von dieser her bestimmt werden.

Die Wirkung (das Produkt) des Vorstellungsvermögens ist die bloße Vorstellung. Diese ist als das bestimmt, was sich auf Subjekt und Objekt beziehen läßt und von beiden unterschieden wird. Daraus folgert Reinhold in § IX: „Die bloße Vorstellung muß aus zwey verschiedenen Bestandtheilen bestehen, die durch ihre Vereinigung und ihren Unterschied die Natur, oder das Wesen, einer bloßen Vorstellung ausmachen".[54] Damit hat die bloße Vorstellung den formalen Charakter einer Synthesis, und das Vorstellungsvermögen muß entsprechend als ein Vermögen der Synthesis angesehen werden.

Die Frage aber ist: Wodurch läßt sich die bloße Vorstellung einerseits auf Subjekt und Objekt beziehen und wodurch läßt sie sich andererseits von beiden unterscheiden?

Da Subjekt und Objekt ihrerseits unterschieden sind[55], ist klar: Dasjenige, wodurch sich die bloße Vorstellung aufs Subjekt beziehen läßt

---

[49] Vgl. *Beyträge* I, 175.
[50] *Beyträge* I, 175 f.
[51] *Beyträge* I, 204.
[52] Diese Auffassung des Vorstellungsvermögens als Eigenschaft einer subsistierenden Seele hat auch Spickhoff kritisiert, a.a.O., S. 33 f. Man kann aber das Vorstellungsvermögen unabhängig von dieser inkonsequenten Auffassung nehmen und seine Beziehung zum Subjekt als ein allererst zu lösendes Problem betrachten.
[53] Vgl. *Beyträge* I, 176.
[54] *Beyträge* I, 180.
[55] Nur vom Subjekt gilt, daß es sowohl eines der Bezogenen als auch das Beziehende selbst ist.

ist zugleich dasjenige, wodurch sie vom Objekt unterschieden wird; und dasjenige, wodurch sich die bloße Vorstellung aufs Objekt beziehen läßt, ist zugleich dasjenige, wodurch sie vom Subjekt unterschieden wird. Reinhold sucht dementsprechend nur die Beziehungsgründe auf. Derjenige Bestandteil der bloßen Vorstellung, durch die sich die bloße Vorstellung auf das Objekt beziehen läßt, nennt Reinhold „Stoff" und denjenigen Bestandteil, durch den sich die bloße Vorstellung auf das Subjekt beziehen läßt, nennt Reinhold „Form".[56] Die Zusammensetzung der bloßen Vorstellung aus Stoff und Form und die Behauptung, daß der Stoff dem Subjekt gegeben, die Form aber von ihm hervorgebracht sei[57] und demgemäß das Vorstellungsvermögen als „Einheit" von Rezeptivität und Spontaneität zu denken sei,[58] wird von Fichte abgelehnt. Fichte erkennt nur an, daß die Vorstellung, um als ganze auf Subjekt und Objekt beziehbar zu sein, zwei verschiedene Momente in sich befassen muß, die jeweils als Unterscheidungs- und Beziehungsgrund fungieren, nicht aber, daß diese Momente als gegebener Stoff und hervorgebrachte Form bestimmt werden können.[59] Hier ist also der Punkt erreicht, wo Fichte Reinhold nicht mehr zu folgen vermag. Wie aber steht es mit dem Bisherigen?

Fichte erkennt den Satz des Bewußtseins als Ausdruck der in der empirischen Selbstbeobachtung gegebenen Struktur des Bewußtseins an.[60] Damit muß Fichte aber auch weitere Bestimmungen des Bewußtseins anerkennen, die aus dem Satz des Bewußtseins zu entwickeln sind und die wir referiert haben. Daß dies der Fall ist, ist leicht zu zeigen, indem wir zur *Rezension des Aenesidemus* zurückkehren. Es geht vor allem um die Priorität der bloßen Vorstellung, die unmittelbar im Bewußtsein vorhanden ist, während Subjekt und Objekt nur vermittels ihrer im Bewußtsein vorkommen.[61] Dies hat Aenesidemus kritisiert durch die Gegenbehauptung, Objekt und Subjekt seien unmittelbar im Bewußtsein, die Vorstellung nur mittelbar, da das, worauf die Vorstellung solle bezogen werden, schon vorhanden sein müsse.[62] Wie schon bezüglich anderer Einwände macht Fichte hier eine Unterscheidung, die es ihm gestattet, Aenesidemus in einer Hinsicht Recht zu geben, in anderer aber Reinhold zu verteidigen. Fichte schreibt: „Und aller-

[56] *Beyträge* I, § X.
[57] *Beyträge* I, § XV.
[58] Vgl. *Beyträge*, § XXI:
[59] Vgl. I, 17 f.
[60] Vgl. § 5 d.A.
[61] Es sei schon angemerkt, daß die bloße Vorstellung dabei freilich anders bestimmt werden muß, als Reinhold es tut.
[62] Vgl. I, 9.

dings muß Subjekt und Objekt eher gedacht werden, als die Vorstellung; aber nicht im Bewußtsein, als empirischer Bestimmung des Gemüts, wovon Reinhold doch allein redet".[63] Wir erinnern uns, daß Fichte den Satz des Bewußtseins aus einem höheren Grundsatz ableiten will, da er als Synthesis eine Thesis und eine Antithesis voraussetze. Thesis und Antithesis betreffen Subjekt und Objekt, sofern sie eher gedacht werden müssen als die Vorstellung: „Das absolute Subjekt, das Ich, wird nicht durch empirische Anschauung gegeben, sondern durch intellektuelle gesetzt; und das absolute Objekt, das Nicht-Ich, ist das ihm entgegengesetzte".[64] In dieser Hinsicht ist also Aenesidemus Recht zu geben.

Ist aber von Subjekt und Objekt die Rede, sofern sie im Bewußtsein durch empirische Selbstbeobachtung gegeben sind, so trifft die Priorität der bloßen Vorstellung zu: „Im empirischen Bewußtsein kommen beide nicht anders als so vor, daß eine Vorstellung auf sie bezogen werde; in diesem sind sie nur mittelbar, als Vorstellendes, und Vorgestelltes . . ."[65] Damit hat Fichte auch die Zurückführung der dreigliedrigen Struktur des Bewußtseins auf die bloße Vorstellung und damit auf das Vorstellungsvermögen anerkannt. Die bloße Vorstellung hat dabei den Charakter der Synthesis, da sie als Einheit unterschiedener Momente gedacht werden muß,[66] um auf Subjekt und Objekt beziehbar zu sein. Das Vorstellungsvermögen ist dann das Vermögen einer ursprünglichen Synthesis. Die nähere Bestimmung der bloßen Vorstellung bzw. des Vorstellungsvermögens aber sieht, wie sich zeigen wird, bei Fichte anders aus als bei Reinhold.

Hinsichtlich der von Fichte geforderten Ableitung des Satzes des Bewußtseins bzw. der in ihm ausgedrückten Struktur des Bewußtseins hat sich damit ergeben, daß sie notwendig über das Vorstellungs-

---

[63] I, 9 f. Hier deutet sich die Lösung der Schwierigkeit an, mit der Reinhold nicht fertig wird.

[64] I, 10; vgl. I, 22. Dies ist eine der ganz wenigen Stellen, an denen Fichte in dem für uns relevanten Zeitraum von intellektueller Anschauung spricht. Dieser Begriff hat noch keine zentrale terminologische Bedeutung. Er ist im Sinne Reinholds gebraucht. Bei ihm ist Gegenstand der intellektuellen Anschauung die Form der Handlung des Vorstellenden (Reinhold, *Beyträge* I, 299). Aus diesem Grund machen wir vom Begriff der intellektuellen Anschauung keinen Gebrauch. Der Begriff „intellectuale Anschauung" findet sich bei Schelling schon in den frühesten Schriften. Vgl.: *Vom Ich als Princip der Philosophie oder über das Unbedingte im menschlichen Wissen.* WW I, 151 ff. (1795); hier: 181. Ferner *Philosophische Briefe über Dogmatismus und Kritizismus.* WW I, 283 ff. (1795); hier: 319. Auf die *Briefe* reagiert Fichte in den „Einleitungen" von 1797. Vgl. R. Lauth, „Die erste philosophische Auseinandersetzung zwischen Fichte und Schelling 1795-1797", in: *Zeitschr. für philos. Forschung* 21, 3, 1967, S. 341-367.

[65] I, 10.

[66] Synthesis ist einmal die Handlung des Verbindens, zum anderen die Einheit unterschiedener Momente als Resultat des Verbindens.

vermögen und dessen Produkt, die bloße Vorstellung, zu gehen hat.[67]

§ 8. Zur Struktur des Gegenstandsbewußtseins

Die von Fichte akzeptierte Zurückführung der Dreigliedrigkeit der Bewußtseinsstruktur auf die bloße Vorstellung und das Vorstellungsvermögen hat einige weitreichende Konsequenzen für die notwendige Differenzierung des Bewußtseinsbegriffs; diese sind für Fichtes WL entscheidend. Wie sind Gegenstandsbewußtsein und Selbstbewußtsein unter Zugrundelegung jener von Fichte akzeptierten Thesen Reinholds zu bestimmen?

Das Bewußtsein ist gemäß § I eine Sphäre der Immanenz, die notwendig eine dreigliedrige Struktur in sich befaßt (Vorstellendes – Vorstellung – Vorgestelltes). Diese Sphäre ist ausgespannt zwischen zwei ihr gegenüber transzendenten „Gliedern", nämlich Subjekt an sich und Objekt an sich.[68] Daß das Verhältnis dieser beiden Glieder zum Bewußtsein bei Reinhold widersprüchlich bleibt und von Fichte deshalb anders bestimmt werden wird, ist für das folgende ohne Belang.

Der § XXIX der *Neuen Darstellung*[69] mit dem die „Theorie des Bewusstseyns" beginnt, nimmt den Begriff des Bewußtseins ausdrücklich wieder auf: „Das Bewusstseyn überhaupt besteht im Bezogenwerden der Vorstellung durch das Subjekt auf Objekt und Subjekt und ist von der Vorstellung überhaupt unzertrennlich".[70] Damit ist die in § I als eine dreigliedrige Struktur angesetzte Sphäre der Immanenz durch einen Vollzug, durch eine Handlung bestimmt: Das Subjekt als das Vorstellende bezieht die Vorstellung auf sich selbst und auf das Objekt als das Vorgestellte. Den Grund für die Beziehbarkeit der Vorstellung auf Subjekt und Objekt hat die Theorie des Vorstellungsvermögens aufgezeigt. Er liegt darin, daß die Vorstellung Synthesis zweier Momente ist, die ihrerseits Beziehungs- und Unterscheidungsgrund sind.

---

[67] Diese entscheidende Übernahme Reinholdscher Gedanken durch Fichte wird von Spikhoff (a.a.O.) geleugnet. Ihn interessiert die *Rezension* nur, sofern Fichte in ihr bereits Grundgedanken seiner WL mitteilt und Reinhold von daher kritisiert. Dabei übersieht er aber Stellen, die zeigen, wieviel Fichte von Reinholds Theorie des Bewußtseins übernimmt, oder aber er erklärt sie damit, daß Fichte Reinhold schonen wollte. (a.a.O., S. 62 ff.) Spikhoff sagt: „Ansich ist die Vorstellungstheorie Reinholds durch den Fichtesten Ansatz überholt" (63). Dem kann zugestimmt werden. Nicht aber dem folgenden: „Daß sie ((die Vorstellungstheorie – d. Verf.)) an untergeordneter Stelle des Systems zum Teil angenommen werden kann, ist daneben belanglos". (ebenda). Es gehört zu den Aufgaben unserer Untersuchung zu zeigen, daß diese Übernahme gerade nicht belanglos ist und auch nicht nur an untergeordneter Stelle erfolgt.

[68] Vgl. *Beyträge* I, 167 ff. und Klemmt, a.a.O., S. 378.

[69] *Beyträge* I, 218.

[70] *Beyträge* I, 218.

Die Theorie des Vorstellungsvermögens und der bloßen Vorstellung bediente sich, um den Zirkel in der Erklärung der drei Bestandteile des Bewußtseins zu durchbrechen, einer methodischen Abstraktion. Sie sah davon ab, daß sich eine Vorstellung nur als wirklich denken läßt, sofern sie auf Subjekt und Objekt bezogen wird: „Nur durch das Bezogenwerden wird wirklich vorgestellt, d.h. dem Subjekte ein Objekt vergegenwärtigt. Ohne Bewusstseyn überhaupt läßt sich also keine Vorstellung überhaupt als wirklich denken".[71]

Damit ergibt sich folgende Sachlage: Einerseits geht das, was Reinhold bloße Vorstellung nennt und was als Synthesis vom Vorstellungsvermögen produziert wird, im Bewußtsein dem Subjekt und Objekt als Vorstellendem und Vorgestelltem voran: Beide kommen im Bewußtsein nur vor, sofern eine Vorstellung darauf bezogen wird.[72] Dadurch, daß eine Vorstellung auf Subjekt und Objekt bezogen wird, werden diese aber nicht als solche vorgestellt, sondern es wird nur überhaupt vorgestellt: „dem Subjekt ein Objekt vergegenwärtigt".[73] Andererseits läßt sich eine Vorstellung nur als wirklich denken, wenn im Bewußtsein zugleich bezogen und unterschieden wird, d.h. ein Vorstellendes und ein Vorgestelltes vorhanden sind.

Dieser Widerspruch läßt sich nur vermeiden, wenn man annimmt, daß mit jener anfänglichen, vom Vorstellungsvermögen produzierten Vorstellung zwar alle drei Bestandteile des Bewußtseins vorhanden sind, aber undifferenziert, noch ungeschieden.[74] Damit wäre die Aufgabe gestellt, die in der empirischen Selbstbeobachtung gegeben Differenzierung jenes anfänglichen Bewußtseins zu erklären. Diese Erklärung wird von Reinhold nicht geleistet, vielmehr unterscheidet er definitorisch drei „Arten des Bewußtseins",[75] die ihrerseits entweder Arten des „klaren Bewußtseins"[76] oder Arten des „deutlichen Bewußtseins"[77] sind. Diese Unterscheidungen sind, genau besehen, ein „Nest von Widersprüchen"; das haben wir hier nicht zu explizieren. Vielmehr entnehmen wir diesen Unterscheidungen einen Hinweis, wie der Ursprung der explizit dreigliedrigen Struktur des Bewußtseins im Vorstellungsvermögen zu denken ist. Reinhold unterscheidet, wie ge-

---

[71] *Beyträge* I, 219.
[72] *Beyträge* I, 173 ff. und I, 10.
[73] *Beyträge* I, 219.
[74] Diese Annahme, die von Reinhold später bestätigt wird (vgl. unten S. 34 f.), befreit den Begriff der bloßen Vorstellung von seiner Widersprüchlichkeit, die Spikhoff (a.a.O., S. 28 ff.) moniert.
[75] *Beyträge* I, 220.
[76] *Beyträge* I, 221.
[77] *Beyträge* I, 222.

sagt, drei „Arten" des Bewußtseins, die dadurch bestimmt sind, daß die drei Bestandteile des „Bewußtseins überhaupt"[78] je als solche vorgestellt werden.

Die drei „Arten" sind:

1) Bewußtsein der Vorstellung[79]

2) Bewußtsein des Vorstellenden (Selbstbewußtsein)[80]

3) Bewußtsein des Vorgestellten.[81]

Da alles Bewußtsein notwendig die dreigliedrige Struktur hat, sind jene drei „Arten" so zu bestimmen:

1) Das Subjekt bezieht eine Vorstellung auf eine bereits gegebene Vorstellung.

2) Das Subjekt bezieht eine Vorstellung auf sich als das Vorstellende.

3) Das Subjekt bezieht eine Vorstellung auf ein bereits gegebenes Vorgestelltes.

Es leuchtet ein, daß diese drei „Arten" des Bewußtseins nur auf dem Boden eines bereits gegebenen, eines zugrundeliegenden Bewußtseins möglich sind. Denn das, was in den Arten des Bewußtseins als solches vorgestellt wird, muß schon „Bestandteil" des Bewußtseins, in Form eines der drei Glieder, sein. Dieses zugrundeliegende Bewußtsein kann aber nur das mit der ursprünglichen, vom Vorstellungsvermögen produzierten Vorstellung gegebene, noch undifferenzierte Bewußtsein sein. Diesem gegenüber sind die „Arten" des Bewußtseins Bewußtsein zweiter Potenz. Relevant ist für unseren Gedankengang allein die Feststellung, daß die „Arten" des Bewußtseins nur auf dem Boden eines zugrundeliegenden, mit der ursprünglichen, „bloßen" Vorstellung gegebenen, noch undifferenzierten Bewußtseins möglich sind.

Reinhold unterscheidet ferner zwischen dem klaren Bewußtsein, das er als Bewußtsein der Vorstellung bestimmt,[82] und dem deutlichen Bewußtsein, das er als „Bewußtseyn des Vorstellenden als eines solchen, Selbstbewußtseyn"[83] bestimmt. In der Erläuterung zu § XXX, der das klare Bewußtsein definiert, sagt Reinhold: „Bewußtseyn überhaupt findet statt, sobald man sich etwas vorstellt. Man kann sich etwas bewußt seyn, ohne daß man sich der Vorstellung, durch welche man sich etwas bewußt ist, insbesondere, und als einer solchen, bewußt

---

[78] *Beyträge* I, 218. Es ist offenbar, daß „Bewußtsein überhaupt" als Gattung fungiert, was aber zu Widersprüchen führt und daher nicht interessiert. Deshalb setzen wir „Arten" in Anführungszeichen.

[79] Vgl. *Beyträge* I, 220.

[80] Vgl. *Beyträge* I, 220.

[81] Vgl. *Beyträge* I, 220.

[82] *Beyträge* I, 221.

[83] *Beyträge* I, 222.

ist. In diesem Falle ist Bewußtseyn, aber dunkles Bewußtseyn vorhanden; welches sich nur dann aufklärt, wenn man sich die Vorstellung
durch welche etwas vorgestellt wurde als Vorstellung vorstellt, und
sich also des Vorstellens bewußt wird. Jedem klaren Bewußtseyn muß
also ein dunkles vorhergegangen seyn. Denn man muß vorher vorgestellt haben, man muß eine Vorstellung besitzen, bevor man sich dieselbe vorstellen kann".[84] Entsprechend sagt Reinhold in den Erläu-
terungen zu § XXXI, der das deutliche Bewußtsein als Selbstbewußtsein
definiert: ,,Jedem deutlichen Bewußtseyn muß also ein klares vorhergegangen seyn. Denn man muß vorher die Vorstellung als Vorstellung
vorgestellt haben, bevor man sich als das Vorstellende – das heißt als
dasjenige, dem die Vorstellung angehört vorstellen kann. Es geht also
der Weg jederzeit vom undeutlichen ((dunklen – d.Verf.)) Bewußtseyn
durchs klare, zum deutlichen".[85]

Diese Ausführungen Reinholds sind in mehrfacher Hinsicht interessant. Zunächst: das Bewußtsein der Vorstellung, nun als klares Bewußtsein bestimmt, kommt auch unter den Arten des Bewußtseins vor,
wobei die verschiedenen Unterscheidungshinsichten, die Reinhold anwendet, hier nicht interessieren. Damit ist klar: das den ,,Arten" des
Bewußtseins notwendig zugrundeliegende Bewußtsein nennt Reinhold
dunkles Bewußtsein; wir hatten ,,undifferenziertes Bewußtsein" gesagt, was dem genau entspricht. Nennen wir das ,,klare" und das
,,deutliche" Bewußtsein einheitlich das ,,helle" Bewußtsein, womit wir
gewissen Widersprüchlichkeiten der Reinholdschen Einteilung entgehen, so ergibt sich, daß dem hellen Bewußtsein notwendig ein dunkles
Bewußtsein voranliegt.[86] Auch die dritte ,,Art" des Bewußtseins, das
Bewußtsein des Vorgestellten ist, wie noch kurz gezeigt werden wird,
helles Bewußtsein.

Damit halten wir als Ergebnis fest: Aus der Zurückführung der dreigliedrigen Struktur des Bewußtseins auf das Vorstellungsvermögen
folgt notwendig die Unterscheidung zwischen dunklem und hellem
Bewußtsein, wobei das dunkle dem hellen notwendig vorangeht. Nennt
man nur das helle Bewußtsein ,,Bewußtsein", so ist damit zugleich ein
Begriff des Unbewußten definiert. Er wird in der Geschichte des Selbstbewußtseins bei Fichte (und Schelling) eine entscheidende Rolle spielen.

Die Unterscheidungen Reinholds sind aber noch in einer anderen
Hinsicht von Bedeutung. Die Unterscheidungshinsicht, nach der Rein-

---

[84] *Beyträge* I, 221.
[85] *Beyträge* I, 222. Deutet sich hier die Aufgabe der WL an?
[86] Dabei wollen wir nicht vergessen, daß das Bewußtsein des Vorstellenden erst auf dem
Boden eines Bewußtseins der Vorstellung möglich ist.

hold klares und deutliches Bewußtsein unterscheidet, besteht in dem, was in diesen „Modi" des Bewußtseins vorgestellt wird: die Vorstellung oder aber das Vorstellende. Für das Bewußtsein des Vorgestellten scheint in dieser Unterscheidung kein Platz. Nun spricht Reinhold in diesem Zusammenhang jedoch auch vom dunklen Bewußtsein,[87] ohne es jedoch unter den Modi des Bewußtseins eigens aufzuführen. Dies ist ein Hinweis darauf, daß im dunklen Bewußtsein das Vorgestellte, als eines der drei Bewußtsein definierenden Bestandteile einen gewissen Vorrang hat, was nur so zu denken ist, daß im dunklen Bewußtsein Vorgestelltes und Vorstellung noch ungeschieden sind und das Vorstellende sich in dieser ungeschiedenen Einheit verliert. Phänomenal hat ja das Vorgestellte als das intentum der intentio recta einen Vorrang.

Eine letzte Bestätigung wird unsere These erhalten, wenn wir die Struktur des Gegenstandsbewußtseins, formal als Bewußtsein des Vorgestellten bestimmt, untersuchen. Dieses Bewußtsein nennt Reinhold Erkenntnis.

Im § III, wo Reinhold den Begriff des Objektes durch die beiden anderen (Vorstellung und Subjekt) „definiert", taucht eine Bedeutung von Objekt auf, die zeigt, wie sich unter der dreigliedrigen Struktur des Bewußtseins eine Zweigliedrigkeit bemerkbar macht. Diese Zweigliedrigkeit entspricht dem Vorrang des Vorgestellten in der intentio recta.[88] Reinhold sagt: „Das Objekt heißt Gegenstand, ein Ding, in wieferne er als dasjenige gedacht wird, was sich auf die von ihm unterschiedene Vorstellung, und durch dieselbe auf das Vorstellende, bezieht".[89] Reinhold spricht auch von einem „Bewußtseyn der Gegenstände κατ' ἐξοχήν, wo man sich eines Vorgestellten bewußt ist, das von der vorgestellten Vorstellung, und dem vorgestellten Vorstellenden unterschieden wird".[90] Das Gegenstandsbewußtsein ist also ein Bewußtsein des Vorgestellten als Vorgestellten; es ist Bewußtsein zweiter Potenz. Damit aber geht ihm als hellem Bewußtsein notwendig ein dunkles Bewußtsein voran, in dem dasjenige ursprünglich zu einem Inhalt des Bewußtseins wird, was im Bewußtsein zweiter Potenz als solches vorgestellt wird.

Wie ist das dem Gegenstandsbewußtsein zugrundeliegende dunkle Bewußtsein zu bestimmen?

In diesem Bewußtsein wird dasjenige, was als Vorgestelltes vorgestellt

---

[87] *Beyträge* I, 221.
[88] Vgl. dazu Klemmt, a.a.O., S. 411 ff.
[89] *Beyträge* I, 171.
[90] *Beyträge* I, 181.

werden soll, ursprünglich zu einem Vorgestellten. Reinhold nennt das,
was im dunklen Bewußtsein ursprünglich zu einem Vorgestellten wird
„bloßes Objekt".[91] Die ursprüngliche Vorstellung aber, durch die das
bloße Objekt zu einem Vorgestellten wird, nennt Reinhold „Anschauung". „Eine Vorstellung unmittelbar auf ein noch nicht vorgestelltes
Objekt beziehen, heißt Anschauen".[92] In der Anschauung also, die insofern ein dunkles Bewußtsein ist,[93] wird etwas ursprünglich zu einem
Vorgestellten, welches dann im Gegenstandsbewußtsein als solches vorgestellt wird. Diese zweite Weise des Vorstellens nennt Reinhold
„Begriff". Gegenstandsbewußtsein ist also eo ipso begriffliches Bewußtsein. Reinhold schreibt: „Denn durch die Anschauung wird der Gegenstand nur vorgestellt; nicht, als ein Vorgestelltes vorgestellt. Durch das
unmittelbare Bezogenwerden der Vorstellung auf den Gegenstand ist
(während desselben) alle Unterscheidung des Gegenstandes von der
bloßen Vorstellung unmöglich; Vorstellung und Objekt machen in soferne im Bewußtseyn nur Eines aus".[94] Wenn aber in diesem „dunklen
Bewußtsein"[95] der Gegenstand von der bloßen Vorstellung nicht unterschieden wird, so kann auch nicht das Vorstellende von der hier vorliegenden Einheit von Vorstellung und Gegenstand unterschieden
werden. Damit bestätigt sich unsere These, daß im dunklen Bewußtsein die drei Bestandteile in einer noch undifferenzierten Einheit vor-
liegen. Mit anderen Worten, das dunkle Bewußtsein besitzt jene dreigliedrige Struktur nur potentiell, nicht aktuell. Berücksichtigt man
nun, daß im dunklen Bewußtsein das Vorgestellte eine gewisse Präva-
lenz hat, so kann man sagen: Die vom Vorstellungsvermögen produzierte ursprüngliche bloße Vorstellung ist eine unbewußte[96] Anschauung, bei der das Anschauen und das Angeschaute in eins fallen und das
Anschauende sich in dieser Einheit verliert. Das dunkle Bewußtsein ist
unbewußte Anschauung und liegt als solche dem Gegenstandsbewußtsein, dem Bewußtsein des Vorgestellten als Vorgestellten, notwendig
zugrunde. Auch dies folgt aus der Zurückführung der dreigliedrigen
Struktur des Bewußtseins auf die vom Vorstellungsvermögen produzierte bloße Vorstellung[97].

[91] *Beyträge* I, 230.
[92] *Beyträge* I, 239.
[93] *Beyträge* I, 236.
[94] *Beyträge* I, 236.
[95] *Beyträge* I, 236.
[96] Zum Begriff des Unbewußten vgl. oben S. 33.
[97] Oben (S. 24) war bei der Bestimmung des Objekts als „Gegenstand" von einem doppelten
Bezug desselben die Rede: er bezieht sich unmittelbar auf die Vorstellung, vermittels dieser
aber auf das Vorstellende. Das hat sich nun geklärt. Der unmittelbare Bezug des Gegenstandes auf die Vorstellung ist dunkles Bewußtsein als Anschauung. Vermittels der Anschauung

§ 9. Zur Struktur des Selbstbewußtseins

Das Selbstbewußtsein wird bei Reinhold thematisch als eine der drei „Arten" des Bewußtseins.[98] Es ist Vorstellung des Vorstellenden: Das Vorstellende bezieht sich mittels seiner Vorstellung auf sich selbst zurück. Das vorgestellte Vorstellende ist demnach etwas, „was im Bewußtseyn vom Subjekt der Vorstellung unterschieden und worauf die vom Subjekt unterschiedene Vorstellung bezogen wird".[99] Als Vorstellung des Vorstellenden ist das Selbstbewußtsein Bewußtsein zweiter Potenz: helles Bewußtsein.

Abstrahieren wir zunächst vom Unterschied zwischen dunklem und hellem Bewußtsein und suchen wir das Selbstbewußtsein gemäß dem Satz des Bewußtseins zu fassen. Das Vorstellende bezieht sich auf sich mittels einer von ihm selbst unterschiedenen Vorstellung als auf ein von dieser Vorstellung unterschiedenes Vorgestelltes. Auch in diesem Zusammenhang besteht ein Unterschied zwischen Vorstellendem und Vorgestelltem, zwischen Subjekt und Objekt. Reinhold sagt vom Selbstbewußtsein: „Auch hier wird Objekt vom Subjekt unterschieden; ja das Selbstbewußtseyn läßt sich nur dadurch denken, daß das Ich, das Subjekt in der Eigenschaft des Subjektes, des Vorstellenden, sich von sich selbst, in der Eigenschaft des Objektes des Vorgestellten, durch eine besondere Vorstellung unterscheidet".[100] Dabei ist das Vorstellende Subjekt, sofern es das durch die Vorstellung Unterscheidende ist, Objekt aber, sofern es das durch die Vorstellung Unterschiedene ist.[101]

Damit ist klar: Es gibt beim Selbstbewußtsein einen unaufhebbaren Unterschied zwischen Subjekt und Objekt. Das Subjekt kann nur so sich selbst vorstellen, daß es eine Vorstellung von sich bildet. Mit dieser Vorstellung aber ist notwendig der Unterschied zwischen dem, was durch die Vorstellung unterscheidet, und dem, was durch die Vorstellung unterschieden wird, gegeben. Subjekt und Objekt können beim Selbstbewußtsein nicht zusammenfallen, weil gerade die Bestimmung, die das Subjekt als Subjekt kennzeichnet, ihm als Objekt nicht zukommt, nämlich das durch die Vorstellung Unterscheidende zu sein.[102]

aber wird der Gegenstand auf das Vorstellende bezogen dadurch, daß das Vorstellende im hellen Bewußtsein einen Begriff vermittels der Anschauung auf den Gegenstand bezieht. Dies Bezogenwerden des Begriffs über die Anschauung auf den bloßen Gegenstand nennt Reinhold Erkenntnis (vgl. *Beyträge*, 223 ff.).

[98] Vgl. *Beyträge* I, 220.
[99] *Beyträge* I, 171.
[100] *Beyträge* I, 181.
[101] Vgl. *Beyträge* I, 197.
[102] Im Selbstbewußtsein geht das Vorstellende also nicht in dem auf, was es als Vorgestelltes ist. Das Vorstellende ist als Vorstellendes nicht objektivierbar, da es das Objektivierende in

Wenn im Selbstbewußtsein das Subjekt sich mittels einer auf sich selbst bezogenen Vorstellung zum Objekt macht, so ist zu fragen, wie das Subjekt vor und unabhängig von dieser Selbstobjektivation bestimmt ist. Denn offenbar muß das Subjekt auch Subjekt sein, wenn es sich nicht vorstellt.

Das Subjekt ist innerhalb der dreigliedrigen Struktur des Bewußtseins einmal wie das Objekt Relatum; andererseits ist es auch Ursprung der Relation, sofern es das Unterscheidende und Beziehende ist.[103]

Eine nähere Bestimmung des Subjekts, wie es vor und unabhängig von der Selbstobjektivation ist, führt bei Reinhold zu Schwierigkeiten, die uns hier nicht zu interessieren haben. Sie betreffen nämlich nicht die Reduktion der dreigliedrigen Struktur des Bewußtseins auf das Vorstellungsvermögen, auch nicht die Bestimmung des Selbstbewußtseins als der Vorstellung des Vorstellenden, sondern nur den Versuch, das Verhältnis von Subjekt an sich, vorstellendem Subjekt und Vorstellungsvermögen zu klären.[104]

Das Selbstbewußtsein ist als die Vorstellung des Vorstellenden helles Bewußtsein, dem notwendig ein dunkles Bewußtsein zugrundeliegt. In diesem dunklen Bewußtsein liegt aber das Vorstellende bereits vor, wenn auch in undifferenzierter Einheit mit Vorstellung und Vorgestelltem. Wie es möglich ist, daß das in das Vorgestellte verlorene Vorstellende sich aus dieser Einheit losreißt, um sich auf sich selbst zurückzuwenden, kann Reinhold nicht zeigen. Dennoch muß der Ursprung des Selbstbewußtseins darin liegen, daß das Vorstellende, das „Ich", aus der Einheit der unbewußten Anschauung, in der es verloren ist, sich losreißt und sich auf sich selbst zurückwendet.

Der Ursprung des Selbstbewußtseins als Vorstellung des Vorstellenden in der unbewußten Anschauung folgt notwendig aus der von Fichte akzeptierten Reduktion der explizit dreigliedrigen Struktur des Bewußtseins auf die bloße Vorstellung und auf das Vorstellungsvermögen.

Wir haben Reinhold besser gemacht, als er ist. Aber in dieser „Emendation" wird ein bisher nicht gesehenes Verbindungsglied zwischen der Theorie des Vorstellungsvermögens und der Wissenschaftlehre sichtbar. Wir fassen noch einmal kurz zusammen: Die dreigliedrige Struktur des Bewußtseins geht auf ein dunkles Bewußtsein qua unbewußte Anschauung zurück, in der Vorstellung und Vorgestelltes

diesem Objektivieren ist. Es sei hier darauf hingewiesen, daß bei Schelling Geschichte des Selbstbewußtseins als Prozeß der Selbstobjektivation des Ich ausgeführt wird, in welchem Prozeß das Ich sich aber ständig verfehlt.

[103] Vgl. *Beyträge* I, 172.
[104] Vgl. *Beyträge* I, 204.

noch ungeschieden sind und das Vorstellende sich in dieser Einheit verliert. Die unbewußte Anschauung ist Produkt des Vorstellungsvermögens, das aber nicht dinglich als Eigenschaft der Seele angesehen werden kann. Vielmehr läßt sich das Vorstellungsvermögen nur im Rückgang auf Subjekt an sich und Objekt an sich, die dem Bewußtsein notwendig vorauszusetzen sind, bestimmen. Die dreigliedrige Struktur des hellen Bewußtseins (Gegenstandsbewußtsein und Selbstbewußtsein) ist aus dem dunklen Bewußtsein zu entwickeln. Es ist zu zeigen, wie sich Vorstellung und Vorgestelltes trennen und wie sich damit das Vorstellende aus seiner Verlorenheit losreißt, um sich im Selbstbewußtsein auf sich selbst zurückzuwenden. Die genannten Aufgaben wird Fichte in Angriff nehmen.

2. KAPITEL

DER BEGRIFF DER WISSENSCHAFTSLEHRE

§ 10. Die inneren und äußeren Bedingungen des obersten Grundsatzes

Fichte schreibt in der *Rezension des Aenesidemus*: „Nach Kant machte
Reinhold sich das unsterbliche Verdienst, die philosophierende Vernunft . . . darauf aufmerksam zu machen, daß die gesamte Philosophie
auf einen einzigen Grundsatz zurück geführt werden müsse, und daß
man das System der dauernden Handlungsweise des menschlichen
Geistes nicht eher auffinden werde, bis man den Schlußstein desselben
aufgefunden habe".[1]

Fichte übernimmt, wie gezeigt, die Forderung, die Philosophie auf
einen obersten Grundsatz zurückzuführen. Der Satz des Bewußtseins
aber kann nicht dieser Grundsatz sein. Der Satz des Bewußtseins muß
vielmehr aus dem noch aufzufindenden Grundsatz abgeleitet werden.
Wie kann jener oberste Grundsatz gefunden werden? Dazu bietet sich
ein Verfahren an, das schon Reinhold eingeschlagen hatte.[2] Das
Problem des obersten Grundsatzes der Philosophie ist nämlich so geartet, daß man – ohne im Besitz dieses Grundsatzes zu sein – doch die
Bedingungen angeben kann, denen ein solcher genügen muß. Genau in
dieser Weise wird das Problem in Fichtes Schrift *Über den Begriff der
Wissenschaftslehre oder der sogenannten Philosophie* erörtert.

Fichte stellt zunächst fest, daß jede Wissenschaft als solche auf
einem obersten Grundsatz beruhen muß, der gegenüber dem, was in
der Wissenschaft aus ihm folgt, unmittelbar gewiß sein muß.[3] In bezug
auf einen solchen Grundsatz ergeben sich aber sofort zwei Fragen:
Die erste Frage betrifft die Gewißheit des Grundsatzes selber. Wann
ist ein Grundsatz gewiß, woraus folgt seine Gewißheit? Die zweite
Frage betrifft den für den Aufbau einer Wissenschaft notwendigen

---

[1] I, 20.
[2] Vgl. *Beyträge* I, 142 ff.
[3] Vgl. I, 38 ff.

Übergang vom Grundsatz zu anderen Sätzen, die dadurch von ihm ihre Gewißheit erhalten. Fichte schreibt: „Kurz, wie läßt sich die Gewißheit des Grundsatzes an sich; wie läßt sich die Befugnis auf eine bestimmte Art aus ihm die Gewißheit anderer Sätze zu folgern, begründen?"[4]

Bisher war vom Grundsatz einer Wissenschaft überhaupt die Rede. Die Möglichkeit einer Wissenschaft hängt von der Beantwortung der beiden oben gestellten Fragen ab. Nun verschiebt Fichte die Frageebene, indem er die Beantwortung jener Fragen, und damit der Frage nach der Möglichkeit der Wissenschaft überhaupt, einer besonderen Wissenschaft zuweist, womit zugleich der Begriff der Wissenschaftslehre definiert ist. Sie ist „Wissenschaft von der Wissenschaft überhaupt".[5] Da aber auch die Wissenschaftslehre Wissenschaft ist, gilt für sie im selben Sinn das bisher über das Wesen des Grundsatzes Gesagte. Auch die Wissenschaftslehre muß einen Grundsatz haben, der vor der Wissenschaftslehre gewiß sein und den Sätzen der Wissenschaftslehre Gewißheit und systematische Form verleihen muß. Aus der Definition der Wissenschaftslehre folgt, daß ihr oberster Grundsatz nicht begründet werden kann, da keine höhere Wissenschaft denkbar ist.[6] Damit hat sich die Frage nach der Gewißheit des obersten Grundsatzes, der nun Grundsatz der WL sein soll, verschärft. Während die Grundsätze der Wissenschaften bzw. deren Gewißheit in einer höheren Wissenschaft begründet sind, ist diese Möglichkeit für den Grundsatz der WL abgeschnitten. Dieser muß als Grund alles Wissens durch sich selbst und aus sich selbst gewiß sein.[7]

Fichte gibt aufgrund einer formalen Reflexion auf das Wesen des Satzes die Bedingungen an, unter denen ein Satz jene unmittelbare Gewißheit haben, d.h. ein oberster Grundsatz sein kann. Ein Satz ist dann unmittelbar und durch sich selbst gewiß, d.h. ein oberster Grundsatz, wenn seine Form nur zu seinem Gehalt und sein Gehalt nur zu seiner Form paßt.[8] Die Bedingungen unter denen ein Satz oberster Grundsatz sein kann, nennt Fichte die inneren Bedingungen des Grundsatzes. Sie bilden m.a.W. ein formales Kriterium dafür, wann ein Satz unmittelbar und durch sich selbst gewiß ist.

Damit sind die Bedingungen, die der Grundsatz erfüllen muß, aber noch nicht erschöpft. Fichte unterscheidet von den genannten inneren

---

[4] I, 43.
[5] I, 43.
[6] Die Grundsätze der Wissenschaften dagegen können durch die WL begründet werden.
[7] Vgl. I, 48.
[8] Vgl. I, 49 ff. Außerdem ergibt diese Untersuchung, daß es außer einem absolut ersten Grundsatz noch zwei weitere Grundsätze geben kann, die nur zum Teil absolut, zum Teil aber durch den ersten bedingt sind.

Bedingungen die äußeren Bedingungen.[9] Diese bestehen darin, daß alles Wissen sich auf jenen Grundsatz muß zurückführen lassen, daß sich also im Ausgang von ihm das System der Wissenschaft des Wissens wirklich erstellen läßt. Damit kommt die zweite Frage, wie nämlich der oberste Grundsatz seine Gewißheit anderen Sätzen mitteilen könne, ins Spiel. Diese Unterscheidung der inneren und äußeren Bedingungen des obersten Grundsatzes ist für die Transzendentalphilosophie von großer Bedeutung. Ein Grundsatz, der nur den äußeren Bedingungen entspräche, würde zwar die Erstellung eines Systems gestatten, aber dieses System hätte nicht notwendig den Charakter des Wissens, der Wissenschaft. Ein Grundsatz, der nur den inneren Bedingungen entspräche, hätte zwar den Charakter des unbedingten Wissens, müßte aber nicht notwendig die Erstellung eines Systems gewährleisten. Soll ein unbedingt gewisser Satz Grundsatz des Systems sein, so muß in ihm selbst die Anweisung liegen über ihn (in Richtung auf das System) hinauszugehen, und die Weise des Hinausgehens müßte in ihm und durch ihn notwendig gegeben sein.[10] Fichte präzisiert die äußere Bedingung, indem er ein Kriterium dafür sucht, daß das System des Wissens vollständig erstellt ist. Er schreibt: ,,Die Wissenschaft ist ein System, oder sie ist vollendet, wenn weiter kein Satz gefolgert werden kann: und dies gibt den positiven Beweis, daß kein Satz zu wenig in das System aufgenommen worden." Und der Beweis, daß kein Satz weiter gefolgert werden kann, läge darin, ,,daß der Grundsatz selbst, von welchem wir ausgegangen wären, zugleich auch das letzte Resultat sei".[11]

Der oberste Grundsatz der Wissenschaft des Wissens d.h. der Philosophie muß ein unmittelbar durch sich selbst gewisser Satz sein, der durch sich selbst die Möglichkeit und Methode des Fortgangs an die Hand gibt, und zwar so, daß der gemäß der durch ihn selbst gegebenen Methode vollzogene Fortgang zu ihm selbst zurückführt. Den durch den Fortgang selbst beschrittenen Zirkel nennen wir den transzendentalen Zirkel. Der transzendentale Zirkel ist im Sinne der äußeren Bedingungen der Erweis der Richtigkeit des Grundsatzes und des Systems selber.

Neben diesem transzendentalen Zirkel gibt es in der WL noch einen zweiten, methodischen Zirkel. Er besteht darin, daß sich die Erstellung des Systems, da die im Grundsatz selbst liegende Anweisung nicht

---

[9] Vgl. I. 54.
[10] Vgl. I, 115. Wie dieser Vorgriff auf die *Grundlage* zeigt, ergibt sich diese Anweisung darin, daß neben dem absolut ersten ein zweiter Grundsatz angenommen werden muß, der dem ersten widerspricht. Die Anweisung liegt also im Widerspruch, der im Gefüge der Grundsätze selber beheimatet ist.
[11] I, 59.

genügt, der „Reflexionsgesetze" bedienen muß, die allererst im System ihre Rechtfertigung erfahren.[12] Beide Zirkel hängen eng zusammen, dürfen aber nicht verwechselt werden.

Durch diese methodischen Überlegungen ist der Grundsatz selber aber noch nicht gefunden. Ihn selbst hat Fichte vielmehr durch seine Auseinandersetzung mit Reinhold gewonnen.

§ 11. Zum Ansatz der Wissenschaftslehre

Aus unseren bisherigen Überlegungen wird nun der Ansatz der WL verständlich. Bezüglich des obersten Grundsatzes der WL kann festgestellt werden:

1. Formal gesehen muß der Grundsatz drei Bedingungen genügen.
   a) Er muß ein durch sich selbst gewisser Satz sein, d.h. bei ihm müssen Form und Gehalt sich gegenseitig fordern. Dies ist die innere Bedingung.
   b) Er muß die Erstellung eines Systems ermöglichen. Diese äußere Bedingung impliziert zwei Forderungen:
      α) Der Grundsatz muß das Prinzip an die Hand geben, über ihn hinauszugehen in Richtung auf das System. Er muß Möglichkeit, Richtung und Methode des Fortgangs zur Verfügung stellen.
      β) Er muß die Geschlossenheit des Systems gewährleisten, d.h. so geartet sein, daß ein gemäß α) erfolgter Fortgang notwendig zu ihm zurückführt.
2. Material dagegen ist der oberste Grundsatz von dem her bestimmt, was als das „für uns erste" durch ihn erklärt werden soll: die Grundstruktur des Bewußtseins und damit des Wissens bzw. der Wissenschaften überhaupt.

Hier ist nun die Stelle, unsere Behauptung zu präzisieren, daß die Gestalt der Wissenschaftslehre Fichtes, mit der bei ihm die Idee einer Geschichte des Selbstbewußtseins verbunden ist, aus der Auseinandersetzung mit Reinhold resultiert und durch die Übernahme der Reinholdschen Theorie des Bewußtseins bestimmt ist.[13] Der Satz des Bewußtseins wird von Fichte als apodiktisch gewisser Ausdruck der in der empirischen Selbstbeobachtung gegebenen Struktur des Bewußtseins akzeptiert ebenso, wie die Zurückführung des Bewußtseins auf das Vorstellungsvermögen. Letzteres impliziert notwendig die Annahme

---

[12] Vgl. I, 74.
[13] Vgl. § 4 d.A. Zum Historischen vgl. Kabitz, *Studien* . . ., a.a.O.

eines dunklen (unbewußten) Bewußtseins. Im folgenden soll, um den Gedankengang durchsichtig zu halten, kurz angedeutet werden, wie Prinzip (Grundsatz) und Aufbau der *Grundlage* durch die gekennzeichnete Übernahme der Theorie des Bewußtseins bestimmt sind. Der Satz des Bewußtseins, der die Grundstruktur alles Vorstellens und damit alles Wissens bestimmt, soll erklärt werden. Diese Erklärung hat den Charakter einer Ableitung aus dem obersten Grundsatz.

I

1) Die im Satz des Bewußtseins festgestellte dreigliedrige Struktur alles Vorstellens hat den Charakter der Synthesis. Also muß der oberste Grundsatz,[14] aus dem der Satz des Bewußtseins soll abgeleitet werden können, die der Synthesis vorausgesetzte Thesis und Antithesis ausdrücken. Die Glieder des Bewußtseins werden in der Synthesis aufeinander bezogen und von einander unterschieden. Sofern alles Beziehen auf Identität, alles Unterscheiden aber auf Entgegensetzung beruht, muß die dem Bewußtsein vorauszusetzende Thesis zugleich die reale Gültigkeit des Satzes der Identität, die Antithesis aber die reale Gültigkeit der Entgegensetzung besagen.

2) Im Bewußtsein geht die bloße Vorstellung[15] als Produkt des Vorstellungsvermögens dem Subjekt und Objekt voran. Da aber andererseits dasjenige, worauf die bloße Vorstellung soll bezogen werden können, vor der bloßen Vorstellung schon vorhanden sein muß, dieses Worauf des Beziehens aber nach dem Satz des Bewußtseins nicht das Subjekt als Vorstellendes und das Objekt als das Vorgestellte sein kann, muß dem Bewußtsein ein Subjekt an sich und ein Objekt an sich vorausliegen. Der oberste Grundsatz muß also das Subjekt an sich und das Objekt an sich betreffen. Berücksichtigen wir das unter 1) Gesagte, so ergibt sich: Die der Synthesis vorausgesetzte Thesis muß das Subjekt an sich betreffen und entsprechend muß die Antithesis das Objekt an sich betreffen. (Das Subjekt an sich nennt Fichte das „absolute" Ich, das Objekt an sich: Nicht-Ich).

Wir haben, anders formuliert, festzuhalten: Der oberste Grundsatz muß eine das Subjekt an sich (Ich) betreffende Thesis sowie eine das Objekt an sich (Nicht-Ich) betreffende Antithesis ausdrücken. Das entscheidende Problem wird aber darüber hinaus sein, diese inhaltlichen

---

[14] Von hier ab wäre besser von einem Gefüge von Grundsätzen die Rede, da sich das Folgende nicht nur auf den absolut ersten Grundsatz, sondern auch auf den zweiten Grundsatz der WL bezieht.

[15] Diese ist natürlich in der von uns modifizierten Bestimmung zu nehmen.

Bestimmungen so zu fassen, daß sie den formalen Bedingungen, den inneren wie den äußeren, die an einen obersten Grundsatz zu stellen sind, genügen. Das ist bisher noch keineswegs geleistet.

Damit ist gezeigt, daß nicht nur formal der Ansatz der WL bei den Grundsätzen, sondern auch deren inhaltliche Bestimmung auf die Auseinandersetzung mit Reinhold zurückgeht.

II

Warum aber wird die Wissenschaftslehre Geschichte des Selbstbewußtseins?

Sie wird Geschichte des Selbstbewußtseins, weil die Ableitung der Struktur des Bewußtseins einen Umweg nimmt. Beruht nämlich die dreigliedrige Struktur des Bewußtseins auf der vom Vorstellungsvermögen produzierten bloßen Vorstellung, der „Vorstellung überhaupt",[16] und dem damit gegebenen dunklen Bewußtsein als unbewußter Anschauung, so sind zunächst das Vorstellungsvermögen und die unbewußte Anschauung abzuleiten. In der unbewußten Anschauung sind die „Glieder" des expliziten Bewußtseins in undifferenzierter Einheit, so nämlich, daß das Vorstellende in der Einheit von Vorstellung und Vorgestelltem verloren ist. Aus dieser unbewußten Anschauung ist dann die explizite Struktur des Bewußtseins, sind dessen ausgezeichnete Gestalten: Gegenstandsbewußtsein und Selbstbewußtsein abzuleiten bzw. zu entwickeln. Da das in der Thesis gesetzte Subjekt an sich nicht das Vorstellende (Subjekt als Moment des zu erklärenden Bewußtseins) ist, Selbstbewußtsein aber als Vorstellung des Vorstellenden bestimmt ist, ist das Subjekt an sich nicht Selbstbewußtsein. Es wird aber Selbstbewußtsein im Durchgang durch die unbewußte Anschauung, indem es sich aus der Verlorenheit, in der es sich in ihr befindet, losreißt und sich auf sich selbst zurückwendet.

Der Aufbau der Wissenschaftslehre[17] ergibt sich aus dem genannten Umweg. Dabei hat das Vorstellungsvermögen bzw. eine ursprüngliche unbewußte Anschauung den Charakter eines Wendepunktes: Alles Bewußtsein gründet im Vorstellungsvermögen und ist also aus diesem zu entwickeln. Andererzeits ist das Vorstellungsvermögen etwas, das selber abgeleitet werden muß, und zwar aus dem obersten Grundsatz bzw. den Grundsätzen.

---

16 Vgl. Fichte, Ausg. Medicus Bd. 1, S. 213.
17 Dieser Aufbau ist im theoretischen Teil deutlicher als im praktischen; uns interessiert zunächst nur der theoretische Teil.

Somit ergibt sich eine Zweiteilung der WL:

1) Der „Weg" vom obersten Grundsatz, von Ich und Nicht-Ich bis zum Vorstellungsvermögen.

2) Der „Weg" vom Vorstellungsvermögen bis zum Bewußtsein im vollen Sinn, also zum Gegenstandsbewußtsein und Selbstbewußtsein.[18]

Bezüglich dieses zweiten Weges aber sagt Fichte: „Die Wissenschaftslehre soll sein eine pragmatische Geschichte des menschlichen Geistes. Bis jetzt haben wir gearbeitet, um nur erst einen Eingang in dieselbe zu gewinnen . . ."[19]

---

[18] Dieser Weg ist bei Reinhold als Weg vom dunklen Bewußtsein zum deutlichen Bewußtsein bezeichnet; vgl. *Beyträge* I, 222.

[19] I, 222.

2. ABSCHNITT

DIE WISSENSCHAFTSLEHRE

3. Kapitel

DIE GRUNDSÄTZE

§ 12. Die reale Gültigkeit des Satzes der Identität

Durch unsere bisherigen Überlegungen dürfte der Ausgangspunkt der *Grundlage*, die wir nun zu interpretieren haben, hinreichend klar geworden sein. Wir erinnern uns: Fichte hat den Weg, den er zur Auffindung der Grundsätze einschlägt, bereits in der *Rezension* angedeutet. Reinholds Satz des Bewußtseins macht von den unklaren und mehrdeutigen Begriffen „Unterscheiden" und „Beziehen" Gebrauch. Fichte bemerkt dazu: „Wie nun, wenn eben die Unbestimmtheit und Unbestimmbarkeit dieser Begriffe auf einen aufzuforschenden höhern Grundsatz, auf eine reale Gültigkeit des Satzes der Identität, und der Gegensetzung hindeutete; und wenn der Begriff des Unterscheidens und des Beziehens sich nur durch die der Identität, und des Gegenteils bestimmen ließe? – "[1] Damit bietet sich zur Auffindung des obersten Grundsatzes der Satz der Identität an.[2]

Der Satz der Identität ($A = A$) und der Satz der Gegensetzung haben zunächst nur formale Gültigkeit; sie gelten für jedes beliebige A, das aber mit ihnen keineswegs gegeben ist. So sagt der Satz $A = A$ keineswegs, daß A ist. Diese formalen Sätze müssen sich, sollen die Sätze der Identität und der Entgegensetzung ursprünglich reale Gültigkeit haben,[3] als Resultate einer Abstraktion erweisen lassen. Es ist klar, daß die Sätze, die die reale Gültigkeit von Identität und Gegensetzung aussagen, den Charakter von Grundsätzen haben, weil sie die geforderte innere Bedingung[4] erfüllen. Denn in ihnen ist mit der „Form" der

---

[1] I, 6.

[2] Die *Grundlage* erweckt den Anschein der Beliebigkeit des Ausgangspunktes: „Wir müssen auf dem Wege der anzustellenden Reflexion von irgendeinem Satz ausgehen, den uns jeder ohne Widerrede zugibt. Dergleichen Sätze dürfte es wohl mehrere geben". (I, 92) Nun ist aber mit jedem Satz, den jeder ohne Widerrede zugibt, notwendig der Satz A = A vorausgesetzt. Der Ausgang von diesem Satz ist also nicht beliebig, sondern notwendig.

[3] Vgl. § 5 d.A.

[4] Vgl. § 10 d.A.

Identität bzw. Entgegensetzung ursprünglich notwendig ein bestimmter Gehalt verknüpft, von dem gerade abgesehen wird, wenn die Sätze als formale genommen werden.

Der Satz der Identität $A = A$ hat als Satz Gehalt und Form. Der Gehalt ist A, die Form ist das, was man von diesem A weiß: Gleichheit mit sich selbst als Identität. Wie aber ist diese Form genau zu fassen? Im Fall der Identität ist nicht, wie die Formel $A = A$ nahelegt, von zwei A die Rede, sondern nur von einem. Deshalb muß die Formel $A = A$ interpretiert werden als: *Wenn A* (*gesetzt*) *ist, so ist* (*gesetzt*) *A* (und nicht etwas anderes). Die Form des Satzes $A = A$ ist also ein „wenn – so".[5]

Den Satz $A = A$ wird jedermann als zweifellos gewissen zugeben. Da dieser Satz aber nicht besagt, daß A ist, so betrifft die Gewißheit die Form „wenn – so". „Es ist nicht die Frage vom Gehalte des Satzes, sondern bloß von seiner Form; nicht von dem, wovon man etwas weiß, sondern von dem, was man weiß, von irgend einem Gegenstande, welcher es auch sein möge".[6] Der notwendige Zusammenhang zwischen dem Wenn und dem So ist das, was man weiß. Dieser Zusammenhang ist schlechthin und ohne allen Grund gesetzt. Fichte nennt ihn X.

Im Satz $A = A$ wird aufgrund jenes Zusammenhanges geurteilt. Der Zusammenhang hat also den Charakter einer Regel, die, da dieser Zusammenhang schlechthin gesetzt ist, dem urteilenden Ich durch das Ich selbst gegeben sein muß.[7] Damit muß aber auch aller Gehalt (jedes A) auf den der Zusammenhang X soll angewendet werden können, im Ich gesetzt sein. (Aller Gehalt ist notwendig im Ich gesetzt[8].) Also bedeutet der Satz $A = A$: Wenn A im Ich gesetzt ist, so ist es gesetzt. Und nun läßt sich zeigen, daß mit der Form X notwendig ein bestimmter Gehalt verknüpft ist.

Im Satz $A = A$ hat das A einmal die Stelle des Subjekts, und dann die Stelle des Prädikats. Der schlechthin gesetzte Zusammenhang X beruht nun darauf, daß das Ich, in dem A in der Funktion des Subjekts gesetzt ist, dasselbe ist wie dasjenige Ich, in welchem A in der Funktion des Prädikats gesetzt wird. Deshalb ist jener notwendige Zusammenhang (X) gleichbedeutend mit dem Satz *Ich = Ich* oder *Ich bin Ich*.[9] Der Satz *Ich = Ich* ist aber gleichbedeutend mit dem Satz *Ich bin*, und zwar deshalb, weil im Satz *Ich = Ich*, das Ich nicht wie das A unter

---

[5] Die moderne Logik faßt Identität als einen Fall der Implikation: $A \rightarrow A$ (*A impliziert A*).
[6] I, 93.
[7] Vgl. I, 93.
[8] Vgl. I, 70.
[9] Vgl. I, 94.

einer Bedingung, sondern schlechthin gesetzt ist: „Der Satz: Ich bin Ich, aber gilt unbedingt, und schlechthin, denn er ist gleich dem Satze X.;"[10]

Damit haben wir einen Gehalt gefunden, der ursprünglich mit der Form X gegeben ist. Dieser Gehalt ist das Ich. Der Satz, der die reale Gültigkeit des Satzes der Identität aussagt, lautet: *Ich bin Ich, Ich bin.*[11]

Haben wir damit aber den obersten Grundsatz der WL gefunden? Er erfüllt doch die innere Bedingung (Einheit von Form und Gehalt), die an einen Grundsatz zu stellen ist. Der gefundene Satz ist zwar unmittelbar gewiß, aber er ermöglicht so, wie er bisher gefaßt wurde, noch nicht die Erstellung eines Systems: er erfüllt nicht die äußere Bedingung.

Der Satz *Ich bin* ist bisher Ausdruck einer Tatsache. Er wurde im Ausgang von einer Tatsache gefunden und zwar auf dem Wege der „abstrahierenden Reflexion".[12] Fichte sagt: „Dieser Satz: Ich bin, ist bis jetzt nur auf eine Tatsache gegründet, und hat keine andre Gültigkeit, als die einer Tatsache".[13] Tatsache in diesem Sinne ist dasjenige, was als „empirische Bestimmung unseres Bewußtseins"[14] der Selbstbeobachtung zugänglich ist. In diesem Sinn ist auch Reinholds Satz des Bewußtseins Ausdruck einer Tatsache.[15] Dieser Charakter der Tatsache tut aber der unbedingten Gewißheit des Satzes *Ich bin* keinen Abbruch. Bei ihm ist genau wie beim Satz des Bewußtseins das Gegenteil undenkbar. Und so kann Fichte sagen: „Es ist demnach Erklärungsgrund aller Tatsachen des empirischen Bewußtseins, daß vor allem Setzen im Ich vorher das Ich selbst gesetzt sei".[16]

Was haben wir damit gewonnen? Rekapitulieren wir: Der Satz *Ich bin* ist zweifellos Ausdruck eines Wissens. Ich weiß von einem Gehalt (Ich), daß er schlechthin gesetzt ist (Form). Dieses Wissen ist ein Vorstellen: ich stelle mich selbst als notwendig seiend vor, in dem Sinn, daß ich als das Subjekt allen meinen Vorstellungen zugrundeliege. Damit drückt der Satz *Ich bin* die Vorstellung des Vorstellenden d.h. empirisches Selbstbewußtsein aus. Das allen Vorstellungen zugrundeliegende Vorstellende ist nicht erst das Vorstellende, sofern eine Vorstellung eigens auf es gerichtet wird; vielmehr findet jene Vorstellung das Vor-

[10] I, 95.
[11] Vgl. dazu den etwas anderen Weg, auf dem Fichte in seiner Schrift *Über den Begriff* . . . zu diesem Ergebnis kommt; vgl. I, 69 f.
[12] I, 91.
[13] I. 95.
[14] I, 91.
[15] Vgl. § 6 d.A.
[16] I, 95.

stellende immer schon vor: es setzt sich selbst ständig voraus. Setzt damit aber die Vorstellung *Ich bin* nicht jene Struktur des Bewußtseins voraus, die durch die WL im Ausgang von ihrem Grundsatz allererst erklärt werden soll?

Der oberste Grundsatz der WL kann nicht Ausdruck einer Tatsache sein. Er muß vielmehr, wie schon in der *Rezension* angedeutet, Ausdruck einer Tathandlung sein.[17] Was aber bedeutet das? Es kann nach allem, was bisher erörtert wurde, nur heißen: Es muß der Schritt vom Ich als dem Vorstellenden zum Ich als dem Subjekt an sich, dessen Thesis der Synthesis des Bewußtseins zugrundeliegt, getan werden. Es muß, mit den Worten der *Grundlage*, der Überschritt getan werden zu dem, was notwendig als „Grundlage alles Bewußtseins" gedacht werden muß.[18] Dieser Überschritt aber ist deshalb notwendig, weil der Grundsatz nicht nur den inneren, sondern auch den äußeren Bedingungen genügen muß. Sehen wir zu, wie Fichte den geforderten Überschritt vollzieht.

§ 13. Die Seinsweise des absoluten Subjekts

Wir müssen uns, um den Überschritt zur Tathandlung zu verstehen, erneut dem Satz $A = A$ zuwenden. Fichte sagt von ihm: „Durch den Satz A = A wird geurteilt. Alles Urteilen aber ist laut des empirischen Bewußtseins ein Handeln des menschlichen Geistes".[19] Urteilen ist Handeln. Wir müssen also den Charakter dieses Handelns bestimmen. Zunächst ist zu sagen, daß diesem Handeln das schlechthin gesetzte *Ich bin* zugrundeliegt.[20] Das Handeln des Ich, das im Satz $A = A$ seinen Ausdruck findet, folgt einem Gesetz, das dem Handelnden durch es selbst gegeben ist. Dies Gesetz ist die Gleichheit des Ich mit sich selbst.

Wie verhält sich das Gesetz des Handelns zu diesem Handeln selbst? Dies Gesetz ist nicht etwas, dem das Handeln einmal folgt, ein andermal aber nicht folgt. Vielmehr bestimmt dieses Gesetz das Handeln als Handeln; es ist, wie Fichte sagt, „sein reiner Charakter; der reine Charakter der Tätigkeit an sich . . ."[21] Der Satz *Ich bin* ist also Ausdruck dieser reinen Tätigkeit an sich: „Also das Setzen des Ich durch sich selbst ist die reine Tätigkeit desselben. – "[22] Damit ist der Über-

---

[17] Vgl. I, 8.
[18] I, 92.
[19] I, 95. Wenn Urteilen im empirischen Bewußtsein ein Handeln ist, ist damit schon gesagt, daß der Begriff des Handelns auch auf das anwendbar ist, was jenseits des Bewußtseins liegt?
[20] Vgl. I, 95.
[21] I, 96.
[22] I, 96.

gang zur Tathandlung vollzogen. Der entscheidende Schritt läßt sich genauer auch folgendermaßen darstellen:

Die Gleichheit des Ich mit sich selbst (*Ich = Ich*) muß ebenso wie die des *A* durch ein Handeln bestimmt werden. Wie das Setzen des *A* im Zusammenhang des *Wenn A, so A*, muß auch das Setzen des Ich als Handeln begriffen werden. In diesem Fall soll aber das Handelnde (Ich) durch eine Handlung allererst entstehen. Im Fall des Urteils *A = A* ist das Handelnde notwendig vorausgesetzt. Wenn der Satz der Identität *A = A* interpretiert wird als „Wenn A gesetzt ist, so ist A gesetzt", so muß die allem Setzen vorausgesetzte Identität des Ich ebenfalls mittels einer Setzung (Handlung) bestimmt werden; deshalb heißt *Ich = Ich* soviel wie „Das Ich setzt sich selbst". Dieses ursprüngliche Handeln nennt Fichte Tathandlung: „Also das Setzen des Ich durch sich selbst ist die reine Tätigkeit desselben. – Das Ich setzt sich selbst, und es ist, vermöge dieses bloßen Setzens durch sich selbst; und umgekehrt: Das Ich ist, und es setzt sein Sein, vermöge seines bloßen Seins. – Es ist zugleich das Handelnde, und das Produkt der Handlung; das Tätige, und das, was durch die Tätigkeit hervorgebracht wird; Handlung, und Tat sind Eins und eben dasselbe; und daher ist das: Ich bin Ausdruck einer Tathandlung;" [23] Sein hat in bezug auf das Ich keinen anderen Sinn als „Sich selbst setzen".[24] Der Übergang von der Tatsache zur Tathandlung gelingt also, weil in der Interpretation des Satzes der Identität als „Wenn A gesetzt ist, so ist es gesetzt" ein operatives Moment steckt, Identität demnach als Resultat eines Handelns aufgefaßt wird.

Der entscheidende Sachverhalt noch einmal anders gewendet: Das *Ich = Ich* ist zunächst die Einheit des „Ich denke" (Kant). Ist aber alle Identität Resultat einer Handlung, so muß auch die Einheit (Identität) des Ich Resultat einer Handlung sein. Da aber in diesem Fall das Handelnde durch die Handlung erst entsteht (gesetzt wird), ist die Einheit des Ich Resultat einer Tathandlung.

Worin besteht also der Unterschied zwischen dem *Ich bin* als Ausdruck einer Tatsache und dem *Ich bin* als Ausdruck der Tathandlung?

Ich bin als Ausdruck einer Tatsache besagt: Ich muß das Ich und seine Einheit allen Vorstellungen (Tatsachen des Bewußtseins) – und das Ich ist insofern das Vorstellende – zugrundelegen. Dabei bleibt

---

[23] I, 96.
[24] I, 98.

völlig unentschieden, wie das Sein dieses Ich qua vorstellenden Subjekts zu denken ist und wem es seine Einheit verdankt.[25]

Ich bin als Ausdruck einer Tathandlung aber besagt: Das Ich ist nicht ein Seiendes, das Eigenschaften, darunter die, mit sich identisch zu sein, hat, sondern ein sich selbst Setzendes, das in diesem Sichselbstsetzen zugleich die Einheit seiner selbst, die Identität seiner mit sich selbst, setzt.

Verbinden wir dieses Ergebnis mit dem früher Erörterten, so läßt sich sagen: Aus dem Begriff einer Wissenschaftslehre folgte hinsichtlich ihres obersten Grundsatzes dreierlei:

1) Er muß die aller Synthesis vorausliegende absolute Thesis ausdrücken.

2) Diese absolute Thesis bedeutet zugleich die reale Gültigkeit des Satzes der Identität.

3) Die absolute Thesis betrifft das Subjekt an sich, das absolute Subjekt.

Die absolute Thesis ist die Tathandlung, das Sichselbstsetzen des Ich. Es ist gezeigt, wie der Satz der Identität in dieser absoluten Thesis begründet ist.

Mit dem *Ich bin* als Ausdruck einer Tathandlung, oder besser, mit dem Sichselbstsetzen des Ich ist nun auch das absolute Subjekt bestimmt.[26] Fichte sagt: ,,Und dies macht es denn völlig klar, in welchem Sinne wir hier das Wort Ich brauchen, und führt uns auf eine bestimmte Erklärung des Ich, als absoluten Subjekts. Dasjenige dessen Sein (Wesen) bloß darin besteht, daß es sich selbst als seiend, setzt, ist das Ich, als absolutes Subjekt''.[27]

Um diesen Satz in seiner Bedeutung und Tragweite richtig verstehen zu können, muß kurz an die *Rezension des Aenesidemus* erinnert werden. Dort war davon die Rede, daß Subjekt und Objekt eher gedacht werden müssen als die Vorstellung. ,,Das absolute Subjekt, das Ich, wird nicht durch empirische Anschauung gegeben, sondern durch intellektuelle

---

[25] Daß die Einheit des Ich Bedingung der Möglichkeit alles Wissens ist, hat Kant ausgesprochen. Er hat aber zugleich den Weg einer weiteren Bestimmung des Ich abgeschnitten: ,,Durch dieses Ich, oder Er, oder Es (das Ding) welches denkt, wird nun nichts weiter, als ein transzendentales Subjekt der Gedanken vorgestellt = x, welches nur durch die Gedanken, die seine Prädikate sind, erkannt wird, und wovon wir abgesondert, niemals den mindesten Begriff haben können''. (Kritik der reinen Vernunft, B 404). Bei Reinhold ist das Ich, das vorstellende Subjekt, letzlich ein Seiendes (Seele), das unter anderem die Eigenschaft der Identität mit sich selbst hat.

[26] Mit der genauen Fassung dieses absoluten Subjekts (des absoluten Ich) sind wir in eine zentrale Problematik der Wissenschaftslehre geraten. Diese Problematik wird sich im Lauf unsrer Untersuchungen immer wieder neu stellen. Ihre endgültige Erledigung setzt die Interpretation der gesamten WL voraus.

[27] I, 97.

gesetzt; und das absolute Objekt, das Nicht-Ich, ist das ihm entgegengesetzte. Im empirischen Bewußtsein kommen beide nicht anders als so vor, daß eine Vorstellung auf sie bezogen werde . . ." [28] Dieses allem Vorstellen vorausliegende „Subjekt an sich" (Reinhold) oder absolute Subjekt ist durch die Tathandlung, durch den Begriff des Sichselbstsetzens in seinem „Sein (Wesen)" bestimmt. Die „Formel": „Das Ich setzt sich selbst" ist nicht der Versuch, das Wesen des Selbstbewußtseins zu fassen,[29] denn das Selbstbewußtsein ist als Vorstellung des Vorstellenden bestimmt,[30] sondern soll die Seinsweise des absoluten Subjekts bestimmen. Denn das absolute Subjekt kann in keinem Sinne als ein Ding angesehen werden.

Wir werden dabei bleiben müssen: Das Sichselbstsetzen bestimmt nur die Seinsweise (Sein qua Wesen) des Ich als absoluten Subjekts. Als nähere Bestimmungen dieser Seinsweise muß auch die Wendung „Für sich",[31] die in verschiedenen Formulierungen auftaucht, angesehen werden. Man ist natürlich geneigt, in diesem „Für sich" die Grundbestimmung des Selbstbewußtseins zu sehen. Dies ist u.E. hier aber nicht der Fall. Für-sich-Sein ist vielmehr eine nähere Bestimmung (Art) des allgemeinen Begriffs Sein-für (als Gattung). Sein-für aber heißt nichts anderes als Gesetztsein, und damit Sein überhaupt. Damit ist das Gegenteil des „Für sich" ein „Für anderes". Alles, was ist, ist (im Ich) gesetzt, und es ist dann entweder für sich wie das Ich oder für anderes wie das Nicht-Ich; das Nicht-Ich ist für anderes, nämlich für das Ich.

Mit diesen, freilich in gewisser Weise vorgreifenden Feststellungen soll es sein Bewenden haben; wir werden auf das Problem zurückkommen müssen.

Damit scheint uns die abschließende Formel des obersten Grundsatzes verständlich: „Denkt man sich die Erzählung von dieser Tathandlung an die Spitze einer Wissenschaftslehre, so müßte sie etwa folgendermaßen ausgedrückt werden: Das Ich setzt ursprünglich schlechthin sein eignes Sein".[32]

---

[28] I, 10.

[29] Vgl. Henrich, *Fichtes ursprüngliche Einsicht*, a.a.O. und § 32 d.A.

[30] Vgl. I, 217.

[31] „das Ich ist demnach für das Ich . . .", „das Ich ist für das Ich" etc. Vgl. I, 97 f.

[32] I, 98. Zu dieser Formel ist in der Auflage C (1802) eine Anmerkung eingefügt, wonach obige Formel dasselbe heißen soll wie „Ich ist notwendig Identität des Subjekts, und des Objekts: Subjekt-Objekt: und dies ist es schlechthin, ohne weitere Vermittlung". Hier liegt wohl eine Fehlinterpretation Fichtes vor. Die Formel Subjekt-Objekt gehört einer späteren Gestalt der WL an. Jedenfalls können wir sie nicht zur Interpretation des 1. Grundsatzes heranziehen.

§ 14. Die absolute Entgegensetzung

Der § 1 der *Grundlage* führte im Ausgang vom Satz der Identität über das *Ich bin* als Ausdruck einer Tatsache zum *Ich bin* als Ausdruck der Tathandlung.

Der zweite Grundsatz der WL wird gefunden im Ausgang von dem Satz: $-A$ *nicht* $= A$. Dieser Satz kann entsprechend dem vorhergehenden interpretiert werden als: ,,Wenn $-A$ gesetzt ist, so ist A nicht gesetzt''. Der Satz enthält eine doppelte, aber qualitativ verschiedene Negation. Die durch das Minuszeichen ausgedrückte Negation kennzeichnet einen Gehalt $(-A)$ in Beziehung auf einen anderen (A) als dessen Gegenteil. Die Negation eines Gehaltes (A) ist selber ein bestimmter Gehalt $(-A)$. Die durch das ,,nicht'' ausgedrückte Negation ist Resultat einer Reflexion auf das Verhältnis der beiden Gehalte $(A, -A)$. Diese doppelte Negation muß im Auge behalten werden, wenn verstanden werden soll, was das absolute Gegensetzen, die absolute Antithesis, besagen will. Der Satz $-A$ *nicht* $= A$ besagt: Wenn $-A$ gesetzt ist, so ist A nicht gesetzt. Gesetztsein heißt: durch das Ich im Ich gesetzt sein.[33] Also muß auch das $-A$ im Ich gesetzt sein. Nun kann aber ein $-A$ nur gesetzt werden, wenn zugleich ein A gesetzt ist. So erst wird aus der Negation ein Entgegensetzen. Das Setzen des $-A$ unter der Voraussetzung des Gesetztseins von A ist das Entgegensetzen.[34] Das Setzen des $-A$ ist nur in bezug auf das Setzen des A ein Entgegensetzen, d.h. es ist ein Setzen in bezug auf ein Setzen. Ist A nicht gesetzt, so kann auch nicht $-A$ gesetzt werden.

Hinsichtlich des Entgegensetzens müssen die Form der Handlung und das Produkt der Handlung betrachtet werden. Die Form der Handlung ist aus dem ersten Grundsatz, aus dem Sichselbstsetzen des Ich nicht abzuleiten. Daß es ein Entgegensetzen gibt, ist aber Tatsache des empirischen Bewußtseins. Also ist dies Entgegensetzen ,,seiner bloßen Form nach eine schlechthin mögliche, unter gar keiner Bedingung stehende, und durch keinen höhern Grund begründete Handlung''.[35] Die Handlung ist aber, genau besehen, nur ihrer Form nach unbedingt. Ihrer ,,Materie'' nach ist sie insofern bedingt, als ein Entgegensetzen nur unter der Voraussetzung eines Setzens möglich ist. Das Produkt dieser absoluten Handlung ist $-A$. Die Form dieses Produkts (Gegenteil schlechthin) beruht auf der Handlung selbst. Der Materie nach ist

---

[33] Vgl. I, 70.
[34] Vgl. I, 103.
[35] I, 102.

das Produkt bedingt durch das, dessen Gegenteil es ist, d.h. durch *A*.

Der Weg zum zweiten Grundsatz, der vom zweifellos gewissen Satz *−A nicht = A* ausgeht, ist im § 2 der *Grundlage* verkürzt dargestellt, sofern der eigentliche Ausgangspunkt nicht ausdrücklich genannt wird. Der entscheidende Schritt zur Gewinnung des ersten Grundsatzes ist der Übergang vom *Ich bin* als Ausdruck einer Tatsache zum *Ich bin* als Tathandlung. Entsprechend wird das absolute Entgegensetzen als eine der Materie nach bedingte, der Form nach aber unbedingte Handlung des Ich gewonnen als das, was der Gewißheit: *Es ist anderes* notwendig zugrundeliegen muß. Der Satz: *Es ist anderes* als Ausdruck einer Tatsache ist dem Satz *Ich bin* entgegengesetzt. Jenes andere ist in bezug auf das Ich ein Nicht-Ich. Das Ich ist das Setzende; deshalb ist sowohl *A* als auch *−A* durch das Ich gesetzt. Das Ich ist aber auch dasjenige, worin gesetzt wird; *A* und *−A* sind im Ich gesetzt. Wenn *A* und *−A* in einem und demselben Ich gesetzt sind, so müssen auch Ich und Nicht-Ich in einem Bewußtsein gesetzt sein.

Im Bereich der Tatsachen des empirischen Bewußtseins ist das verständlich. Ich und Nicht-Ich als Subjekt und Objekt sind „Bestandteile" des beide umgreifenden Bewußtseins. Oder anders gesprochen: Das Ich (das Vorstellende) stellt (im expliziten Bewußtsein) zugleich sich selbst und das Nicht-Ich (das Vorgestellte) vor, welches es aber zugleich von sich unterscheidet.

Der dem Übergang vom *Ich bin* als Tatsache zur Tathandlung analoge Übergang vom Nicht-Ich als Tatsache zum absoluten Gegensetzen ergibt sich nun durch die Frage: Wie kommt das Ich dazu, etwas als Nicht-Ich von sich zu unterscheiden? Wie kommt das Ich zu der Gewißheit: *Es ist anderes?* Diese Gewißheit kann nur in einem dem Bewußtsein selbst vorausliegenden absoluten Entgegensetzen gründen, wie die Gewißheit *Ich bin* (als Tatsache) in einem absoluten Setzen des Ich durch sich selbst gründet.

In diesem Gedankengang liegt der eigentliche Ursprung des zweiten Grundsatzes: „Es ist die gewöhnliche Meinung, daß der Begriff des Nicht-Ich ein diskursiver, durch Abstraktion von allem Vorgestellten entstandner Begriff sei. Aber die Seichtigkeit dieser Erklärung läßt sich leicht dartun. So wie ich irgend etwas vorstellen soll, muß ich es dem Vorstellenden entgegensetzen. Nun kann und muß allerdings in dem Objekte der Vorstellung irgendein X. liegen, wodurch es sich als ein Vorzustellendes, nicht aber als das Vorstellende entdeckt: aber daß alles, worin dieses X. liege, nicht das Vorstellende, sondern ein Vorzustellendes sei, kann ich durch keinen Gegenstand lernen . . ." [36] Der Unterschied zwischen Vorstellendem und Vorgestelltem ist für das Bewußtsein konstitutiv. Ihm liegt als Bedingung der Möglichkeit jenes vor allem Bewußtsein vollzogene absolute Entgegensetzen zugrunde.

Das absolute Entgegensetzen hat ein Produkt; dieses ist seiner Form nach ein Gegenteil, seiner Materie nach aber das Gegenteil dessen, was schlechthin gesetzt ist. Dieses ist das Ich als Tathandlung. Fichte kann also schreiben: „Es ist ursprünglich nichts gesetzt, als das Ich; und dieses nur ist schlechthin gesetzt (§ 1). Demnach kann nur dem Ich schlechthin entgegengesetzt werden. Aber das dem Ich entgegengesetzte ist = Nicht-Ich".[37] Damit ist der zweite Grundsatz gefunden: Dem Ich wird schlechthin entgegengesetzt ein Nicht-Ich.[38]

§ 15. Der dritte Grundsatz als Aufgabe

Eine Reflexion auf das Verhältnis von Form und Gehalt (Materie) in einem Grundsatz hatte ergeben, daß es außer einem absolut ersten Grundsatz zwei weitere geben könne, die zum Teil unbedingt, zum Teil aber durch den ersten bedingt sind.[39]

Den absolut ersten und den zweiten, seiner Materie nach bedingten, seiner Form nach aber unbedingten Grundsatz haben wir gefunden. In § 3 der *Grundlage* wird nun der dritte, seiner Form nach bedingte Grundsatz aufgestellt. Fichte bestimmt den Charakter des dritten Grundsatzes: „Er wird der Form nach bestimmt, und ist bloß dem Gehalte nach unbedingt – heißt: die Aufgabe für die Handlung, die durch ihn aufgestellt wird, ist bestimmt durch die vorhergehenden zwei Sätze gegeben, nicht aber die Lösung derselben".[40]

Die ersten beiden Grundsätze wurden gefunden, indem gezeigt wurde, daß Tatsachen des empirischen Bewußtseins absolute Handlungen des Ich zugrundeliegen. Die genannten Tatsachen des empiritschen Bewußtseins, nämlich *Ich bin* und *Es ist anderes*, sind auf der Ebene des empirischen Bewußtseins miteinander verträglich. Die diesen Tatsachen notwendig zugrundeliegenden absoluten Handlungen des Ich aber stehen wegen ihrer Absolutheit im Widerspruch zueinander. Die Lösung dieses Widerspruchs ist die Aufgabe, die durch den dritten Grundsatz aufgestellt werden soll.

[36] I, 104 f.; vgl. I, 252.
[37] I, 104.
[38] Vgl. I, 104.
[39] Vgl. I, 49 f.
[40] I, 106.

Betrachten wir das Verhältnis der beiden ersten Grundsätze zueinander. Dabei kommt zunächst zum Vorschein, daß das Ich eine doppelte „Funktion" hat. Es ist nämlich

1) das Setzende,
2) das, worin gesetzt wird.[41]

Gemäß 1. ergibt sich für die beiden Grundsätze:

a) Das Ich setzt sich selbst.
b) Das Ich setzt das Nicht-Ich (sich entgegen).

Gemäß 2. aber ergibt sich: Ich und Nicht-Ich sind im Ich gesetzt.

Auch das letztere folgt mit Notwendigkeit aus den beiden Grundsätzen. Diese Folgerung aber ist in sich widersprüchlich; das genannte Verhältnis von Ich und Nicht-Ich ist unmöglich, weil beide im Verhältnis der totalen Negation zueinander stehen. Diese Aporie, die von Fichte ausführlich entwickelt wird,[42] hat, kurz gesagt, folgende Gestalt: Die Bedingung unter der allein das Nicht-Ich im Ich gesetzt sein kann, ist zugleich die Bedingung, unter der es nicht gesetzt sein kann. Das Nicht-Ich ist dem Ich entgegengesetzt, insofern kann es nur gesetzt sein, wenn (im Ich) auch das Ich gesetzt ist. Ist aber im Ich das Ich gesetzt, so kann, da sich beide völlig aufheben, das Nicht-Ich nicht (im Ich) gesetzt sein.

Die Aufgabe besteht nun darin, eine Bedingung zu finden, unter der im Ich sowohl Ich als auch Nicht-Ich gesetzt sein können. Diese Bedingung ist aber zugleich diejenige, unter der überhaupt dem Ich ein Nicht-Ich entgegengesetzt werden kann, woraus folgt, daß die Handlung des Entgegensetzens und die gesuchte Handlung[43] des dritten Grundsatzes dieselbe Handlung sein müssen. Fichte sagt von jener Handlung: „Es sollen durch sie das entgegengesetzte Ich, und Nicht-Ich vereinigt, gleich gesetzt werden, ohne daß sie sich gegenseitig aufheben. Obige Gegensätze sollen in die Identität des einigen Bewußtseins aufgenommen werden".[44] Wie können Ich und Nicht-Ich, die im Verhältnis der Negation zueinander stehen, im Bewußtsein beisammen sein.

Die einzig mögliche Antwort auf diese Frage, so meint Fichte, ist die,

---

[41] Vgl. I, 106 f. Schon an dieser Stelle sei auf die Zweideutigkeit im Begriff des Ich ausdrücklich aufmerksam gemacht. Das Ich ist einmal das Setzende, zum anderen das, worin gesetzt wird (vgl. I, 99). Im ersten Fall ist das Ich punktuelle Spontaneität, im zweiten Fall eine Sphäre der Immanenz. Diese Sphäre der Immanenz nennt Fichte im folgenden „Bewußtsein" (vgl. I, 106 ff.). Dieser Begriff spielt im weiteren Verlauf der WL eine entscheidende, aber bisher nicht gesehene Rolle. Die Lösung der durch den zweiten Grundsatz aufgeworfenen Aporie hängt, wie wir zeigen werden, entscheidend an dieser Doppeldeutigkeit im Begriff des Ich.

[42] Vgl. I, 106 f.
[43] Vgl. I, 105.
[44] I, 107 f.

daß sie sich ,,gegenseitig einschränken".[45] Nur als durcheinander beschränkte können Ich und Nicht-Ich im Bewußtsein nebeneinander und
miteinander bestehen. Da, wo im Bewußtsein das Ich ist, ist das Nicht-
Ich nicht und umgekehrt.

Woher stammt die Schranke zwischen Ich und Nicht-Ich, die ja, wie
Fichte sagt, nicht im Begriff der Vereinigung von Realität und Negation[46] analytisch beschlossen ist.[47] Die Schranke stammt aus jener ge-
suchten Handlung des Ich, sie ist ihr Produkt. Diese Handlung kann
nun, wenn auch nur der Form nach, bestimmt werden: ,,Etwas einschränken heißt: die Realität desselben durch Negation nicht gänzlich,
sondern nur zum Teil aufheben".[48] Damit impliziert der Begriff der
Schranke den der Teilbarkeit, und die gesuchte Handlung besteht
darin, daß durch sie ,,schlechthin das Ich sowohl als das Nicht-Ich
teilbar gesetzt" [49] werden. Die Teilbarkeit von Ich und Nicht-Ich ist
also die Bedingung, unter der es möglich ist, daß dem Ich ein Nicht-Ich
entgegengesetzt werden kann und beide als sich gegenseitig einschrän-
kend in einem Bewußtsein gesetzt sein können.

Hinsichtlich des Verhältnisses von zweitem und drittem Grundsatz
zueinander kann also gesagt werden: Die Handlungen des Entgegensetzens und des teilbar Setzens sind dieselbe Handlung, da keine der
anderen vorhergehen kann; ,,beide sind Eins, und eben Dasselbe, und
werden nur in der Reflexion unterschieden. So wie dem Ich ein Nicht-
Ich entgegengesetzt wird, wird demnach das Ich, dem entgegengesetzt
wird, und das Nicht-Ich, das entgegengesetzt wird, teilbar gesetzt".[50]
Indem teilbares Nicht-Ich und teilbares Ich im Bewußtsein gesetzt
sind, ist das Bewußtsein selbst als teilbare Sphäre vorgestellt, wobei
,,teilbar" hier aber nicht einschränkbar, wie bei Ich und Nicht-Ich,
sondern aufteilbar bedeutet. Diese aufteilbare Sphäre ist zum Teil mit
dem Ich, zum Teil mit dem Nicht-Ich ,,ausgefüllt". Dort wo das Ich ist,
ist das Nicht-Ich nicht, und umgekehrt. Außerdem ist im Bewußtsein
die Schranke oder Grenze selbst, etwas, das sowohl Ich wie Nicht-Ich
sein muß. Der Gedanke, daß Ich und Nicht-Ich nicht nur in der Grenze,
sondern auch außerhalb der Grenze sind, ist nur unter Zuhilfenahme

---

[45] I, 108.
[46] Realität ist der formale Charakter des Ich, Negation der des Nicht-Ich. Vgl. I, 99; 105.
[47] I, 108.
[48] I, 108.
[49] I, 109. Es muß festgestellt werden, daß die gesuchte Handlung nicht schon gefunden ist:
Daß Ich und Nicht-Ich als teilbar und sich gegenseitig beschränkend gesetzt werden müssen,
ist klar; wie dies geschieht, bzw. wie dies möglich ist, muß erst der weitere Gang der Deduktion zeigen.
[50] I, 109.

einer räumlichen Anschauung zu vollziehen. Dies ist die Täuschung der Einbildungskraft, von der Fichte spricht.[51] Unter Absehung davon sind Ich und Nicht-Ich nur in der Grenze; dies wird in der Tat das Ergebnis der Deduktion sein.[52]

Fichte gibt dem dritten Grundsatz folgende Formel: ,,Ich setze im Ich dem teilbaren Ich ein teilbares Nicht-Ich entgegen''.[53]

§ 16. Der Charakter der höchsten Synthesis

Die Erklärung des Wissens, welche sich die WL zur Aufgabe gestellt hat, ist primär die Erklärung der Grundstruktur des Bewußtseins. Diese hat Reinhold in seinem Satz des Bewußtseins ausgesprochen.

Das Bewußtsein sowie die ihm zugrundeliegende bloße Vorstellung haben den Charakter der Synthesis. Dieser Synthesis liegt die Thesis des absoluten Subjekts und die Antithesis des absoluten Objekts zugrunde. Die Thesis des absoluten Subjekts ist die Tathandlung als das sich selbst Setzen des Ich (1. Grundsatz). Die Antithesis des absoluten Objekts ist das absolute Entgegensetzen des Nicht-Ich (2. Grundsatz). Im dritten Grundsatz haben wir eine Synthesis von Ich und Nicht-Ich derart, daß ein teilbares Ich und ein teilbares Nicht-Ich durch das Ich im ,,Bewußtsein'' gesetzt sind. Der Charakter dieser Synthesis ist aber bisher nicht zureichend bestimmt. Eine Reflexion auf das Verhältnis dieser Synthesis zur absoluten Thesis wird erweisen, daß hier eine ausgezeichnete Gestalt von Synthesis vorliegt. Um deren Charakter zu bestimmen, ist zunächst eine formale Bestimmung des Verhältnisses von Thesis, Antithesis und Synthesis vonnöten.

Die formale Struktur des dritten Grundsatzes ist die ,,Vereinigung entgegengesetzter durch den Begriff der Teilbarkeit'' [54] (Satz des Grundes). Entgegengesetzte sind in einem Merkmal gleich; Gleiche sind in einem Merkmal entgegengesetzt. Danach besteht die Antithesis (als Verfahren) darin, bei Verglichenen das Merkmal aufzusuchen, worin sie entgegengesetzt sind (Unterscheidungsgrund). Entsprechend besteht die Synthesis darin, daß man in Entgegengesetzten das aufsucht, worin sie gleich sind (Beziehungsgrund). Daraus folgt aber, daß keine Antithesis ohne Synthesis, und keine Synthesis ohne Antithesis möglich ist.[55] Beide wiederum sind nicht möglich ohne Thesis, die ein Set-

---

[51] Vgl. I, 224 f.
[52] Vgl. I, 216 f.
[53] I, 110.
[54] I, 111.
[55] Vgl. I, 112 ff.

zen schlechthin ist, und kein Gleichsetzen und kein Entgegensetzen beinhaltet. Hieraus ergibt sich das synthetische Verfahren der WL.[56] Fichte schreibt: ,,Alle aufgestellten Synthesen sollen in der höchsten Synthesis, die wir eben vorgenommen haben, liegen, und sich aus ihr entwickeln lassen''.[57]

Diese Evolution der höchsten Synthesis, die ihr Ziel im Faktum der Einbildungskraft hat, ist, in bezug auf das System der WL gesprochen, geleitet von der höchsten Thesis: es gilt die absolute Einheit hervorzubringen. ,,Die Notwendigkeit, auf die bestimmte Art entgegenzusetzen, und zu verbinden, beruht unmittelbar auf dem dritten Grundsatze: die Notwendigkeit, überhaupt zu verbinden, auf dem ersten, höchsten, schlechthin unbedingten. Die Form des Systems gründet sich auf die höchste Synthesis; daß überhaupt ein System sein solle, auf die absolute Thesis. –'' [58]

Der besondere Charakter der höchsten Synthesis wird zunächst durch eine Abgrenzung bestimmt: ,,Alle in irgendeinem Begriffe, der ihren Unterscheidungsgrund ausdrückt, Entgegengesetzte kommen in einem höhern (allgemeinern, umfassendern) Begriffe überein, den man den Gattungsbegriff nennt: d.i. es wird eine Synthesis vorausgesetzt, in welcher beide enthalten, und zwar insofern sie sich gleichen, enthalten sind''.[59] So ergibt sich von den niedersten Arten ein Aufstieg zur höchsten Gattung, indem der Gattungsbegriff jeweils den Beziehungsgrund enthält, während vom Unterscheidungsgrund (der spezifischen Differenz) abstrahiert wird.

Wie steht es aber mit dem Gegensatz: Ich und Nicht-Ich? Fichte schreibt dazu: ,,Mit dem schlechthin gesetzten, dem Ich, verhält es sich ganz anders. Es wird demselben ein Nicht-Ich gleich gesetzt, zugleich, indem es ihm entgegengesetzt wird, aber nicht in einem höhern Begriffe (der etwa beide in sich enthielte und eine höhere Synthesis oder wenigstens Thesis voraussetzen würde) wie es sich bei allen übrigen Vergleichungen verhält, sondern in einem niedern. Das Ich wird selbst in einen niedern Begriff, den der Teilbarkeit, herabgesetzt, damit es dem Nicht-Ich gleich gesetzt werden könne; und in demselben Begriffe wird es ihm auch entgegengesetzt. Hier ist also gar kein Her-

---

[56] Ganz streng durchgeführt ist dieses Verfahren nur im 1. Teil der theoretischen WL, also in dem Weg vom 3. Grundsatz bzw. von dem in ihm implizierten Grundsatz der theoretischen WL zur Einbildungskraft. Zum Problem der Methode vgl. Werner Hartkopf, ,,Die Dialektik Fichtes als Vorstufe zu Hegels Dialektik''. in: *Z.f.ph.F.*, 21, 2, 1967, 174–207.

[57] I, 114.
[58] I, 115.
[59] I, 118.

aufsteigen, wie sonst bei jeder Synthesis, sondern ein Herabsteigen".[60]
Aber auch in dieser Synthesis von Ich und Nicht-Ich muß sich zwischen
beiden ein Unterscheidungsgrund und ein Beziehungsgrund angeben
lassen. Der Unterscheidungsgrund liegt darin, daß das eine die Negation des anderen ist. Der Beziehungsgrund aber ist die Teilbarkeit: in
ihm kommen Ich und Nicht-Ich überein. Das Ich, dem so Teilbarkeit
zugesprochen wird, kann nicht das absolute Ich sein. Antithesis und
Synthesis sind dieselbe Handlung. In ihr, die notwendig eine Thesis
voraussetzt, ist das Ich als teilbar gesetzt. Die Synthesis enthält nicht
das absolute Ich, sondern das teilbare Ich; jenes ist also herabgesetzt,
„depotenziert" worden.

Aber Teilbarkeit ist nicht der einzige Beziehungsgrund. Denn Ich
und Nicht-Ich kommen auch darin überein, daß sie im Ich als Bewußtsein gesetzt sind. Dieses Bewußtsein aber ist, wie Fichte ausdrücklich
sagt, mit dem absoluten Ich und durch es gesetzt.[61]

Die Synthesis des dritten Grundsatzes kann nur verstanden werden,
wenn zuvor das Verhältnis zwischen absolutem und teilbarem Ich
genau bestimmt wird. Dazu ist es jedoch notwendig, die bereits ange-
deutete Mehrdeutigkeit im Begriff des Ich zu klären, jedenfalls soweit
es hier möglich ist. Wir gehen dabei aus von der Formel des dritten
Grundsatzes. In ihr wird das Wort „Ich" in einer dreifachen Bedeutung
gebraucht.

„Ich" bedeutet:

1) das Setzende überhaupt („Ich setze . . .");

2) das Bewußtsein in dem gesetzt wird („ . . . im Ich . . .");

3) das, was im Bewußtsein gesetzt wird („ . . . dem teilbaren Ich . . .).

Das absolute Ich des ersten Grundsatzes vereinigt alle drei Bedeutungen in sich: Das Ich (1) setzt sich selbst (3) in sich selbst (2). Es setzt
sich in sich selbst, da es sich nicht in einem anderen setzen kann. Als in
sich selbst gesetztes ist es in sich geschlossen, ist für sich in dieser
Bedeutung.[62]

Im Hinblick auf den dritten Grundsatz müssen die drei Bedeutungen
von Ich wie folgt präzisiert werden:

Das Ich ist

(1) dasjenige, was sowohl das „Ich" (3) als auch das Nicht-Ich setzt,

(2) dasjenige, worin das „Ich" (3) und das Nicht-Ich gesetzt sind,

(3) dasjenige, was zugleich mit dem Nicht-Ich im „Ich" (2) gesetzt ist.

---

[60] I, 119.
[61] Vgl. I, 107.
[62] Vgl. I, 110.

Daß das Ich in den beiden letzten der genannten Rücksichten betrachtet werden muß, sagt Fichte selbst: „Setzet, das Ich sei der höchste Begriff, und dem Ich werde ein Nicht-Ich entgegengesetzt, so ist klar, daß das letztere nicht entgegengesetzt werden könne, ohne gesetzt zu sein. Also wäre das Ich in zweierlei Rücksicht zu betrachten; als dasjenige, in welchem das Nicht-Ich gesetzt wird; und als dasjenige, welches dem Nicht-Ich entgegengesetzt, und mithin selbst im absoluten Ich gesetzt wäre".[63]

Wir müssen diese Bestimmungen nun erläutern.

Zu (1): Der Begriff des Setzens war bisher referierend übernommen worden; er muß nun geklärt werden. Solange wir uns im Bereich der Tatsachen des empirischen Bewußtseins bewegen, macht der Begriff des Setzens wenig Schwierigkeiten. „Setzen" bedeutet dann nämlich „vorstellen", und zwar so, daß das Vorgestellte (Gesetzte) im Sinne der Kategorien der Modalität in seinem Verhältnis zum Vorstellenden als möglich, wirklich oder notwendig bestimmt ist.[64] Das Resultat des Setzens (das Gesetztsein) hat notwendig den Charakter des „Seins-für" (das Vorstellende). Verlassen wir den Bereich des empirischen Bewußtseins, so kann Setzen nicht mehr Vorstellen heißen; das Ich, von dem die Grundsätze reden, ist noch nicht das Vorstellende. Jetzt kann Setzen nur noch vom Resultat her verstanden werden. Setzen bedeutet eine „Handlung", „Tätigkeit" des Ich, durch die etwas für das Ich wird: Das Ich setzt sich selbst und das Ich ist für sich; das Ich setzt etwas und etwas ist für das Ich, bedeuten jeweils dasselbe.[65] Das Ich ist das Setzende heißt also: Das Ich ist der spontane Ursprung des Seins als Seins-für. Das Ich, das sich in diesem Sinn selbst setzt, ist das absolute Ich. Das teilbare Ich und das teilbare Nicht-Ich sollen in diesem Sinn durch das absolute Ich gesetzt sein.[66]

Zu (2): Das Ich in der zweiten Bedeutung nennt Fichte an vielen Stellen „Bewußtsein".[67] Dieser Begriff des Bewußtseins scheint eine Modifikation des Reinholdschen Begriffes. Bei Reinhold war das Bewußtsein gedacht als eine Sphäre, die Vorstellendes (Subjekt), Vorstellung und Vorgestelltes (Objekt) umspannt.[68] Was dies Bewußtsein ist,

---

[63] Fichte, Medicus Bd. I, S. 212.
[64] Vgl. I, 70, wo Fichte die drei Kategorien der Modalität ausdrücklich nennt. Vgl. auch *Kritik der reinen Vernunft*, A 219, B 266. Zum Begriff des Setzens, vgl. B. Zimmermann, a.a.O., 185 ff.
[65] Damit hat Setzen doch den Charakter des „Als-seiend-setzen", nur daß Sein hier Seinsfür (das Ich) bedeutet. Vgl. dagegen Zimmermann, a.a.O., 185 ff.
[66] Vgl. I, 107.
[67] Vgl. I, 106 ff., 128.
[68] Vgl. § 7 d.A.

bleibt bei Reinhold natürlich völlig ungeklärt; es ist bei ihm in seiner faktischen Struktur angesetzt. Bei Fichte bedeutet Bewußtsein in diesem Sinn die Sphäre, die im vorhinein alles mögliche Sein-für umspannt. Sie umfaßt damit aber auch das Ich, sofern dieses entweder sich selbst setzt als absolutes Ich, oder, als das teilbare Ich, gesetzt wird.

Dieses Bewußtsein sowie dessen Identität, welche als das absolute Fundament unseres Wissens nicht aufgehoben werden darf,[69] sind mit dem Sichselbstsetzen des absoluten Ich gesetzt: Das Ich setzt sich selbst als die Totalität des Seins-für-sich. Anders gesprochen: Es füllt, indem es sich selbst setzt, die gesamte Sphäre möglichen Seins-für aus. Gemäß dem dritten Grundsatz sind teilbares Ich und teilbares Nicht-Ich im Ich qua Bewußtsein gesetzt. Das heißt, sie füllen gemeinschaftlich, in dem sie sich gegenseitig beschränken, die gesamte Sphäre des Seins-für aus.[70]

Zu (3): Dem I. Grundsatz gemäß füllt sich das selbst setzende Ich die gesamte Sphäre des Seins-für aus. Im dritten Grundsatz ist von einem Ich die Rede, das, als teilbar und durch das Nicht-Ich beschränkt, nur einen Teil der Sphäre des Seins-für ausfüllt. Das Ich wird teilbar gesetzt, indem ihm im Bewußtsein ein seinerseits teilbares Nicht-Ich entgegengesetzt wird. Die dreifache Bedeutung von Ich kann uns nun helfen das Verhältnis des absoluten Ich zum endlichen Ich zu bestimmen.

Fichte sagt im § 3 der *Grundlage*: „Das Ich soll sich selbst gleich, und dennoch sich selbst entgegengesetzt sein. Aber es ist sich gleich in Absicht des Bewußtseins, das Bewußtsein ist einig: aber in diesem Bewußtsein ist gesetzt das absolute Ich, als unteilbar; ... Mithin ist das Ich, insofern ihm ein Nicht-Ich entgegengesetzt wird, selbst entgegengesetzt dem absoluten Ich".[71] Teilbarkeit ist hier offenbar der Unterscheidungsgrund zwischen absolutem und endlichem Ich. Die durch den Begriff der Teilbarkeit gegebene Entgegensetzung zwischen absolutem und endlichem Ich wird aber unter Zuhilfenahme des Begriffs des Bewußtseins bestimmt, jener zweiten von uns unterschiedenen Bedeutung von „Ich". Die Unteilbarkeit des absoluten Ich besteht nun darin, daß bei ihm alle drei Bedeutungen von Ich in einer Einheit sind: Das Ich setzt sich selbst in sich selbst. Beim absoluten Ich fallen das sich selbst Setzende und das Worin des Gesetztseins zusammen. Beim endlichen, d.h. teilbaren Ich fallen es selbst als das sich Setzende

[69] Vgl. I, 107.
[70] Vgl. I, 109.
[71] I, 110.

und das Worin des Gesetztseins, fallen Ich und Bewußtsein auseinander. Im Bewußtsein sind nun Ich und Nicht-Ich gesetzt, denn das Ich ist teilbar gesetzt, indem ihm ein Nicht-Ich entgegengesetzt wird.

Teilbarkeit soll der Begriff sein, in den das absolute Ich des ersten Grundsatzes herabgesetzt wird, damit Antithesis und Synthesis möglich sind. Nun zeigt sich aber: *Antithesis und Synthesis sind nur möglich dadurch, daß die mit dem Sichselbstsetzen des absoluten Ich gesetzte Sphäre des Seins-für (Bewußtsein) aus der Einheit mit dem absolut sich selbst Setzenden heraus- und in den dritten Grundsatz herübergenommen wird und so Ich und Nicht-Ich umfassen kann.* Gewiß ist Teilbarkeit, sofern das absolute Ich als unteilbar angesehen wird, ein niederer Begriff, entscheidend aber ist, daß Ich und Nicht-Ich dadurch gleichgesetzt werden, daß beide im Bewußtsein gesetzt sind, d.h. in einem Moment des absoluten Ich selber. Es scheint, daß die Lösung des Problems des Verhältnisses von absolutem und endlichem Ich unlösbar damit verknüpft ist, ob es gelingt, die Stellung und Funktion des Bewußtseins im Gefüge der Grundsätze zu klären. Das zeigt sich noch einmal, wenn wir nun versuchen, den Beziehungsgrund zwischen absolutem und endlichem Ich zu klären. Der Beziehungsgrund besteht offenbar darin, daß beide „Ich" sind. Die Bestimmung des Ich besteht darin, ein sich selbst Setzendes zu sein. Damit muß aber das Sichselbstsetzen doppeldeutig sein: „Das Ich ist gesetzt, zuvörderst als absolute, und dann als einschränkbare einer Quantität fähige Realität, und zwar als einschränkbar durch das Nicht-Ich".[72] Im zitierten Text ist nur auf das Resultat des Setzens gesehen, auf dessen Produkte. Es muß angenommen werden, daß das Setzende in diesem Setzen ein und dasselbe ist: das absolute Ich. Damit wäre das Sichselbstsetzen des 1. Grundsatzes doppeldeutig:

1) Das Ich setzt sich selbst als absolute, unteilbare Realität.

2) Das Ich setzt sich selbst als einschränkbare, quantitierbare Realität.

Dieses Ich geht in die Einheit der sich wechselseitig bedingenden Antithesis und Synthesis ein. Daß damit das Problem des Verhältnisses von absolutem und endlichem Ich keineswegs gelöst ist, wie man immer wieder angenommen hat,[73] wird der weitere Verlauf der Untersuchung zeigen. Begnügt man sich bezüglich des hier anstehenden Problems mit der Auskunft, daß das absolute Ich

1) sich selbst als absolutes,

2) aber sich selbst als quantitierbares Ich setzt,

---

[72] I, 126.
[73] Vgl. z.B. Gierndt, a.a.O., S. 63 f.

so hat man das mit dem Sichselbstsetzen des absoluten Ich gesetzte Bewußtsein vergessen. Die Frage nach dem Verhältnis von absolutem Ich und Bewußtsein läßt sich aber nach dem bisherigen nicht abweisen. Fichte sagt selbst, daß das Bewußtsein ein „Produkt der ersten ursprünglichen Handlung des Ich, des Setzens des Ich durch sich selbst"[74] sei.

Das Bewußtsein ist aber nicht identisch mit dem quantitierbaren Ich, da ihm, dem Bewußtsein, ja nicht das Nicht-Ich entgegengesetzt wird, sondern das Nicht-Ich in ihm gesetzt ist. Das Bewußtsein ist aber auch nicht identisch mit dem absoluten Ich. Wäre es identisch mit ihm, dann wären im absoluten Ich endliches Ich und Nicht-Ich gesetzt, was aber gemäß § 1 unmöglich ist. Daß Fichte dennoch sagen kann, Ich und Nicht-Ich seien im absoluten Ich gesetzt,[75] ist gerade ein Erweis unserer These, daß das absolute Ich zweideutig sei: Es ist, noch einmal gesagt,

1) *das Sichselbstsetzende, das die gesamte Sphäre des Seins-für ausfüllt,*

2) *nur diese Sphäre des Seins-für allein.*

Die Lösung dieser, soweit wir sehen, von Fichte selbst nicht durchschauten Zweideutigkeit kann darin liegen, daß jenes Bewußtsein durch das absolute Ich und mit dem Sichselbstsetzen desselben gegeben ist, ohne aber mit ihm identisch zu sein. Mit diesem Interpretationsansatz, von dem wir schon früher Gebrauch machen mußten, ist auf das entscheidende Problem einer endgültigen Wesensbestimmung des absoluten Ich oder – im Sinne unserer Interpretation der WL – auf das Problem des Prinzips einer Geschichte des Selbstbewußtseins gedeutet. Die Lösung dieses Problems kann erst nach Interpretation der gesamten WL gegeben werden.

Vorläufig können wir sagen, daß der erste Grundsatz nicht zwei, sondern drei Resultate haben muß:

1) Das absolute Ich als absolute Realität.

2) Das Ich als durch das Nicht-Ich einschränkbare Realität.

3) Das Bewußtsein, das Ich und Nicht-Ich umfaßt.[76]

[74] I, 107.

[75] Vgl. z.B. I, 110.

[76] Hier endlich sei einem schon lange drohenden Einwand begegnet. Dieser Einwand könnte besagen: Das mit dem Sichselbstsetzen des absoluten Ich gesetzte Bewußtsein ist jenes Substrat, das die „wohltätige" Einbildungskraft der Deduktion unterschiebt (I, 224 f.). Dazu ist zu sagen: Die Täuschung der Einbildungskraft betrifft die räumliche Anschauung, die der Rede vom Bewußtsein zum Teil zugrunde liegt, nicht aber das Bewußtsein überhaupt als Sphäre der Immanenz, denn diese Sphäre kann und muß als solche unräumlich gedacht werden. Wir werden später in einer systematischen Rekapitulation zeigen, daß die Annahme des mit dem Sichselbstsetzen des absoluten Ich gesetzten Bewußtseins den Übergang von der Deduktion der Einbildungskraft zur eigentlichen Geschichte des Selbstbewußtseins allererst

Da wir auf die zuletzt angesprochene Problematik mehrfach werden zurückkommen müssen, soll hier die Erörterung des dritten Grundsatzes abgeschlossen sein. Im Hinblick auf das Verfahren der sich in der *Grundlage* nun anschließenden „theoretischen Wissenschaftslehre" sei noch eins nachgetragen. Für die theoretische WL ist ein bestimmtes Verhältnis zwischen dem dritten Grundsatz bzw. dem in ihm implizierten Grundsatz der theoretischen WL[77] und dem ersten Grundsatz konstitutiv. Der erste Grundsatz hat nämlich für die nun zu erörternde Evolution der höchsten Synthesis nur „regulative Gültigkeit".[78] Worin besteht die regulative Gültigkeit des ersten Grundsatzes? Sie besteht darin, daß ihm nicht widersprochen werden darf. Aber ist es überhaupt denkbar, daß eine notwendige Folge aus dem dritten Grundsatz dem ersten Grundsatz widerspricht? Zunächst besteht schon ein Widerspruch zwischen dem ersten Grundsatz und dem dritten Grundsatz, und zwar besteht er darin, daß das Ich, dem ein Nicht-Ich entgegengesetzt wird, selbst dem absoluten Ich entgegengesetzt ist. Dieser Gegensatz hat den Charakter des Widerspruchs, wie seine Wiederaufnahme zu Beginn der praktischen WL zeigt.[79] Worin besteht dieser Widerspruch? Er ist aufzuklären, wenn wir das Verhältnis des Bewußtseins zum absoluten Ich einerseits und zum endlichen Ich andererseits in Betracht ziehen. Dem ersten Grundsatz gemäß ist im Bewußtsein das Ich und nichts als das Ich gesetzt. Dem dritten Grundsatz zufolge sind im Bewußtsein sowohl (endliches) Ich als auch Nicht-Ich gesetzt. Das Vorhandensein des Nicht-Ich im Bewußtsein ist es, was dem ersten Grundsatz widerspricht. Dementsprechend besteht das Verfahren der Deduktion der Einbildungskraft, wenn ein Vorgriff erlaubt ist, darin, das Nicht-Ich schrittweise aus dem Bewußtsein zu verdrängen bis nichts bleibt als ein bloßer Anstoß; dieser aber muß schließlich wegen der Absolutheit des Gegensetzens (§ 2) bleiben.

---

möglich macht. Das Bewußtsein ist also nichts, was nach dem Ende der Deduktion „abgezogen" werden könnte (I, 225).

[77] Vgl. I, 126.

[78] I, 122.

[79] Vgl. I, 247.

4. KAPITEL

DIE DEDUKTIONEN

§ 17. Die Deduktion der Einbildungskraft

Fichte gibt zu Beginn des § 4 der *Grundlage* der im 3. Grundsatz ausgedrückten Synthesis folgende Formulierung: „Das Ich sowohl als das
Nicht-Ich, sind, beide durch das Ich, und im Ich, gesetzt, als durcheinander gegenseitig beschränkbar, d.i. so, daß die Realität des Einen
die Realität des Anderen aufhebe, und umgekehrt".[1] Geht man davon
aus, daß das Ich das Setzende ist, so kann es im Hinblick auf den 3.
Grundsatz erstens betrachtet werden, sofern es das Nicht-Ich als beschränkt durch das Ich setzt, und zweitens, sofern es sich selbst als
beschränkt durch das Nicht-Ich setzt. Die zweite Betrachtungsweise
ergibt den Grundsatz der theoretischen WL: Das Ich setzt sich als
bestimmt durch das Nicht-Ich.

Die Aufgabe der theoretischen WL bis hin zur Synthesis der Einbildungskraft besteht nun darin, diesem Satz eine widerspruchsfreie
Gestalt zu geben.[2] Zu diesem Zweck entwickelt Fichte seine antithe-
tisch-synthetische Methode,[3] in der man immer wieder eine Vorstufe
zu Hegels Dialektik gesehen hat.[4] Die Deduktion[5] der Einbildungskraft, in der Fichte diese Methode anwendet, hat in bezug auf die Geschichte des Selbstbewußtseins nur vorbereitenden Charakter; es geht
darum, allererst deren Ausgangspunkt zu gewinnen.[6] Deshalb können
wir hier auf eine vollständige Nachzeichnung und Interpretation dieses
Teils der *Grundlage* verzichten.[7] Es sei zunächst an folgendes erinnert:

[1] I, 125.
[2] Vgl. I, 219.
[3] Vgl. I, 124, 143, 339 und § 20 ff.d.A.
[4] Zuletzt W. Hartkopf, *Die Dialektik Fichtes als Vorstufe zu Hegels Dialektik* a.a.O.
[5] Zum Begriff der Deduktion bei Fichte, vgl. B. Zimmermann, a.a.O., S. 239 ff.
[6] Vgl. I, 222.
[7] Es sei auf die Dissertation von D. Schäfer hingewiesen, die diese Deduktion genau darstellt und durch Graphiken zu erhellen sucht. D. Schäfer, *Die Rolle der Einbildungskraft in
Fichtes Wissenschaftslehre von 1794/95*, Köln 1967.

Der Grundsatz der theoretischen WL: „Das Ich setzt sich als bestimmt durch das Nicht-Ich" ist zunächst nicht widerspruchsfrei; er impliziert nämlich folgende zwei Sätze:

  1) Das Ich bestimmt sich selbst.

  2) Das Ich wird bestimmt durch das Nicht-Ich.[8]

Da das Ich gesetzt ist als die Totalität der Realität, welche Realität nach § 3 als quantifizierbar, d.h. als absolutes, aber einer Einschränkung fähiges Quantum gesetzt ist, und das Nicht-Ich als Totalität der Negation, hat Satz 1) die Bedeutung: Das Ich setzt die Totalität der Realität in sich selbst; und Satz 2) die Bedeutung: Im Ich wird die Totalität der Realität durch das Nicht-Ich aufgehoben. Die beiden Sätze verhalten sich wie Realität und Negation; ihre Synthesis ist also durch den Begriff der Teilbarkeit (§ 3) möglich.[9]

Damit haben die Sätze folgende Gestalt:

  1) Das Ich bestimmt sich zum Teil, d.h. es setzt einen Teil der Totalität der Realität in sich.

  2) Das Ich wird zum Teil bestimmt durch das Nicht-Ich, d.h. das Nicht-Ich hebt einen Teil der Totalität der Realität in ihm auf.

Beide Sätze müssen als Ausdruck einer und desselben synthetischen Handlung begriffen werden. Dies ist auf folgende Weise möglich: „Das Ich wird bestimmt, heißt: es wird Realität in ihm aufgehoben. Wenn demnach das Ich nur einen Teil von der absoluten Totalität der Realität in sich setzt, so hebt es dadurch den Rest jener Totalität in sich auf: und setzt den der aufgehobenen Realität gleichen Teil der Realität . . . in das Nicht-Ich".[10] Diese synthetische Handlung ist die Synthesis der Wechselbestimmung:[11] „Demnach setzt das Ich Negation in sich, insofern es Realität in das Nicht-Ich setzt, und Realität in sich, insofern es Negation in das Nicht-Ich setzt; es setzt sich demnach sich bestimmend, insofern es bestimmt wird; und bestimmt werdend, insofern es sich bestimmt . . ." [12] Diese Synthesis ist das Grundmodell der Lösung des 1. Teils der theoretischen WL: Alles Sichbestimmen des Ich ist nur unter der Voraussetzung eines Bestimmtwerdens und alles Bestimmtwerden nur unter der Voraussetzung eines Sichbestimmens des Ich zu denken.

Die Grundsynthesis der Wechselbestimmung impliziert zwei Sätze:

---

[8] Vgl. I, 127 f.

[9] Notwendig ist die Synthesis, da ohne sie die Einheit des Bewußtseins aufgehoben ist; vgl. I, 128.

[10] I, 129.

[11] Vgl. I, 131.

[12] I, 130.

1) Das Nicht-Ich bestimmt (z.Teil) das Ich.

2) Das Ich bestimmt (z.Teil) sich selbst.

Beide Sätze enthalten für sich genommen je einen Widerspruch. Die Lösung des im 1. Satz enthaltenen Widerspruchs führt auf die Wechselbestimmung der Wirksamkeit (Kausalität). Das Nicht-Ich soll das Ich bestimmen, d.h. zum Teil Realität in ihm aufheben. Dazu muß es selber Realität haben. Diese hat es aber nicht von sich her, sondern – unter der Voraussetzung, daß Realität Tätigkeit ist[13] – nur, sofern das Ich leidet.[14] Die Lösung des im 2. Satz enthaltenen Widerspruchs führt auf die Wechselbestimmung der Substantialität: Das Ich soll sich selbst bestimmen. Bestimmtsein heißt aber Leiden. Das Ich ist selbst Grund seines Leidens, sofern es sich nicht als Totalität der Realität, als alle Tätigkeit, sondern als ein bestimmtes Quantum Tätigkeit setzt, welches bestimmte Quantum Tätigkeit in bezug auf deren Totalität als Leiden anzusehen ist.[15]

Die beiden Synthesen der Kausalität und der Substantialität sind je für sich genommen nicht in der Lage den Widerspruch im 3. Grundsatz aufzulösen. Die Wechselbestimmung der Kausalität erklärt zwar, wie das Ich durch das Nicht-Ich bestimmt sein kann, nicht aber wie es sich setzen kann als bestimmt durch das Nicht-Ich.[16] Die Wechselbestimmung der Substantialität erklärt zwar, wie das Ich sich als bestimmt setzen kann, sich selbst bestimmen kann, nicht aber wie es sich setzen kann als bestimmt durch das Nicht-Ich.[17] Außerdem stehen beide Wechselbestimmungen im Widerspruch zueinander, sie verhalten sich wie Realität und Negation. Damit ist aber eine Synthesis durch erneute Anwendung des Prinzips der Teilbarkeit möglich.[18] Was aber in diesem Falle durch das Prinzip der Teilbarkeit eingeschränkt wird, ist der Umfang der Gültigkeit des Prinzips der Wechselbestimmung. In der Entwicklung dieser erneuten Synthesis gelangt Fichte schließlich zu einem formal konstituierten „synthetischen Zustand",[19] der vier sich wechselseitig bestimmende Momente enthält.[20] Mittels dieses synthetischen Zustandes, der ja nichts anderes als eine modifizierte Wechselbestimmung ist, wird dann zunächst die Wirksamkeit von ihrem Wider-

---

[13] Vgl. I, 134.

[14] Vgl. I, 135 f.

[15] Vgl. I, 137 ff.

[16] Vgl. I, 147.

[17] Vgl. I, 147.

[18] Vgl. I, 148.

[19] In der Gliederung der *Grundlage* „E, III, 1", I, 166; E, III, 2 bringt die Anwendung auf Wirksamkeit und Substantialität.

[20] Vgl. I, 170 f.

spruch befreit. Das Ergebnis ist die Identität des Ideal-Grundes und des Real-Grundes für das Bestimmtsein des Ich, welche Identität den kritischen oder transzendentalen Idealismus als die Position der WL selbst definiert.[21]

Die Anwendung des synthetischen Zustandes auf die Wechselbestimmung der Substantialität wird diese so modifizieren, wobei die Identität des Ideal- und Real-Grundes als Korrektiv dient, daß die Grundstruktur des Bewußtseins zum Vorschein kommt. In der Einbildungskraft ist das allem Bewußtsein zugrundeliegende Vorstellungsvermögen erreicht, damit aber der eigentliche Ausgangspunkt der Geschichte des Selbstbewußtseins.

§ 18. Die Struktur des Bewußtseins als Substantialität

Wir haben ganz kurz den Weg vom Grundsatz der theoretischen WL zur Einbildungskraft angedeutet. Der entscheidende Gesichtspunkt unserer Untersuchung aber ist die Grundstruktur des Bewußtseins und deren Ableitung. Diejenige Synthesis, die die Struktur des Bewußtseins bestimmt, ist die der Substantialität. In ihr kommt das zum Zuge, was wir hinsichtlich des mit dem sich selbst Setzen des absoluten Ich gesetzten Bewußtseins gesagt haben.[22] Sie ist entscheidend für die Gestalt der Geschichte des Selbstbewußtseins bei Fichte und muß daher etwas genauer interpretiert werden.

,,Bewußtsein'' heißt im § 3 die mit dem Sichselbstsetzen des absoluten Ich notwendig gesetzte Sphäre, die teilbares Ich und teilbares Nicht-Ich in sich befaßt. Dieses Bewußtsein wird an vielen Stellen selber ,,Ich'' genannt. Das aber bedeutet, daß das Ich in irgendeinem näher zu bestimmenden Sinn zugleich das Ganze wie sein eigener Teil sein soll. Dies wird in der Wechselbestimmung der Substantialität entwickelt.[23] In ihr wird das Ich in jener doppelten Rücksicht betrachtet.

1) Es setzt sich selbst als die Totalität der Realität, die aber als absolutes Quantum einer Einschränkung fähig ist (§ 3).[24] Diese Totalität nennt Fichte A.

---

[21] Bekanntlich ist die Deduktion der Einbildungskraft so angelegt, daß in ihr zugleich mögliche ,,idealistische'' und ,,realistische'' Positionen zur Erklärung des Bewußtseins abgeleitet, zugleich jedoch durch den Nachweis kritisiert werden, daß sie das Bewußtsein nicht vollständig erklären können. Vgl. dazu I. Schüßler, *Die Auseinandersetzung von Idealismus und Realismus in Fichtes Wissenschaftslehre*. Diss. Köln 1969.

[22] Vgl. § 16 d.A.

[23] Angedeutet wird die nun zu erörternde Sachlage schon im § 3, wo Fichte sagt: ,,Ich und Nicht-Ich, so wie sie durch den Begriff der gegenseitigen Einschränkbarkeit gleich und entgegengesetzt werden, sind selbst beide etwas (Akzidenzen) im Ich, als teilbarer Substanz; gesetzt durch das Ich, als absolutes unbeschränkbares Subjekt...'' (I, 119).

[24] Vgl. auch I, 193.

2) Das Ich setzt sich selbst in eine eingeschränkte Sphäre dieser schlechthin gesetzten Totalität. Das Ich setzt sich als ein vermindertes Quantum Tätigkeit und schließt damit ein bestimmtes Quantum der absoluten Totalität von sich aus. Dies Ausgeschlossene nennt Fichte B (Nicht-Ich).[25]

Nun hat dieses Ausschließen von B aber keineswegs den Sinn, daß B überhaupt nicht gesetzt sein soll, denn dann wären wir im Wechsel der Wirksamkeit und nicht in dem der Substantialität.[26] Demnach ist auch B gesetzt, und das Ausschließen von B ist zugleich das Setzen einer höheren Sphäre: $A + B$. Diese Sphäre $A + B$ ist nun nichts anderes als das „Bewußtsein", „in" dem alles gesetzt ist, was gesetzt ist. Da die Teilsphäre B nur bestimmt ist als die Sphäre $Nicht-A$, so ist die Sphäre B unbestimmt. Die höhere Sphäre $A + B$ umfaßt also das bestimmte A und das unbestimmte B. Das ist genau das Bewußtsein, das Subjekt und Objekt in sich befaßt. Das Subjekt (A) ist „gesetzt, als bestimmter, und insofern totaler vollständiger Teil eines unbestimmten, und insofern nicht vollständigen Ganzen".[27] Die höhere Sphäre $A + B$ ist damit unbestimmt, aber bestimmbar.[28]

Durch die Anwendung des synthetischen Zustandes, was hier im einzelnen nicht gezeigt zu werden braucht, ergibt sich, daß weder A noch $A + B$ für sich Totalität sein kann, sondern A *bestimmt durch* $A + B$[29] und $A + B$ *bestimmt durch* A.

Da das durcheinander Bestimmtsein von A und $A + B$ die Totalität sein soll, ist weder A noch $A + B$ für sich, sondern A ist nur als A *bestimmt durch* $A + B$ und $A + B$ nur als $A + B$ *bestimmt durch* A zu denken.[30]

A *bestimmt durch* $A + B$ heißt dann nichts anderes als: Das Setzen des Ich steht unter der Bedingung des Bewußtseins so, daß das durch es Gesetzte notwendig entweder Subjekt oder Objekt ist; sein Setzen ist entweder das Setzen seiner selbst als Subjekt, oder das Setzen des Objekts.[31]

$A + B$ *bestimmt durch* A heißt dann: Das Bewußtsein ist als das Bestimmbare nur möglich aufgrund des Sichselbstsetzens des (absoluten) Ich. Es ist, wie wir früher gesehen haben, mit dem Sichselbstsetzen des absoluten Ich gesetzt. Anders formuliert: Das Ich muß sich schlecht-

[25] Vgl. I, 192; I, 194.
[26] Vgl. I, 191.
[27] I, 192.
[28] Vgl. I, 195.
[29] Vgl. I, 199 f.
[30] Vgl. zum folgenden D. Schäfer, a.a.O., S. 97 ff.
[31] Vgl. I, 200.

hin gesetzt haben,[32] um sich als Subjekt durch Ausschließen des Objekts setzen zu können.[33]

Ist $A + B$ durch A bestimmt, so ist damit auch B als bestimmt anzusehen. Da andererseits A mit B zusammen die Sphäre des Bestimmbaren ausmachen, ist wegen der geforderten Totalität des Verhältnisses $A + B$ auch bestimmt durch B.[34] Die Sphäre $A + B$ hat ihren Ursprung darin, daß das Ich etwas (B) von sich ausschließt. Damit das aber möglich ist, muß das B unabhängig von dem Ausschließen und vor ihm gesetzt sein. Das Nicht-Ich (B) muß schlechthin gesetzt sein, damit es durch Ausschließen als Objekt gesetzt werden kann.[35] Umgekehrt ist B auch bestimmt durch $A + B$. Das Ausgeschlossene, das, was nicht das Subjekt ist, steht unter der Bedingung des Bewußtseins so, daß es notwendig als Objekt gesetzt ist.

Damit haben wir die Totalität eines Verhältnisses, die durch vier Momente ausgedrückt werden kann:

1) *A bestimmt durch A + B*
2) *B bestimmt durch A + B*
3) *A + B bestimmt durch A*
4) *A + B bestimmt durch B.*

Durch die genannten Wechselbestimmungen kann nun das Ich als Subjekt, das Nicht-Ich als Objekt bestimmt werden:

1) Subjekt ist das Ich (A), sofern es sich setzt durch Ausschließen des Objekts. Das Subjekt ist *A bestimmt durch A + B.*

2) Objekt ist das Nicht-Ich (B), sofern es gesetzt ist durch Ausschließen des Subjekts. Das Objekt ist *B bestimmt durch A + B.*

3) Das Bewußtsein ist die Sphäre, in der durch wechselseitiges Ausschließen Subjekt und Objekt gesetzt wird. Das Bewußtsein ist $A + B$, das zugleich durch A und durch B bestimmt ist.

Das Bewußtsein ist durch A bestimmt, sofern es mit dem sich selbst Setzen des absoluten Ich gesetzt ist; es ist durch B bestimmt, sofern das Nicht-Ich in irgendeiner Weise „in ihm" gesetzt sein muß.

Fichte faßt nun die geschilderten Verhältnisse als eine synthetische Handlung des Ich; sie ist „ein absolutes Zusammenfassen, und Festhalten Entgegengesetzer, eines Subjektiven und Objektiven, in dem Begriffe der Bestimmbarkeit, in welchem sie doch auch entgegengesetzt sind".[36] Diese synthetische Handlung kann in Analogie zum dritten

---

[32] Wobei Dieses Sichsetzen in der beschriebenen Weise doppeldeutig ist.
[33] Vgl. I, 201.
[34] Vgl. I, 202.
[35] Vgl. I, 202 f.
[36] I, 205.

Grundsatz auch so ausgedrückt werden: Ich setze im Bewußtsein dem bestimmbaren Subjekt ein bestimmbares Objekt entgegen. Dieser Synthesis liegt nun auch eine Thesis und eine Antithesis zugrunde, aber nicht eine qualitative, sondern eine quantitative.

Die quantitative Thesis lautet: Das Ich setzt sich selbst als bestimmte Quantität, es setzt sich als Subjekt (*A bestimmt durch A + B*). Demgegenüber lautete die qualitative Thesis (§ 1); Das Ich setzt sich selbst der Qualität nach als absolute Realität.[37] Die quantitative Antithesis lautet: Dem Subjekt wird entgegengesetzt ein Nicht-Ich als bestimmte Quantität, d.h. als Objekt (*B bestimmt durch A + B*). Nun sollen Subjekt und Objekt, das im Bewußtsein gesetzte Subjektive und das Objektive „nebeneinander bestehen".[38] Ihre Synthesis, ohne die die Antithesis selbst nicht möglich wäre, liegt im Begriff der Bestimmbarkeit.[39] Fichte sagt: „Beide – nicht das Subjekt und Objekt an sich – aber das durch Thesis und Antithesis gesetzte Subjektive und Objektive, sind gegenseitig durcheinander bestimmbar, und bloß insofern sie das sind, können sie zusammengefaßt, und durch das in der Synthesis tätige Vermögen des Ich (die Einbildungskraft) fixiert und festgehalten werden".[40] Der quantitativen Thesis liegt aber noch etwas zugrunde, von dem wir in der Formulierung der Thesis Gebrauch machen mußten. Dieses ist das mit dem Sichselbstsetzen des absoluten Ich gesetzte „Bewußtsein" (*A + B*), das – nach § 3 – das teilbare Ich und das teilbare Nicht-Ich in sich befaßt: „Es muß also überhaupt etwas da sein, in welchem das tätige Ich eine Grenze für das Subjektive absteckt, und das übrige dem Objektiven überläßt. –"[41]

Damit schließt sich der Kreis. Die als „synthetischer Zustand",[42] als „Vollständigkeit eines Verhältnisses"[43] entwickelte Wechselbestimmung der Substantialität ist die Entfaltung jenes Grundmodells des Bewußtseins, das in einer durch das absolute Ich gesetzten Sphäre („Bewußtsein") besteht, welche Ich und Nicht-Ich in sich befaßt. Nun ist zu sehen, wie Ich und Nicht-Ich in dieser Sphäre beisammen sein können, nämlich als gegenseitig durcheinander bestimmbares Subjekt und Objekt (als *A bestimmt durch A + B* und als *B bestimmt durch*

---

[37] Vgl. I, 205 f.
[38] I, 206.
[39] Vgl. I, 206.
[40] I, 206.
[41] I, 206. – Wir sehen diese Stelle als erneute und entscheidende Bestätigung dafür, daß die Zweideutigkeit im Begriff des absoluten Ich auch die Deduktion der Einbildungskraft bestimmt. – Vgl. dazu oben § 16 d.A.
[42] I, 171.
[43] I, 204.

$A + B$). Als A und B, sofern $B = -A$ ist, konnten sie nicht beieinander bestehen.

Zwei Fragen müssen noch beantwortet werden:

1) Welche Gestalt hat die Synthesis von Subjekt und Objekt im Begriff der Bestimmbarkeit?

2) Wie steht es mit dem schlechthin Gesetzten oder vorhandenen B, welches $A + B$ bestimmt?

Die Beantwortung beider Fragen wird der folgende Gedankengang bringen.

Die Antithesis von Subjekt und Objekt ist nicht möglich ohne ihre Synthesis. Die Synthesis hat den Charakter, sie beide als Entgegengesetzte im Begriff der Bestimmbarkeit zusammenzufassen und festzuhalten.[44] Das Verhältnis von Subjekt und Objekt im Bewußtsein ist also wie folgt zu bestimmen. Beide schließen sich gegenseitig aus: Wenn das eine gesetzt ist, kann das andere nicht gesetzt sein und umgekehrt. Andererseits aber ist, wegen der Mittelbarkeit des Setzens, ein Subjekt nur zu setzen, wenn zugleich ein Objekt gesetzt wird und umgekehrt.[45] Damit ist das Verhältnis von Subjekt und Objekt nur als deren Zusammentreffen, als deren Grenze zu denken. Der Begriff der Grenze wird beiden Verhältnissen gerecht. Subjekt und Objekt schließen sich nach wie vor gegenseitig aus. Andererseits ist die Grenze nur gegeben, wenn sowohl Subjekt als auch Objekt gesetzt sind.[46]

Das Zusammenstehen von Subjekt und Objekt in der Grenze kann nun auf zwei Weisen erklärt werden:[47]

1) In der Grenze treffen Subjekt und Objekt als Wechselglieder zusammen. Dieses Zusammentreffen „steht unter der Bedingung einer absoluten Tätigkeit des Ich, vermittelst welcher dasselbe ein Objektives, und Subjektives entgegengesetzt, und beide vereinigt".[48] Das Ich setzt aufgrund jener absoluten Handlung Subjekt und Objekt in sich qua Bewußtsein, und nur aufgrund dieses Gesetztseins können sie in der Grenze zusammentreffen. Die erste Erklärungsart ist idealistisch.[49] Sie kann zwar das Vorhandensein des Subjektiven erklären, nicht aber das des Objektiven: Sie kann nicht erklären, inwiefern $A + B$ durch B bestimmt ist.

2) Die andere Erklärung der Synthesis von Subjekt und Objekt in

[44] Vgl. I, 205.
[45] Vgl. I, 209 und I, 183.
[46] Vgl. I, 207 f.
[47] Diese ergeben sich aus dem synthetischen Zustand, was wir hier aber nicht entwickeln können.
[48] I, 208.
[49] Vgl. z.B. I, 194, 185.

der Grenze besteht darin, daß durch das Zusammentreffen der Wechselglieder im Bewußtsein das Entgegensetzen und Zusammenfassen durch eine Tätigkeit des Ich möglich ist.[50] Die zweite Erklärungsart ist realistisch. In ihr wird allerdings nicht angenommen, daß das Subjektive durch ein schon bestimmtes Objektives bestimmt bzw. begrenzt wird; es geht nicht um das Objektive als *B bestimmt durch A + B*, sondern um das Vorhandensein des ichfremden *B* überhaupt. Fichte erklärt dazu: „das auszuschließende Objektive braucht gar nicht vorhanden zu sein; es darf nur bloß, daß ich mich so ausdrücke, ein Anstoß für das Ich vorhanden sein, d.h. das Subjektive muß, aus irgendeinem nur außer der Tätigkeit des Ich liegenden Grunde, nicht weiter ausgedehnt werden können".[51] Damit ist *B* bestimmt als bloßer Anstoß. *B* würde nicht als selber tätig das Ich begrenzen; aber es „gäbe ihm die Aufgabe, sich selbst zu begrenzen. Alle Begrenzung aber geschieht durch Gegensatz; mithin mußte das Ich, eben um jener Aufgabe eine Genüge zu tun, etwas Objektives dem zu begrenzenden Subjektiven entgegensetzen, und dann beide synthetisch vereinigen, wie soeben gezeigt worden; und so ließe sich denn die ganze Vorstellung ableiten".[52] Die Annahme einer bloßen Bestimmbarkeit des Ich würde erklären können, wie das Ich bestimmt sein kann für etwas außer dem Ich, nicht aber wie es für sich selbst bestimmt sein kann.

Beide Erklärungsarten sind nur in ihrer Vereinigung in der Lage das zu erklären, was erklärt werden soll: das empirische Bewußtsein.

Die Vereinigung der beiden Erklärungsweisen besteht darin, daß angenommen wird, daß der Anstoß nicht ohne Zutun des Ich erfolgt. Fichte schreibt: „ . . . es müßte demnach angenommen werden, daß jener Anstoß nicht ohne Zutun des Ich vorhanden wäre, sondern daß er eben auf die Tätigkeit desselben im Setzen seiner selbst, geschähe, daß gleichsam seine weiter hinausstrebende Tätigkeit in sich selbst zurückgetrieben (reflektiert) würde, woraus denn die Selbstbegrenzung, und aus ihr alles übrige, was gefordert worden, sehr natürlich erfolgen würde".[53] So ist die Möglichkeit des Anstoßes durch die Tätigkeit des Ich, andererseits die Tätigkeit des Ich – nicht als Tätigkeit überhaupt, sondern als Selbstbestimmung – durch den Anstoß bedingt.

Zur Verdeutlichung dieses Sachverhalts werden nun die beiden bisher erwähnten Weisen der Synthesis von Subjekt und Objekt, nämlich Zusammenfassen (Idealismus) und Zusammentreffen (Realismus) ver-

---

[50] Vgl. I, 210.
[51] I, 210.
[52] I, 210.
[53] I, 212.

einigt. Dies geschieht hier, wie immer, dadurch, daß gezeigt wird, daß sie sich gegenseitig bedingen.

1) Das Zusammentreffen steht unter der Bedingung des Zusammenfassens. Zusammentreffend sind die Entgegengesetzten: Subjekt und Objekt nur, insofern die Grenze zwischen ihnen gesondert und eigens gesetzt wird, da sie durch das Setzen der Entgegengesetzten nicht gesetzt ist. Aber die Grenze ist das beiden Gemeinschaftliche, mithin werden sie durch das Setzen der Grenze zusammengefaßt.[54]

2) Das Zusammenfassen steht unter der Bedingung des Zusammentreffens. Das in der Begrenzung Tätige ist selbst, und zwar bloß als Tätiges eines der Zusammentreffenden. Also steht das Setzen der Grenze unter der Bedingung eines Anstoßes auf die Tätigkeit des Zusammenfassenden.[55] ,,Dies ist nur unter der Bedingung möglich, daß die Tätigkeit desselben (an und für sich und ihr selbst überlassen)[56] in das Unbegrenzte, Unbestimmte, und Unbestimmbare d.i. in das Unendliche hinausgehe. Ginge sie nicht in das Unendliche hinaus, so würde aus einer Begrenzung desselben gar nicht folgen, daß ein Anstoß auf die Tätigkeit desselben geschehen sei;''[57]

Die ihrer Struktur nach früher schon bestimmte Synthesis von Subjekt und Objekt hat im kritischen Idealismus den Charakter der Einheit von Zusammenfassen und Zusammentreffen.[58] Diese Synthesis ist nichts anderes als die Einbildungskraft selber.

Der eigentümliche Charakter der Einbildungskraft kommt aber erst zum Vorschein, wenn erneut auf die Entgegengesetzten reflektiert wird, die durch sie vereinigt werden sollen.[59] Fichte sagt: ,,Die Entgegengesetzten, von denen hier die Rede ist, sollen schlechthin entgegengesetzt sein; es soll zwischen ihnen gar keinen Vereinigungspunkt geben. Alles Endliche aber ist unter sich nicht schlechthin entgegengesetzt; es ist sich gleich im Begriffe der Bestimmbarkeit; es ist durchgängig durcheinander bestimmbar. Das ist das allem Endlichen gemeinschaftliche Merkmal. So ist auch alles Unendliche, insofern es mehrere Unendliche geben kann, sich gleich im Begriffe der Unbestimmbarkeit. Mithin gibt es gar nichts gerade zu Entgegengesetztes und in

[54] Vgl. I, 213.
[55] Vgl. I, 213.
[56] Zusatz der Auflage C.
[57] I, 213.
[58] Vgl. I, 215.
[59] Die Entgegengesetzten werden hier (I, 207) als $A + B$ *bestimmt durch A* und als $A + B$ *bestimmt durch B* bezeichnet. Wird $A + B$ durch A bestimmt, so wird der gesamte Inhalt des Bewußtseins dem Subjekt zogeschrieben, ,,in ein bestimmtes Subjekt gesetzt'' (I, 216); wird $A + B$ durch B bestimmt, so verhält es sich umgekehrt.

keinem Merkmale sich Gleiches, als das Endliche und das Unendliche, und diese müssen mithin diejenigen Entgegengesetzten sein, von welchen hier geredet ist".[60] Hier wird aus der Tatsache, das die Entgegengesetzten (Subjekt und Objekt) schlechthin entgegengesetzt sein sollen, gefolgert, daß sie als Endliches und Unendliches entgegengesetzt sind.

Der Gegensatz zwischen Subjekt und Objekt ist der Gegensatz zwischen dem Endlichen und dem Unendlichen. Woher kommt hier das Unendliche? Wenn sich dem 3. Grundsatz zufolge Ich und Nicht-Ich gegenseitig einschränken, so sind als eingeschränkte weder Ich noch Nicht-Ich unendlich. Der Grund dafür, daß Fichte hier den Begriff des Unendlichen einführen kann, liegt in der Mehrdeutigkeit im Begriff des absoluten Ich. In der Synthesis des dritten Grundsatzes wird zwar das absolute, und insofern unendliche Ich durch den Begriff der Teilbarkeit depotenziert, das mit dem Sichselbstsetzen des absoluten Ich gesetzte Bewußtsein aber (als das, worin alles gesetzt ist, was gesetzt ist) geht, und zwar als unendliches in den dritten Grundsatz ein. Dieses unendliche Bewußtsein aber liegt, wie wir gesehen haben, der ganzen Deduktion zugrunde.[61]

Die These, daß die Entgegengesetzten ein Endliches und ein Unendliches seien, muß auf die Wechselbestimmung der Substantialität als Totalität eines Verhältnisses[62] angewendet werden. Diese Totalität läßt sich auch so ausdrücken: Subjekt und Objekt sind in dem, was sie sind und sofern sie das sind, durch das Bewußtsein bestimmt. Andererseits ist das Bewußtsein durch Subjekt und Objekt bestimmt. Die Aufgabe, die durch die Synthesis der Einbildungskraft gelöst werden soll, ist diese: Wie kann das Bewußtsein zugleich durch das bestimmte Subjekt und durch das unbestimmte Objekt bestimmt sein?[63]

Der Anstoß geschieht auf die Tätigkeit des Ich im Setzen seiner selbst.[64] Es setzt sich selbst als unendliche Quantität.[65] Insofern kann Fichte sagen, seine Tätigkeit gehe ins Unendliche hinaus. Auf diese Tätigkeit erfolgt ein Anstoß. Das Ich setzt sich selbst gleichsam diesseits des Anstoßes; jenseits des Anstoßes setzt das Ich, als sich nicht

---

[60] I, 214.

[61] Ob nicht diese Entgegensetzung des Endlichen und Unendlichen einen Mangel an Reflexion auf das Wesen des Unendlichen offenbart, sei hier nicht untersucht.

[62] Vgl. oben, S. 47.

[63] Unter Verwendung der von Fichte eingeführten Symbole: Wie kann $A + B$ zugleich durch das bestimmte A und durch das unbestimmte B bestimmt sein? Diese Frage hatte Reinhold durch seine unhaltbare Stoff-Form-These zu beantworten gesucht. Vgl. *Beyträge* I, S. 189 ff.

[64] Vgl. I, 212.

[65] Vgl. I, 200.

setzend, das unbestimmte (unendliche) B. Dadurch ist, gemäß der Wechselbestimmung der Substantialität, $A + B$ gesetzt.

Nun ist zu klären:

1) Inwiefern ist dieses $A + B$ durch das unbestimmte B bestimmt?

2) Inwiefern ist $A + B$ durch das bestimmte A bestimmt?

Zu (1): $A + B$ ist durch das unbestimmte B bestimmt, sofern das Ich sich nur aufgrund des Anstoßes in eine bestimmte (endliche) Sphäre (Teil-Sphäre A) setzt, und in den übrigbleibenden unendlichen Umfang das B (Teil-Sphäre B). *A + B bestimmt durch B* ist unendlich.

Zu (2): $A + B$ ist durch das bestimmte A bestimmt, sofern die über den Anstoß hinausgehende Tätigkeit, durch die die unbestimmte Teil-Sphäre B gesetzt wird, als Tätigkeit notwendig dem Ich zugehört. Schreibt das Ich sich diese Tätigkeit zu, so bestimmt es $A + B$ durch A. *A + B bestimmt durch A* ist endlich.

Die beiden Entgegengesetzten sind ein unendliches $A + B$ und ein endliches $A + B$.

Damit ist ein Wechsel des Ich mit sich selbst und in sich selbst gesetzt, welcher Wechsel als Vermögen der Einbildungskraft bezeichnet wird.[66]

Die Einbildungskraft wechselt zwischen einer Bestimmung von $A + B$ durch B und einer Bestimmung von $A + B$ durch A.[67] ,,Die Einbildungskraft", sagt Fichte, ,,ist ein Vermögen, das zwischen Bestimmung, und Nicht-Bestimmung, zwischen Endlichem, und Unendlichem in der Mitte schwebt; und demnach wird durch sie allerdings A + B. zugleich durch das bestimmte A. und zugleich durch das unbestimmte B. bestimmt, welches jene Synthesis der Einbildungskraft ist, von der wir soeben redeten. – '' [68]

Die Frage: wie kann $A + B$ zugleich durch das bestimmte A und durch das unbestimmte B bestimmt sein?[69] kann auch verstanden werden als die Frage: wie kann die Vorstellung zugleich durch das Subjekt und durch das Objekt bestimmt sein? $A + B$ wäre insofern nicht das Bewußtsein, das Subjekt und Objekt umfaßt, sondern die Vorstellung selbst. *Die Reduktion des Bewußtseins auf die bloße Vorstellung und damit auf das Vorstellungsvermögen, welche ein integrierender Bestandteil der von Fichte übernommenen Theorie des Bewußtseins ist, vollzieht sich in der Deduktion der Einbildungskraft, ohne daß darauf ausdrücklich reflektiert würde.* Das Bewußtsein ist Synthesis, es setzt

---

[66] Vgl. I, 215 f.
[67] Dies wird im *Grundriß*, I, 382 ff. erläutert.
[68] I, 216 f.
[69] Vgl. I, 216 f. Mit der Antwort auf diese Frage ist das Ziel der Deduktion erreicht.

somit notwendig Thesis und Antithesis voraus. *Die Synthesis des dritten Grundsatzes ist in sich widerspruchsvoll und erzwingt gerade deswegen die Reduktion auf bloße Vorstellung, die ein dunkles Bewußtsein = unbewußte Anschauung ist.* Diese unbewußte Anschauung aber hat ihren Ursprung im Vorstellungsvermögen = Einbildungskraft.

Mit der Einbildungskraft als einem ,,ursprünglich in unserm Geiste vorkommendes Faktum" [70] ist ein entscheidender Wendepunkt der WL erreicht. Die nun beginnende neue Reihe der Reflexion[71] ist das, was im eigentlichen Sinn Geschichte des Selbstbewutßtseins genannt werden kann.

Bevor wir diese neue Reihe, die nicht nur die ,,Deduktion der Vorstellung" [72] umfaßt, als Geschichte des Selbstbewußtseins interpretieren, müssen wir die dem 1. Teil der theoretischen WL analogen Überlegungen des § 5 der *Grundlage* interpretieren. Hatte der 1. Teil der theoretischen WL die Aufgabe die Grundbestimmung des theoretischen Ich als Einbildungskraft zu deduzieren, so muß der § 5 die Grundbestimmung des praktischen Ich als Streben erweisen. Dabei wird zugleich die Fundierung des theoretischen Vermögens des Ich in seinem praktischen sichtbar. Die endgültige Bestimmung des Verhältnisses von absolutem, theoretischem und praktischem Ich aber werden wir noch weiter verschieben, bis wir die Geschichte des Selbstbewußtseins, freilich nur in einem Aufriß, dargestellt haben.

Für die weiteren Untersuchungen ergibt sich damit folgende Gliederung:

1) Wir haben in der Deduktion des Strebens die Grundbestimmung des praktischen Ich aufzusuchen (§ 19).

2) Wir müssen Ansatzpunkt und Methode der Geschichte des Selbstbewußtseins bestimmen (Kap. 5).

3) Wir werden die Geschichte des Selbstbewußtseins zunächst anhand der praktischen WL (§§ 6–11 der *Grundlage*), dann anhand des *Grundrisses* verfolgen bis zur Deduktion des Gegenstandsbewußtseins und des Selbstbewußtseins (Kap. 6 und 7).

§ 19. Die Deduktion des Strebens

Der Grundsatz der theoretischen WL: ,,Das Ich setzt sich als bestimmt durch das Nicht-Ich" ist widerspruchsfrei nur zu denken unter der

[70] I, 219.
[71] Vgl. I, 222.
[72] I, 227 ff.

Voraussetzung eines Anstoßes, der auf die Tätigkeit des Ich im Setzen seiner selbst geschieht.[73] Dieser Anstoß aber, ohne den das Ich als Intelligenz[74] nicht möglich ist, kann hinsichtlich seiner Möglichkeit im Rahmen der theoretischen WL nicht aufgeklärt werden. Dies geschieht durch die im Rahmen der praktischen WL gegebene endgültige Bestimmung des Verhältnisses von unendlichem Ich und endlichem Ich („Intelligenz").

Durch die Synthesis des dritten Grundsatzes (§ 3) zeigt sich, daß der Begriff des absoluten Ich doppeldeutig ist. Das absolute Ich ist einmal als Bewußtsein die Sphäre, die das (teilbare) Ich und das Nicht-Ich umfaßt.[75] Zum anderen ist das absolute Ich als unteilbar dem teilbaren Ich entgegengesetzt.[76] Diese zweite Entgegensetzung, die von absolutem und endlichem Ich ist zwar, indem dem 1. Grundsatz eine bloß „regulative Gültigkeit" [77] zugesprochen wird, das eigentliche movens der theoretischen WL, doch wurde bisher dieser Gegensatz als solcher nicht thematisch. Den genannten Gegensatz nimmt die praktische WL wieder auf, indem sie die Einheit des absoluten und des endlichen Ich ausdrücklich zum Problem macht.

Die praktische WL geht aus von dem zweiten, in der Synthesis des 3. Grundsatzes enthaltenen Satz: „Das Ich setzt sich als bestimmend das Nicht-Ich",[78] durch den eine Kausalität des Ich in bezug auf das Nicht-Ich postuliert wird.[79]

Wir haben auszugehen von dem Hinweis Fichtes, daß zur Vereinigung des unendlichen und des endlichen Ich ein praktisches Vermögen des Ich angenommen werden müsse.[80] Durch dieses praktische Vermögen wird dann ersichtlich, in welchem Sinn das Ich Kausalität auf das Nicht-Ich haben und damit der Grundsatz der praktischen WL[81] von seinem Widerspruch befreit werden kann. Die Entgegensetzung von absolutem Ich und endlichem Ich qua Intelligenz hat nämlich, da beide ein und dasselbe Ich sein sollen, den Charakter des Widerspruchs.[82]

---

[73] Vgl. I, 212.
[74] Vgl. I, 248.
[75] Vgl. I, 110.
[76] Vgl. I, 110.
[77] I, 122.
[78] Dieser Satz hat jetzt erst eine Bedeutung, da mit dem Faktum der Einbildungskraft zugleich die Realität des Nicht-Ich gesichert ist. Vgl. I, 247.
[79] Vgl. I, 250 ff.
[80] Vgl. I, 247.
[81] Vgl. I, 246 f.
[82] Vgl. I, 249. Hier wird aus der bloß regulativen Entgegensetzung zwischen dem 1. und dem 3. Grundsatz die ausdrückliche Forderung: Absolutes Ich (§ 1) und endliches Ich (§ 3), welches sich in den vorhergehenden Deduktionen als theoretisches Ich qua Intelligenz gesetzt

Das absolute Ich ist darin, daß es sich selbst schlechthin setzt, unabhängig von allem Nicht-Ich. Das endliche Ich als Intelligenz aber ist notwendig abhängig von eine Anstoß, der einem Nicht-Ich zugeschrieben werden muß. Damit ist ein und dasselbe Ich zugleich als unabhängig vom Nicht-Ich und als abhängig von ihm gesetzt. Die Entwicklung dieses Widerspruchs führt dazu, daß die Unabhängigkeit des Ich und seine Abhängigkeit auf zwei Weisen des Setzens, d.h. auf zwei zu unterscheidende Tätigkeiten des Ich zurückgeführt wird.

Das Ich ist unabhängig vom Nicht-Ich oder, was hier dasselbe ist, unendlich, sofern es sich selbst setzt, diese seine Tätigkeit also in sich selbst zurückgeht (§ 1). Diese Tätigkeit wird „reine Tätigkeit" [83] genannt.

Das Ich ist abhängig vom Nicht-Ich, also endlich, sofern seine Tätigkeit nicht in sich zurück, sondern auf ein entgegenzusetzendes Nicht-Ich geht (§§ 2, 3). Diese Tätigkeit wird „objektive Tätigkeit" [84] genannt.

Aus dem Postulat der Identität von endlichem und unendlichem Ich folgt, daß auch die Identität von reiner und objektiver Tätigkeit gefordert werden muß.[85] Sie muß verstanden werden im Sinne der geforderten Kausalität des absoluten Ich: Die reine Tätigkeit muß Ursache der objektiven sein.[86]

Die objektive Tätigkeit (die Tätigkeit der Intelligenz überhaupt) hat zur Voraussetzung, daß eine Tätigkeit des Nicht-Ich gegeben ist, da das Ich sich nicht selbst begrenzen kann, alle Begrenzung aber nur durch entgegengesetzte Tätigkeit geschieht. Eine Tätigkeit des Nicht-Ich ist aber nur denkbar, sofern sie einer Tätigkeit des Ich entgegengesetzt ist. Diese Tätigkeit des Ich kann nicht die objektive sein, da diese durch die Tätigkeit des Nicht-Ich allererst möglich wird.[87] Die reine Tätigkeit könnte Ursache der objektiven sein, indem sie diejenige Tätigkeit ist, der die ursprüngliche Tätigkeit des Nicht-Ich entgegengesetzt ist.

Die reine Tätigkeit muß aber reine Tätigkeit bleiben. Das bedeutet aber: Sie ist und bleibt eine Tätigkeit, die, unabhängig von allem Nicht-Ich und durch dasselbe nicht aufgehoben, durch das Sichselbstsetzen

hat, sollen dasselbe Ich sein. Dies ist als ein erster Hinweis darauf zu nehmen, daß das absolute Ich im § 1 nicht zureichend bestimmt wurde.

[83] I, 256.
[84] I, 256.
[85] Vgl. I, 257.
[86] Vgl. I, 262.
[87] Vgl. I, 259.

des Ich gesetzt ist. Sie muß ferner, obwohl ihr durch eine Tätigkeit des Nicht-Ich widerstanden wird, über alles mögliche Objekt (Nicht-Ich) hinaus ins Unendliche gehen. Nun ist klar: Die reine Tätigkeit ist Ursache der objektiven, sofern sie diejenige ist, der die für die Möglichkeit der objektiven vorauszusetzende Tätigkeit des Nicht-Ich entgegengesetzt ist. ,,Nur inwiefern jener ((der reinen – d.Verf.)) Tätigkeit widerstanden wird, kann ein Gegenstand gesetzt werden; und inwiefern ihr nicht widerstanden wird, ist kein Gegenstand''.[88]

Damit ist der Widerspruch aber noch nicht gelöst. Im Begriff der reinen Tätigkeit liegt, daß alle Tätigkeit eine Tätigkeit des Ich ist. Im Begriff der objektiven Tätigkeit aber liegt, daß auch dem Nicht-Ich eine Tätigkeit zukommt, und zwar eine von der des Ich völlig unabhängige. Der Identität von reiner und objektiver Tätigkeit, des unendlichen und endlichen Ich, steht jene Tätigkeit des Nicht-Ich entgegen.

Wie stehen reine Tätigkeit und jene Tätigkeit des Nicht-Ich zueinander? An sich sind sie völlig unabhängig voneinander. Soll aber ein Nicht-Ich, und zwar schlechthin (§§ 2, 3) gesetzt werden, so müssen beide durch das Ich selbst aufeinander bezogen, d.h. gleichgesetzt werden. ,,Da sie aber, so gewiß ein Objekt gesetzt werden soll, nicht gleich sind, so läßt sich nur sagen, ihre Gleichheit werde schlechthin gefordert: sie sollen schlechthin gleich sein. – ''[89] Dabei ist es klar, daß sich die Tätigkeit des Nicht-Ich nach der des Ich richten soll.

Die Identität der reinen und der objektiven Tätigkeit hat die Gestalt: Alle Tätigkeit soll eine Tätigkeit des Ich sein. Damit hat sich aber der Charakter der reinen Tätigkeit entscheidend gewandelt.

Jene für die Möglichkeit der objektiven Tätigkeit (Intelligenz) vorausgesetzte Tätigkeit des Nicht-Ich soll einer Tätigkeit des Ich gleich sein. Die Tätigkeit des Nicht-Ich ($= Y$) wird auf eine Tätigkeit des Ich bezogen, d.h. es wird eine Tätigkeit außer dem Ich gedacht, die derjenigen des Ich nicht entgegengesetzt ist (wie Y), sondern ihr gleich ist ($= -Y$).[90]

Diese beiden Tätigkeiten kommen aber nicht überein, sondern sind einander entgegengesetzt. Nur deshalb kann die Tätigkeit Y einem Objekt zugeschrieben werden, das der Tätigkeit des Ich Widerstand entgegensetzt.[91]

Wie ist nun das Verhältnis des absoluten Ich[92] zu jener Tätigkeit

[88] I, 259.
[89] I, 260.
[90] Hier deutet sich die Konstitution der idealen Welt an.
[91] Vgl. I, 261.
[92] Vgl. I, 261.

(–Y), die außer dem Ich sein, gleichwohl mit ihm völlig übereinstimmen soll, zu bestimmen? Da jene Tätigkeit außer dem Ich gesetzt ist, hat sie die Form des Nicht-Ich. Diese Form kann ihr nicht genommen werden, da eine unaufhebbare Tätigkeit des Nicht-Ich ihr gleich sein soll: „. . . mithin ist jene auf dasselbe ((das Nicht-Ich – d.Verf.)) bezogne Tätigkeit des Ich gar kein Bestimmen (zur wirklichen Gleichheit) sondern es ist bloß eine Tendenz, ein Streben zur Bestimmung, das dennoch völlig rechtskräftig ist, denn es ist durch das absolute Setzen des Ich gesetzt".[93]

Jetzt kann das Resultat formuliert werden: „. . . die reine in sich selbst zurückgehende Tätigkeit des Ich ist in Beziehung auf ein mögliches Objekt ein Streben; und zwar, laut obigem Beweise, ein unendliches Streben. Dieses unendliche Streben ist ins Unendliche hinaus die Bedingung der Möglichkeit alles Objekts: kein Streben, kein Objekt".[94]

Die reine Tätigkeit des Ich ist Beziehung auf ein mögliches Objekt ein Streben; sie ist es also nicht von sich und allein durch sich selbst. Sie ist es erst in Beziehung auf etwas, was von der objektiven Tätigkeit als Objekt gesetzt werden kann. Woher stammt diese Beziehung auf jenes Etwas? Der letzte Grund dieser Beziehung kann nur im postulierten Anstoß liegen. Dieser aber geschieht, so wurde gesagt, auf die Tätigkeit des Ich im Setzen seiner selbst. Wie muß also jene Tätigkeit des Ich gedacht werden, daß auf sie ein Anstoß geschehen kann und daß sie durch diesen so modifiziert wird, daß sie als Streben bestimmt werden muß?[95]

Im Zusammenhang des § 5 der *Grundl.* ergibt sich die Beantwortung der Frage wie folgt. Fichte kennzeichnet zunächst den Zustand des absoluten Ich „vor" dem Anstoß: „Das absolute Ich ist schlechthin sich selbst gleich . . .";[96] so war es im § 1 der *Grundlage* bestimmt worden. Eine zweite Bestimmung ist aber schon im Hinblick auf den Anstoß formuliert: „Es strebt . . . kraft seines Wesens sich in diesem Zustande zu behaupten. – "[97] Die reine Tätigkeit des Ich, die gleichsam den Zustand des absoluten Ich „vor" dem Anstoß definiert, ist also ein „Streben" nach absoluter Identität mit sich selbst. Im Hinblick auf diese Tätigkeit des Ich muß der Anstoß so formuliert werden:

---

[93] I, 261.
[96] I, 261 f. Insofern das Streben die Bedingung des Objekts ist, kann Fichte sagen, im praktischen Teil der WL gehe es um das Erkannte („was wird gesetzt"?), der theoretische Teil dagegen habe es nur mit dem Erkennen („wie wird gesetzt"?) zu tun. (I, 285.)
[95] Wir werden diese Frage hier nur vorläufig klären können; die endgültige Klärung ist einem Kap. vorbehalten, das das Verhältnis von absoluten Ich und Anstoß ausführlich erörtert. Vgl. Kap. 5 d.A.
[96] I, 264.
[97] I, 264 f.

„Es tut in ihm ((dem absoluten Ich – d.Verf.)) sich eine Ungleichheit, und darum etwas Fremdartiges hervor . . . Dieses Fremdartige steht notwendig im Streite mit dem Streben des Ich, schlechthin identisch zu sein . . .“ [98] Damit ist das Ich für eine Intelligenz außer ihm, für einen Beobachter, d.h. für uns, beschränkt.[99] Aber das Beschränkte ist das Ich, und nicht etwa ein bloßer Körper. Seine Beschränkung steht im Widerspruch zu seinem Wesen: „Ist das Ich sich selbst gleich, und strebt es notwendig nach der vollkommenen Identität mit sich selbst, so muß es dieses, nicht durch sich selbst, unterbrochne Streben stracks wiederherstellen . . .“ [100] Für uns ist damit durch den Vergleich der Hemmung des Strebens und seiner Wiederherstellung das Ich als ein Ich beschränkt. Das Ich soll aber für sich selbst beschränkt sein. „Mithin müßte das Ich selbst sowohl die Hemmung seiner Tätigkeit, als die Widerherstellung derselben, in sich selbst setzen, so gewiß es die Tätigkeit eines Ich sein soll, welche gehemmt, und wiederhergestellt wird. Aber sie kann nur als wiederhergestellt gesetzt werden, inwiefern sie als gehemmt; und nur als gehemmt, inwiefern sie als wiederhergestellt gesetzt wird, denn beides steht nach Obigem in Wechselbestimmung“.[101] Dieser synthetische Zustand von Hemmung und Wiederherstellung der Tätigkeit des Ich ist das, was Fichte „Gefühl“ im Sinne eines „bloß subjektiven Zustandes“ [102] nennt: „Alles Setzen des Ich ginge demnach aus vom Setzen eines bloß subjektiven Zustandes; alle Synthesis von einer in sich selbst notwendigen Synthesis eines Entgegengesetzten im bloßen Subjekte. Dieses bloß und lediglich Subjektive wird sich tiefer unten als das Gefühl zeigen“.[103]

Sofern nun als Bedingung der Möglichkeit des Gefühls eine Tätigkeit des Nicht-Ich gesetzt werden muß, ist durch das Gefühl jene Beziehung möglich, durch welche die reine Tätigkeit ein Streben wird. Die reine Tätigkeit ist ein Streben, sofern das Ich fühlt. Damit hat sich aber der Begriff der reinen Tätigkeit differenziert.

1) Die reine Tätigkeit war ursprünglich bestimmt worden als die in sich selbst zurückgehende Tätigkeit des absoluten Ich, durch die es sich selbst setzt.[104] Diese reine Tätigkeit ist in Beziehung auf das Gefühl ein unendliches Streben.

2) Der Anstoß aber geschieht auf eine Tätigkeit des Ich, die ebenfalls

[98] I, 265.
[99] Vgl. I, 265.
[100] I, 265.
[101] I, 266.
[102] I, 266.
[103] I, 266.
[104] Vgl. I, 256.

als die des sich selbst Setzens bezeichnet ist.[105] Auch vom Anstoß muß gesagt werden, daß er auf die reine Tätigkeit des Ich geschieht. Im Hinblick auf den Anstoß ist die reine Tätigkeit als unendliches „Streben" des Ich nach Identität mit sich selbst bestimmt. Dieses Streben wird durch den Anstoß gehemmt; aber sofern das „Streben" eine Tätigkeit des Ich ist, muß dieses Streben als zugleich gehemmt und wiederhergestellt gesetzt werden (Gefühl).

Wir hätten damit ein Gefüge von Tätigkeiten des Ich, nämlich

a) eine reine Tätigkeit als ein ursprüngliches „Streben", auf das der Anstoß erfolgt;

b) eine reine Tätigkeit, die erst durch das Gefühl zum Streben wird;

c) schließlich noch die objektive Tätigkeit, die dadurch möglich wird, daß der reinen Tätigkeit (b) widerstanden wird.

Damit ist schon soviel zu sehen, daß eine ursprünglich einige Tätigkeit des Ich durch den Anstoß gleichsam in verschiedene Tätigkeiten zersprengt wird. Wir werden darauf zurückkommen müssen.

Was hat sich damit bezüglich unserer Ausgangsfrage nach dem Verhältnis von reiner und objektiver Tätigkeit ergeben? Die reine Tätigkeit soll Bedingung der objektiven sein. Dies läßt sich noch einmal, wie folgt, erläutern.

Die objektive Tätigkeit ist begrenzt, endlich. Sie hat sich aber nicht selbst begrenzt. Also ist die objektive Tätigkeit nur dadurch objektiv, daß ihr die Grenze, d.h. eine Tätigkeit des Nicht Ich gegeben wird. Soll nun die reine Tätigkeit Bedingung der objektiven Tätigkeit sein, so muß sie dieser die Grenze, d.h. eine Tätigkeit des Nicht-Ich geben. Dies ist aber nur so möglich, daß die reine Tätigkeit selber in einem gewissen Sinne begrenzt ist. Andererseits aber soll die reine Tätigkeit als reine zugleich unendlich sein. Als zugleich begrenzt und unendlich kann aber die reine Tätigkeit nichts anderes sein als ein unendliches Streben. Die reine Tätigkeit ist Streben, sofern sie als begrenzte notwendig über die Grenze hinaus ist. Ohne die Grenze wäre das Streben vollendete Tat. Ohne das Hinaus über die Grenze wäre die Grenze nicht für das Streben und die Tätigkeit in ihrer Endlichkeit befriedigt, d.h. sie wäre abermals kein Streben.

Zugleich deutet sich die Lösung des Problem des Verhältnisses von unendlichem und endlichem Ich an: Im Streben ist das Ich unendlich und endlich zugleich. Fichte sagt: „Das Ich ist unendlich, aber bloß seinem Streben nach; es strebt unendlich zu sein. Im Begriffe des

Strebens selbst aber liegt schon die Endlichkeit, denn dasjenige, dem nicht widerstrebt wird, ist kein Streben".[106]

Sofern das Ich auf diese Weise durch ein unendliches Streben bestimmt ist, ist es praktisches Ich. Das Streben ist Ausdruck einer schlechthinnigen Forderung nach ,,Übereinstimmung des Objekts mit dem Ich".[107] ,,Jene Forderung, daß alles mit dem Ich übereinstimmen, alle Realität durch das Ich schlechthin gesetzt sein solle, ist die Forderung dessen, was man praktische Vernunft nennt, und mit Recht so nennt".[108]

Wie mit dem Faktum der Einbildungskraft im Bereich der theoretischen WL haben wir mit der Deduktion des Strebens im Bereich der praktischen WL den Ausgangspunkt der Geschichte des Selbstbewußtseins erreicht.

[106] I, 270.
[107] I, 260. In der Anmerkung identifiziert Fichte diese Forderung mit dem kategorischen Imperativ Kants.
[108] I, 263 f.

3. ABSCHNITT

DIE GESCHICHTE DES SELBSTBEWUSSTSEINS

5. KAPITEL

ANFANG UND METHODE

§ 20. Das Faktum des Bewußtseins

Fichte übernimmt die entscheidenden Grundzüge der Reinholdschen Theorie des Bewußtseins. Das hat eine Zweiteilung der WL, und zwar sowohl der theoretischen wie auch der praktischen zur Folge. Der erste Teil, den wir bisher betrachtet haben, schließt mit dem Auffinden des Vorstellungsvermögens (und eines vergleichbaren Grundvermögens des praktischen Ich). Wir haben gesehen, wie der 3. Grundsatz der gesamten WL den Grundsatz der theoretischen WL und den der praktischen enthält. Beide Grundsätze aber implizierten in der zunächst vorliegenden Form'einen Widerspruch, der durch die Deduktion der Einbildungskraft bzw. durch diejenige des Strebens beseitigt werden sollte. Da aber nach Fichte der Widerspruch für das „menschliche Wissen" konstitutiv ist und bleibt,[1] ließ sich der Widerspruch nicht ganz beseitigen; er wurde vielmehr als Einbildungskraft bzw. als Streben gleichsam institutionalisiert.

Der zweite Teil der Wissenschaftslehre, dem wir uns nun zuzuwenden haben und den wir als Geschichte des Selbstbewußtseins interpretieren wollen, hat die Aufgabe, die Grundstrukturen des Bewußtseins und damit des Wissens überhaupt aus den ursprünglichen Vermögen zu entwickeln. Innerhalb der *Grundlage* geschieht dies ansatzweise in der „Deduktion der Vorstellung"[2] und in den §§ 6–11[3] der praktischen WL.

Zwischen die Deduktion der Einbildungskraft und die Deduktion der Vorstellung schiebt die *Grundlage* eine Reihe methodischer Erörterungen ein, die eine nun einsetzende neue Reihe der Reflexion betreffen.[4] Durch Interpretation und Diskussion dieser Erörterungen können wir Ausgangspunkt und Methode der Geschichte des Selbst-

---

[1] Vgl. I, 226.
[2] Vgl. I, 227 ff.
[3] Vgl. I, 285 ff.
[4] Vgl. I, 221.

bewußtseins bestimmen. Dazu müssen wir jedoch zunächst fragen: Warum ist mit der Einbildungskraft jener entscheidende Wendepunkt innerhalb der WL erreicht?

Daß der Grundsatz der theoretischen WL unbeschadet seiner ursprünglichen, sich auf vielen Stufen wiederherstellenden Widersprüchlichkeit, wahr ist, „ist ein auf den höchsten Grundsätzen beruhendes Postulat".[5] Wenn dem Bewußtsein notwendig die Thesis des absoluten Subjekts und die Antithesis des absoluten Objekts zugrundeliegt, dann muß das Ich sich setzen als bestimmt durch das Nicht-Ich. Mit der Synthesis der Einbildungskraft hat sich nun aber gezeigt, wie, auf welche Weise, dieser Satz wahr ist. Wir haben die Gestalt gefunden, in der jener Grundsatz widerspruchsfrei[6] gedacht werden kann, und also gedacht werden muß. Fichte stellt fest: „Wir haben es mit allen möglichen durch eine systematische Deduktion erschöpften Bestimmungen desselben versucht; haben durch Absonderung des Unstatthaften und Undenkbaren das Denkbare in einen immer engeren Zirkel gebracht, und so Schritt vor Schritt uns der Wahrheit immermehr genähert, bis wir endlich die einzige mögliche Art zu denken, was gedacht werden soll, aufgefunden".[7]

In dem Versuch, den Grundsatz der theoretischen WL von seinem Widerspruch zu befreien – wie dies geschah, hat Fichte soeben noch einmal beschrieben –, vollzog sich aber ein weiteres: nämlich jener, in der Reinholdschen Theorie des Bewußtseins notwendige Rückgang vom expliziten Bewußtsein auf das Vorstellungsvermögen und sein Produkt. Dem entsprechend betrifft die Gestalt, in der der Grundsatz der theoretischen WL nun zu betrachten ist, das Vorstellungsvermögen (Einbildungskraft), von dem aus die Struktur des Bewußtseins allererst gewonnen werden muß. Damit ist aber der entscheidende Wendepunkt erreicht. Denn nun, so sagt Fichte, „ist das Aufgestellte zugleich ein ursprünglich in unserem Geiste vorkommendes Faktum. –"[8] Wie ist das zu verstehen?

Der Grundsatz der theoretischen WL ist eine Aussage über die Grundstruktur des theoretischen Bewußtseins, allerdings im Sinn eines Postulats. Daraus folgt aber, daß in dem Augenblick, wo der Grundsatz bzw. die durch ihn ausgedrückte Synthesis eine widerspruchsfreie Gestalt angenommen hat, die Grundstruktur des Bewußtseins tatsächlich getroffen ist; der Satz ist nun wahr in dem Sinn, daß ihm in

---

[5] I, 219.
[6] Dies ist unter der vorhin erwähnten Einschränkung zu nehmen. Vgl. S. 91.
[7] I, 219; vgl. auch I, 331.
[8] I, 219.

unserem Geiste etwas korrespondiert;[9] jetzt „muß unserem Gedanken von dieser Art etwas in unserem Geiste ursprünglich, unabhängig von unserer Reflexion vorhandnes entsprechen . . .“ [10] In diesem Sinn nennt Fichte das Aufgestellte ein Faktum,[11] was von allen früheren Gestalten des Grundsatzes nicht gesagt werden kann; sie waren durch unsere Reflexion und in ihr, aber ihnen konnte nichts unabhängig von der Reflexion in unserem Bewußtsein entsprechen. Das gefundene Faktum ist eine notwendige Bestimmung des Ich als Bewußtsein; es ist ein deduziertes, kein bloß aufgegriffenes Faktum.[12] Die vorangehenden Gestalten waren keine Aussagen über das Ich als Bewußtsein. Die Handlungen des Ich, von denen immer die Rede war, waren keine wirklichen Handlungen des Ich: Wenn den bisherigen Gestalten nichts in unserem Bewußtsein entsprach, so entsprachen ihnen auch keine Handlungen des Ich, denn die Gestalten sollten nichts anderes als Handlungsweisen des Ich sein. Von wirklichen Handlungen des Ich wird erst in der nun einsetzenden zweiten Reihe, d.h. in der Geschichte des Selbstbewußtseins berichtet.

§ 21. Die neue Reihe der Reflexion

Mit dem Faktum der Einbildungskraft beginnt innerhalb der WL eine neue Reihe. Der Wendepunkt ist damit gegeben, daß die Reflexion es von nun an nicht mehr mit ihren eigenen Produkten, sondern mit einem Gegenstand zu tun hat, der nicht durch sie „künstlich“ hervorgebracht, sondern ihr vorgegeben ist. Die neue Reihe der Reflexion kann daher durch eine Abgrenzung von der bisherigen bestimmt werden, und zwar hinsichtlich ihres Gegenstandes, oder anders gesprochen, hinsichtlich dessen, worauf reflektiert wird.

Fichte stellt fest: „In der bisherigen ((Reihe der Reflexion – d.Verf.)) wurde reflektiert über Denkmöglichkeiten. Die Spontaneität des menschlichen Geistes war es, welche den Gegenstand der Reflexion sowohl, – eben jene Denkmöglichkeiten, jedoch nach den Regeln eines erschöpfenden synthetischen Systems, – als die Form der Reflexion, die Handlung des Reflektierens selbst, hervorbrachte“.[13]

Gegenstand der bisherigen Reihe der Reflexion waren Denkmöglichkeiten. Was aber ist Gegenstand der zweiten, nun einsetzenden Reihe?

[9] Vgl. I, 220.
[10] I, 220.
[11] Vgl. I, 220; Faktum ist hier Gegenbegriff zu Postulat.
[12] Vgl. I, 220 f.
[13] I, 221.

Wir haben bisher ein Faktum, d.h. eine Bestimmung des Ich als Bewußtsein. Dieses Faktum allein kann nicht Gegenstand einer Reihe sein, denn dazu ist erfordert, daß es so etwas wie Bewegung, wie Übergang oder Stufenfolge gibt. Eine solche Bewegung ergibt sich aber sofort, wenn man berücksichtigt, daß das Faktum eine Bestimmung des Ich (als Bewußtsein) ist. Das Ich ist nicht bestimmt wie ein Seiendes, das Bestimmungen hat. Aus dem Wesen des Ich gemäß den Grundsätzen folgt vielmehr, daß das Ich als Ich nur bestimmt sein kann, indem es diese Bestimmung als solche setzt: ,,Soll es ein Faktum im Bewußtsein eines Ich sein, so muß zuvörderst das Ich dasselbe als in seinem Bewußtsein vorhanden, setzen . . .‘‘ [14] Nur aus diesem Grund ist jenes Faktum Ausgangspunkt einer neuen Reihe, die nun eine Reihe von Handlungen des Ich ist, ein Weg, den das Ich selbst zurücklegt. Dieser Weg ist nun Gegenstand der Reflexion: ,,Diese Art des Ich, jenes Faktum in sich zu bearbeiten, zu modifizieren, zu bestimmen, sein ganzes Verfahren mit demselben, ist von nun an der Gegenstand unserer philosophischen Reflexion‘‘.[15] Die Reflexion hat damit eine neue Stufe und eine neue Bedeutung gewonnen. In ihr wird ,,der Gegenstand der Reflexion nicht erst durch die gleiche Reflexion selbst hervorgebracht, sondern bloß zum Bewußtsein erhoben,‘‘[16] d.h. im eigentlichen Sinn erkannt. Das besagt aber zugleich, ,,daß allem, was von nun an aufgestellt wird, mit völligem Rechte Realität zuzuschreiben sei‘‘.[17] Alle Handlungen des Ich sind von nun an wirkliche Handlungen.

Ein Mißverständnis muß hier aber vermieden werden. Das Faktum, das nun vom Ich selbst aufgearbeitet wird, ist nicht etwa das Vermögen der Einbildungskraft als Vermögen, sondern deren anfängliches Produkt; dies aber ist, wie sich zeigen wird, der Zustand des unbewußten Anschauens.[18]

Weiterhin folgt aus dem Gesagten, daß die zweite Reihe in sich gedoppelt ist. Von nun an muß genau unterschieden werden, was dem betrachteten Ich zugehört, was also zum Bewußtsein erhoben wird, und was der Reflexion angehört, die jenes Handeln des Ich zum Bewußtsein erhebt.[19]

[14] I, 221.
[15] I, 221.
[16] I, 222.
[17] I, 222.
[18] Reinhold hatte dies Produkt als das dunkle Bewußtsein der bloßen Vorstellung bezeichnet, vgl. Kap. 1 d.A.
[19] Damit findet sich hier ein Unterschied, der im Begriff der Geschichte überhaupt liegt. Geschichte meint einmal die res gestae, das Geschehen selbst, sie meint zum anderen historia rerum gestarum, die Darstellung des Geschehens. Geschichte des Selbstbewußtseins im Sinn der res gestae meint die Entwicklung des Ich, seinen Weg, der, wie sich zeigen wird, vom

Damit ergibt sich ein für die Geschichte des Selbstbewußtseins konstitutiver Unterschied. Sofern der Gegenstand der Reflexion ein Ich (und ein Handeln des Ich) ist, damit aber „selbst eine Reflexion" ist,[20] ist in der Geschichte des Selbstbewußtseins jeweils zu unterscheiden zwischen dem, was für das betrachtete Ich ist, was für es ist bzw. gilt, und dem, was für die philosophische Reflexion, also für uns ist. Die beiden Positionen des „für es" und des „für uns" seien damit für das Folgende terminologisch fixiert.[21] Dasjenige, was nur für uns, nicht aber für es (für das betrachtete Ich) ist, nennt Fichte „unbewußt". In diesem Sinn wird von „unbewußter Produktion" [22] die Rede sein. Der Unterschied des „für es" und des „für uns" ist damit durch den Begriff des Unbewußten näher bestimmt,[23] was übrigens in gleicher Weise für Schellings *System des transzendentalen Idealismus*[24] gilt. Das Verhältnis dieser beiden Reihen zueinander, dessen, was für es, und dessen, was für uns ist, muß nun genauer bestimmt werden. Wir greifen dazu auf Fichtes Schrift *Über den Begriff der Wissenschaftslehre* zurück.

Dort bestimmt Fichte in § 7 das Verhältnis der WL zu ihrem Gegenstand, wobei allerdings die Zweiteilung der theoretischen WL noch nicht berücksichtigt ist. Dennoch kann das dort Gesagte zur Erläuterung der methodischen Grundposition der Geschichte des Selbstbewußtseins herangezogen werden.

Gegenstand der WL sind die von ihr als wissenschaftlicher Theorie unabhängig vorhandenen Handlungen des menschlichen Geistes.[25] Diese Handlungen, die – wie die WL zu erweisen hat – ein System ausmachen, sind noch nicht die Wissenschaft. Für diese ist konstitutiv eine „unter jenen Handlungen allen nicht enthaltene Handlung des menschlichen Geistes, nämlich die, seine Handlungsart überhaupt zum Bewußtsein zu erheben".[26] Dies geschieht durch Abstraktion und Reflexion und ist eine Handlung der Freiheit.[27] – „Das, was die Wissenschaftslehre aufstellt, ist ein gedachter und in Worte gefaßter Satz; dasjenige im menschlichen Geiste, welchem dieser Satz korrespondiert,

---

Anstoß bis zum entwickelten Selbstbewußtsein geht. Geschichte des Selbstbewußtsein im Sinne der historia meint die wissenschaftliche Theorie als Darstellung dieses Weges.

[20] Vgl. Fichte I, 222.

[21] Ein solcher Unterschied zwischen „für uns" und „für es" ist ganz allgemein schon durch die Kopernikanische Wende der Transzendentalphilosophie gegeben. Er verbindet sich hier mit einem aus dem Begriff von Geschichte sich ergebenden Unterschied. – Vgl. § 2 d.A.

[22] Vgl. z.B. I, 230; I, 234; I, 363 ff.

[23] Über die Herkunft dieses Begriffs aus Reinholds Theorie des Bewußtseins, vgl. Kapitel 1 d.A.

[24] Vgl. den Exkurs S. 185ff. d.A.

[25] Vgl. I, 70.

[26] I, 71; vgl. I, 222.

[27] Vgl. I, 71 f.

ist irgendeine Handlung desselben, die an sich gar nicht notwendig gedacht werden müßte".[28] Daß dies von der Geschichte des Selbstbewußtseins gilt, also von der nun einsetzenden neuen Reihe, geht daraus hervor, daß erst der Synthesis der Einbildungskraft, womit jene beginnt, im menschlichen Geiste etwas korrespondiert.[29]

Irgendeine Handlung des menschlichen Geistes, die ihren bestimmten systematischen Ort in der Geschichte des Selbstbewußtseins (res gestae) hat, muß genau von derjenigen Handlung unterschieden werden, durch die jene Handlung als solche gedacht wird und die ihren systematischen Ort in der wissenschaftlichen Theorie (historia rerum gestarum) hat. Beide Orte stimmen nicht notwendig überein. Dies wird von Fichte folgendermaßen erläutert. Die Handlungen A, B, C, D seien in ihrer notwendigen Folge die Handlungen des betrachteten Ich. Dann ist die Handlung A die absolut und schlechthin erste des Ich. „Das Denken der Handlung A aber ist ganz eine andere Handlung, die weit mehr voraussetzt".[30] Wenn nun, so erläutert Fichte weiter, das Denken der Handlung A gleich der Handlung D ist, so sind für das Denken der Handlung $A : A, B, C$ vorausgesetzt. Im Anschluß an diese Erläuterung kann das Verhältnis der WL zu ihrem Gegenstand verdeutlicht werden.

Die WL, die die ursprünglichen Handlungen des Ich zum Bewußtsein erhebt, hat durchgängig, methodisch gesehen, den Charakter der Reflexion. Diese Reflexion ist ein Vorstellen.[31] Das, worüber reflektiert wird, der Gegenstand dieser Reflexion, ist aber nicht notwendig ein Vorstellen. „In der Wissenschaftslehre wird das Ich vorgestellt; es folgt aber nicht, daß es bloß als vorstellend, bloß als Intelligenz, vorgestellt werde: es können sich noch wohl andre Bestimmungen darin auffinden lassen. Das Ich, als philosophierendes Subjekt, ist unstreitig nur vorstellend; das Ich als Objekt des Philosophierens könnte wohl noch etwas mehr sein. Das Vorstellen ist die höchste und absolut-erste Handlung des Philosophen, als solchen; die absolut-erste Handlung des menschlichen Geistes könnte wohl eine andre sein".[32]

Die Reihe der Darstellung hat notwendig und durchgängig den Charakter der Vorstellung (Reflexion), die Reihe des Dargestellten nicht. Die Handlungen A, B, C, D, ... X seien die Reihe des Dargestellten. Die Handlung des Vorstellens der WL sei durchgängig eine

[28] I, 79.
[29] Vgl. I, 220.
[30] I, 80.
[31] Vgl. I, 80.
[32] I, 80.

Handlung der Art X,[33] die ihren Gegenstand habe, den wir als Index setzen wollen. Die Reihe der Darstellung sieht damit so aus:

$X_A, X_B, X_C, X_D, \ldots X_X.$

Damit ergeben sich für die Geschichte des Selbstbewußtseins folgende Konsequenzen:

1) Die Reihe $A, B, C, D, \ldots X$ wird in die Form der Vorstellung aufgenommen, d.h. zum Bewußtsein erhoben.

2) Die Reihe der Darstellung springt gleichsam vom Ende der Reihe des Dargestellten an den Anfang der Reihe des Dargestellten zurück. Damit hat die Geschichte des Selbstbewußtseins den Charakter der Wiederholung, der Anamnesis. Fichte selbst stellt fest: ,,Jeder, der mit uns die gegenwärtige Untersuchung anstellt, ist selbst ein Ich, das aber die Handlungen, welche hier deduziert werden, längst vorgenommen, . . . hat . . .'' ,,Er hat das ganze Geschäft der Vernunft schon mit Notwendigkeit vollendet, und bestimmt sich jetzt, mit Freiheit, die Rechnung gleichsam noch einmal durchzugehen, dem Gange, den er selbst einmal beschrieb, an einem anderen Ich, das er willkürlich setzt, auf den Punkt stellt, von welchem er selbst einst ausging, . . . zuzusehen''.[34]

3) Am Ende der Reihe der Darstellung (X_X) sind Vorstellung (Basis) und Vorgestelltes (Index) identisch. Sofern die Vorstellung, von der hier die Rede ist, die freie Reflexion ist, bedeutet das: Die freie Reflexion wird sich selber Gegenstand. Damit aber ist das erreicht, was Fichte die ,,Quelle alles Selbstbewußtseins'' [35] nennt.

Was besagen diese Ergebnisse für die zuvor getroffene Unterscheidung zwischen dem ,,für es'' und dem ,,für uns''? Das in der Reihe des Dargestellten zum Gegenstand der Reflexion Gemachte ist das Ich selbst. Dieses ist anfänglich durch das deduzierte Faktum bestimmt, welches Bestimmtsein zunächst nur für uns ist. Das Ich muß aber jenes Faktum setzen, d.h. jenes Faktum muß für es werden. Daraus ergibt sich für das Verhältnis der beiden Reihen, daß dasjenige, was zunächst in der Reihe der Darstellung für uns ist, auf einer späteren Stufe in der Reihe des Dargestellten für es wird. Damit stehen beide Reihen nicht isoliert nebeneinander, sondern das dargestellte Ich erreicht selber einmal den Standpunkt, den zuvor nur das darstellende Ich einnahm: ,,Das zu untersuchende Ich wird einst selbst auf dem Punkte ankommen, auf welchem jetzt der Zuschauer steht, dort werden beide sich

---

[33] X wäre demnach die abstrahierende Reflexion als freier Akt des ,,entwickelten'' Ich.
[34] I, 290 f.
[35] Vgl. I, 244.

vereinigen, und durch diese Vereinigung wird der aufgegebene Kreisgang geschlossen sein".[36]

Damit ergibt sich für das Problem des Anfangs der Geschichte des
Selbstbewußtseins schon soviel, daß der Anfang der Theorie und der
Anfang der Reihe des Dargestellten nicht nur nicht zusammenfallen,
vielmehr an den entgegengesetzten Enden jener Reihe liegen. Das Ende
der Reihe des Dargestellten macht den Anfang der Theorie möglich.

§ 22. Das Resultat als Anfang

Das Faktum der Einbildungskraft, mit dem die neue Reihe beginnt,
ist innerhalb der WL zugleich das Resultat und Ende der ersten Reihe.

Wir haben daher noch zu klären, wie aus dem Ende ein neuer Anfang
werden kann, ohne daß die zweite Reihe eine Widerholung der ersten
wäre. Die Reihe, deren Ende die Synthesis der Einbildungskraft ist,
begann, wie bekannt, mit dem Grundsatz der theoretischen WL: Das
Ich setzt sich als bestimmt durch das Nicht-Ich. Das movens dieser
Reihe war der Widerspruch zwischen dem genannten Satz und dem
hier regulativ fungierenden 1. Grundsatz der WL überhaupt. Das
mittels der synthetischen Methode erzielte Resultat dieser Reihe ist
eine Synthesis zwischen absolut Entgegengesetzten, einem endlichen
Subjektiven ($A + B$ *bestimmt durch A*) und einem unendlichen Objektiven ($A + B$ *bestimmt durch B*).[37] Soll dies Ende ein neuer Anfang
sein, so muß in ihm ein Widerspruch oder Widerstreit liegen, der durch
die zweite Reihe aufgelöst bzw. vermittelt werden muß: „In der gleichen Synthesis müssen nun auch liegen zwei Entgegengesetzte für die
zweite Reihe der Reflexion zu einer möglichen Analyse, und daraus
erfolgenden Synthesis".[38] Die in der Synthesis der Einbildungskraft
vereinigten Entgegengesetzten dürfen aber nicht einfach wieder ge-
trennt werden, denn dann wäre die zweite Reihe, abgesehen von ihrer
Richtung, eine bloße Wiederholung der ersten.[39] Sie müssen vielmehr
im Durchgang durch die Synthesis ihren Charakter so verändert haben,
daß eine wirklich neue Reihe entsteht.[40]

Um diese Frage zu klären, ist es erforderlich, noch einmal auf den
Unterschied der beiden Reihen zu reflektieren.

[36] I, 291.
[37] Vgl. I, 224 und I, 216 f.
[38] I, 223.
[39] Vgl. I, 223 f.
[40] Daß diese Reihe die umgekehrte Richtung nimmt ist klar, denn es soll ja die Struktur des
Bewußtseins entwickelt werden. Diese Struktur war aber erstmalig, allerdings vorläufig, mit
dem Grundsatz der theoretischen WL angesprochen. Vgl. I, 222 f.

Für eine synthetische Methode im weitesten Sinn muß neben oder mit den Entgegengesetzten zugleich ein Hinweis darauf gegeben sein, in welche Richtung die Methode fortzuschreiten hat bzw. wodurch der mit ihnen gegebene Widerspruch aufgelöst werden kann. Dieser Hinweis lag in der bisherigen Reihe in dem Widerspruch zwischen dem Grundsatz der theoretischen WL, der die Entgegengesetzten (Ich und Nicht-Ich) enthält und dem absolut ersten Grundsatz der gesamten WL, der aus eben diesen Gründen regulative Gültigkeit hatte. Dieser Widerspruch war ein solcher für die Reflexion und nur für sie. Damit aber waren wir es, die das Ich von einer Stufe zur anderen, von einer Synthesis zur anderen brachten.

In der zweiten, nun anhebenden Reihe hat die Reflexion einen von ihr unabhängigen Gegenstand. Das bedeutet nichts anderes, als daß in den Entgegengesetzten, mit denen die zweite Reihe anheben soll, selbst das movens für das Hinausheben über die anfängliche Entgegensetzung enthalten sein muß. Der Fortgang kann sich nicht mehr wie bisher dadurch ergeben, daß wir mit unserer Reflexion die Entgegensetzung mit etwas außer ihr Liegendem vergleichen, vielmehr muß sich der Fortgang einzig und allein aus dem Betrachteten selbst ergeben. Aus diesem Grunde hat die Entgegensetzung den Charakter des Widerstreites. Dieser Widerstreit muß das betrachtete Ich selber von Stufe zu Stufe weiterbringen.

Damit ergibt sich eine entscheidende, bisher nie berücksichtigte Modifikation der synthetischen Methode. Das betrachtete Ich verfährt zwar selber nach den Regeln der synthetischen Methode,[41] doch hat die philosophische Reflexion dem „Gange der Begebenheiten" von nun an bloß zu folgen und darf ihm kein Gesetz geben.[42]

Was haben wir damit für die Bestimmung der anfänglichen Entgegensetzung für die zweite Reihe gewonnen?

Fichte selbst bestimmt die Entgegensetzung am Anfang der zweiten Reihe als einen Streit zwischen Forderung und Unvermögen, den die Einbildungskraft durch ihr „Schweben" schlichtet, in dem sie den Zustand des Anschauens produziert.[43] Dieser, Anschauen genannte anfängliche Zustand hat aber, abgesehen von der Funktion der Einbildungskraft, noch eine Voraussetzung, die schon genannt wurde. Sie

---

[41] Vgl. I, 223.
[42] Vgl. I, 222 f. Wenn überhaupt, so kann in diesen Bestimmungen so etwas wie eine Vorstufe der Hegelschen Dialektik gesehen werden. Diese Modifikation der synthetischen Methode hat Hartkopf aber nicht berücksichtigt. Vgl. W. Hartkopf, *Die Dialektik Fichtes*, a.a.O.
[43] Vgl. I, 225.

besteht darin, daß auf die Tätigkeit des Ich im Setzen seiner selbst ein
Anstoß geschieht; „daß gleichsam seine weiter hinausstrebende Tätigkeit in sich selbst zurückgetrieben (reflektiert) würde, woraus denn die
Selbstbegrenzung, und aus ihr alles übrige, was gefordert worden, sehr
natürlich erfolgen würde".[44]

Die Entgegengesetzten am Beginn der zweiten Reihe sind, je nachdem man es ansehen will, entweder eine unendliche Tätigkeit des Ich
und ein Anstoß, oder aber der Widerstreit von Tätigkeiten im Ich
selbst, der den Zustand des Anschauens und damit das Schweben der
Einbildungskraft definiert. Faktisch beginnt Fichte im folgenden mit
der ersten Entgegensetzung, die daher noch ausführlich zu erörtern
sein wird.

Im Hinblick auf die „Deduktion der Vorstellung" läßt sich nun der
Anfang der Geschichte des Selbstbewußtseins bestimmen. Die „Deduktion der Vorstellung" beginnt mit der Feststellung: „Auf die ins Unendliche hinausgehende Tätigkeit des Ich, in welcher eben darum, weil sie
ins Unendliche hinausgeht, nichts unterschieden werden kann, geschieht ein Anstoß; und die Tätigkeit, die dabei keineswegs vernichtet
werden soll, wird reflektiert, nach innen getrieben; sie bekommt die
gerad' umgekehrte Richtung".[45] Daraus ergibt sich dann jener „Zustand" des Ich, der als „Anschauen" bestimmt werden muß.[46]

Da aber die theoretische WL eingestandenermaßen die „Frage, wie,
und wodurch der für die Erklärung der Vorstellung anzunehmende
Anstoß auf das Ich geschehe",[47] nicht beantworten kann, steht zu vermuten, daß der eigentliche Anfang der Geschichte des Selbstbewußtseins im Rahmen der praktischen WL zu suchen ist. Dies wird bestätigt
durch einen Hinweis, den Fichte vor dem letzten Schritt zur Synthesis
der Einbildungskraft gibt. Die Synthesis der Einbildungskraft be-
haupte nicht, so sagt Fichte, die Bestimmung des Ich, sondern seine
Bestimmbarkeit.[48] Dazu sagt er dann: „Nämlich im praktischen Teile
wird sich zeigen, daß die Bestimmbarkeit, von welcher hier geredet
wird, ein Gefühl ist. Nun ist ein Gefühl allerdings eine Bestimmung des
Ich, aber nicht des Ich, als Intelligenz, d.i. desjenigen Ich, welches sich
setzt, als bestimmt durch das Nicht-Ich . . .",[49] sondern – so können wir
ergänzen – desjenigen Ich, das sich setzt als bestimmend das Nicht-Ich.

[44] I, 212.
[45] I, 228 f.
[46] Vgl. I, 229.
[47] I, 218.
[48] Vgl. I, 211.
[49] I, 211.

§ 23. Das Problem des Anstoßes

Die Geschichte des Selbstbewußtseins beginnt mit dem Anstoß. Mit dem Problem des Anstoßes aber ist das Problem einer endgültigen Wesensbestimmung des absoluten Ich, die hier noch nicht gegeben werden kann, verknüpft. Deshalb soll im folgenden das absolute Ich, auf das der Anstoß erfolgt, nur so weit bestimmt werden, daß der „Zustand" des Ich nach erfolgtem Anstoß, welcher Zustand als Anfang der Geschichte des Selbstbewußtseins im engeren Sinn angesehen werden muß, verständlich wird.

Die theoretische WL kann zwar die Frage nach dem für die Erklärung der Vorstellung notwendig anzunehmenden Anstoß auf das Ich[50] nicht beantworten; dennoch enthält sie zwei wichtige Aussagen über ihn:

1) Der Anstoß geschieht auf die Tätigkeit des Ich im Setzen seiner selbst.[51]

2) Der Anstoß geschieht auf die ins Unendliche hinausgehende Tätigkeit des Ich.[52]

Mit der sich daraus ergebenden Frage, inwiefern mit dem Sichselbstsetzen des Ich eine ins Unendliche hinausgehende Tätigkeit gegeben sei, nehmen wir die Interpretation und Diskussion des § 5 der *Grundlage* an der Stelle zunächst wieder auf, wo sie nach der Deduktion des Strebens[53] abgebrochen werden mußte.[54]

Am Ende unserer Darstellung der Deduktion des Strebens mußten wir drei Tätigkeiten des Ich unterscheiden, ohne deren Ursprung und Beziehung aufklären zu können.[55] Wir hatten dort vermutet, daß sich eine ursprünglich einige Tätigkeit des Ich durch den Anstoß in verschiedene Tätigkeiten differenziert. Diese Vermutung wird sich nun bestätigen.

Auszugehen haben wir von der Feststellung, daß ein Anstoß, durch den etwas Fremdartiges[56] im Ich (ein Nicht-Ich) gesetzt werden soll, nur möglich ist, wenn eine nach außen gehende Tätigkeit des Ich bzw. eine nach außen gehende („zentrifugale" [57]) Richtung seiner Tätigkeit

---

[50] Vgl. I, 218.
[51] Vgl. I, 212.
[52] Vgl. I, 227.
[53] Vgl. § 19 d.A.
[54] I, 270, wo Fichte sagt: „Wir legen das bis jetzt Deduzierte noch auf einem andern Wege dar..."
[55] Vgl. § 19 d.A.
[56] Vgl. I, 265.
[57] Vgl. I, 273 ff.

angenommen wird. Wie eine solche Richtung angenommen werden kann, ist bisher nicht sichtbar. Zwar besteht das Wesen des absoluten Ich in seiner Tätigkeit,[58] die Tätigkeit aber, die wir bisher kennen, ist die, wodurch es sich selbst setzt. Diese muß aber, wenn ihr überhaupt eine Richtung zugesprochen werden kann, als in sich zurückgehend angesehen werden: „Das Ich setzt sich selbst schlechthin, und insofern ist seine Tätigkeit in sich selbst zurückgehend".[59] Streng genommen aber sind in dem Sichselbstsetzen als der „konstitutiven Tätigkeit" [60] keine Richtungen zu unterscheiden; das aber heißt, die Tätigkeit hat überhaupt keine Richtung. Das führt zu der überraschenden Feststellung, daß ein Wesen, dem nur diese konstitutive Tätigkeit zukommt, gar kein Ich ist.[61] Soll das Sichselbstsetzende ein Ich sein, so müssen in der konstitutiven Tätigkeit zwei Richtungen zu unterscheiden sein; anders gesprochen: nur wenn in der konstitutiven Tätigkeit zwei Richtungen zu unterscheiden sind, ist das Sichselbstsetzende ein Ich. Fichte sagt: „Das Ich soll sich nicht nur selbst setzen für irgendeine Intelligenz außer ihm, sondern es soll sich für sich selbst setzen; . . ." [62] In diesem „für sich selbst" liegt hier offenbar ein Zurückkommen des Ich auf sich selbst: „Demnach muß das Ich, so gewiß es ein Ich ist, unbedingt, und ohne allen Grund das Prinzip in sich haben über sich selbst zu reflektieren; und so haben wir ursprünglich das Ich in zweierlei Rücksicht, teils, inwiefern es reflektierend ist, und insofern ist die Richtung seiner Tätigkeit zentripetal; teils, inwiefern es dasjenige ist, worauf reflektiert wird, und insofern ist die Richtung seiner Tätigkeit zentrifugal, und zwar zentrifugal in die Unendlichkeit hinaus".[63]

Aus dem Begriff der Reflexion ergibt sich, daß sie als Tätigkeit zentripetal ist: Das Ich kommt gleichsam auf sich selbst als Mittelpunkt zurück. Wieso aber ist die Richtung der Tätigkeit des Ich, sofern auf dasselbe reflektiert wird, zentrifugal? Das ergibt sich dadurch, daß das Ich als absolute Realität gesetzt ist bzw. sich selbst als absolute Realität setzt.[64] Dies soll das Ich aber nicht einfach sein, sondern für

---

[58] I, 272; vgl. I, 96.
[59] I, 273.
[60] I, 273.
[61] Vgl. I, 274.
[62] I, 274. Im Rahmen des § 1 der *Grundlage* wurde nicht von einem doppelten Setzen des Ich gesprochen, dort war nur von der konstitutiven Tätigkeit des Sichselbstsetzens die Rede, die aber nun nach I, 274 nicht das volle Wesen des Ich ausmachen soll. Zeigt sich hier eine weitere Äquivokation im Begriff des Ich? – Zu dem nun wieder auftauchenden Begriff des „für sich" vgl. S. 105 Anm.
[63] I, 274.
[64] Vgl. z.B. I, 126.

sich selbst sein; anders gesprochen, das Ich soll all das, was es ist, auch für sich selbst sein. Es soll für sich selbst die Totalität der Realität sein. Es reflektiert also auf sich als alle Realität.[65] Als Reflektiertes ist es notwendig als „Etwas", als „Quantum",[66] d.h. hier als unendliches Quantum gesetzt. Da aber Realität dem Wesen nach Tätigkeit ist,[67] ist somit eine ins Unendliche hinausgehende Richtung dieser Tätigkeit gesetzt.

Die Antwort auf unsere Frage, wie das Ich zu dieser Richtung seiner Tätigkeit nach außen komme, muß also lauten: Die Tätigkeit des Ich im Setzen seiner selbst muß, sofern das Ich sich für sich setzt, im Hinblick auf die damit gegebene reflexive Richtung seiner Tätigkeit als ins Unendliche hinausgehende Tätigkeit angesehen werden. Fichte kann also den Schluß ziehen: „Demnach sind zentripetale und zentrifugale Richtung der Tätigkeit beide auf die gleiche Art im Wesen des Ich gegründet; . . ."[68] Mit dem Sichselbstsetzen des Ich ist zugleich eine ins Unendliche hinausgehende Richtung seiner Tätigkeit gegeben.

Nun entsteht aber eine Schwierigkeit: Da „zentripetale und zentrifugale Richtung der Tätigkeit beide auf gleiche Art im Wesen des Ich gegründet"[69] sind, muß wegen der Einheit und Sichselbstgleichheit des Ich gesagt werden, daß beide Richtungen ein und dasselbe sind. Wir haben sie unterschieden, indem wir auf sie, als unterschiedene, reflektiert haben.[70] Im Ich selbst sind sie nicht unterschieden.[71] Andererseits ist eine im Ich selbst gegründete Verschiedenheit Bedingung der Möglichkeit eines Anstoßes.[72]

Sind zentripetale und zentrifugale Richtung der Tätigkeit des Ich ein und dasselbe, so ist auch Reflektierendes und Reflektiertes dasselbe und damit ist kein Bewußtsein oder Selbstbewußtsein abzuleiten.[73] Erst in bezug auf ein hinzukommendes Drittes sind die beiden Richtungen zu unterscheiden. Dieses Dritte kann aber nur der Anstoß sein.

Damit haben sich bezüglich des Verhältnisses von absolutem Ich und Anstoß zwei Aussagen ergeben, die gleicherweise gelten, sich aber dennoch widersprechen:

---

[65] I, 274.
[66] I, 274; vgl. I, 109.
[67] Vgl. I, 134.
[68] I, 274.
[69] I, 274.
[70] Vgl. I, 274.
[71] Vgl. I, 275.
[72] Vgl. I, 272.
[73] Vgl. I, 275.

1) Eine ursprüngliche Differenz im absoluten Ich ist die Bedingung der Möglichkeit des Anstoßes.[74]

2) Erst durch den Anstoß wird die Unterscheidung verschiedener Richtungen der Tätigkeit des Ich und damit eine Differenz überhaupt möglich.[75]

Beruht dieser Widerspruch darauf, daß das absolute Ich bisher nicht zureichend bestimmt wurde?

§ 24. Das absolute Ich als Indifferenz

Der genannte Widerspruch läßt sich auch so formulieren: Anstoß und Differenz bedingen sich wechselseitig. Das ist aber keine Lösung des Widerspruchs, sondern nur eine andere Formulierung desselben. Der Widerspruch läßt sich nur auf folgende Weise lösen: Das Wesen des absoluten Ich läßt sich über das in § 1 der *Grundlage* Gesagte, was aber nicht zureicht, hinaus gar nicht anders als schon im Hinblick auf den Anstoß bestimmen: Es muß als Indifferenz derjenigen Bestimmungen gesetzt werden („sich setzen"), die „nach" dem Anstoß als differente, unterschiedene bestimmt sind. Dabei ist Indifferenz eine zur Erklärung einer Differenz als deren Negation postulierte Einheit.[76]

Es gilt nun diese Indifferenz genauer zu fassen. Die Indifferenz der beiden Richtungen der Tätigkeit, die im Hinblick auf die Möglichkeit des Anstoßes angenommen werden muß, wird von Fichte auch als Indifferenz zweier Weisen des Sichsetzens bestimmt: „Das Ich setzt sich selbst schlechthin, und dadurch ist es in sich selbst vollkommen, und allem äußeren Eindrucke verschlossen. Aber es muß auch, wenn es ein Ich sein soll, sich setzen, als durch sich selbst gesetzt; . . ." [77] Diesen beiden Arten des Setzens entsprechen die zentrifugale und die zentripetale Richtung. Nun sagt Fichte: „Beide Arten des Setzens sind die Bedingung einer Einwirkung des Nicht-Ich; ohne die erstere würde keine Tätigkeit des Ich vorhanden sein, welche eingeschränkt werden könnte; ohne die zweite würde diese Tätigkeit nicht für das Ich eingeschränkt sein; das Ich würde sich nicht setzen können, als eingeschränkt".[78]

[74] Vgl. I, 271 ff.
[75] Vgl. I, 278.
[76] Indifferenz ist also eine Einheit von Einheit und Unterschiedenheit. Indifferenz ist aber nur die eine Möglichkeit dieses spekulative Problem zu fassen. Die andere Möglichkeit ist die Selbstbewegung des absoluten Unterschiedes. Dies ist die dialektische Möglichkeit im strengen Sinn.
[77] I, 276.
[78] I, 276.

Statt von zwei Richtungen der Tätigkeit des Ich kann also nach dem obigen auch von zwei Tätigkeiten gesprochen werden. Entsprechend ist das absolute Ich als Indifferenz zweier Tätigkeiten zu bestimmen.

Um den Ausgangspunkt der Geschichte des Selbstbewußtseins zu gewinnen, müssen diese beiden Tätigkeiten genauer bestimmt werden. Die Tätigkeit des Ich, die eingeschränkt werden kann und eingeschränkt wird, haben wir schon kennengelernt. Es ist jene reine, d.h. nicht-objektive Tätigkeit, die sich durch einen Anstoß, im Hinblick auf das dadurch setzbare Objekt, als Streben bestimmt. Es ist jene Tätigkeit, die früher im uneigentlichen Sinn „Streben" genannt wurde.[79] Von ihr sagt Fichte: „In C. wird diese, den ersten Grund alles Bewußtseins enthaltende, aber nie zum Bewußtsein gelangende Tätigkeit gehemmt. Aber vermöge ihres eignen innern Wesens kann sie nicht gehemmt werden; sie geht demnach über C. fort, aber als eine solche, die von außen gehemmt worden, und nur durch ihre eigne innere Kraft sich erhält; . . ."[80] Eine in dieser Weise zwar gehemmte, aber zugleich über das Hemmende hinausgehende Tätigkeit ist das Streben.

Das Streben ist aber die Weise, wie das Ich Kausalität auf das Nicht-Ich hat und allein haben kann. Aus diesem Grund muß die Tätigkeit des Ich, die eingeschränkt werden kann, als reale Tätigkeit bezeichnet werden.

Die Tätigkeit, durch die das Ich sich als beschränkt setzt, ist demgegenüber, was unmittelbar einleuchtet, die ideale Tätigkeit. Von dieser handelt die theoretische WL, die von dem Grundsatz ausgeht: Das Ich setzt sich als beschränkt durch das Nicht-Ich. Die theoretische WL konnte die Möglichkeit des Anstoßes deshalb nicht erklären, weil dieser auf die reale Tätigkeit erfolgt, von der die theoretische WL nichts wissen konnte.

Das absolute Ich ist also im Hinblick auf den Anstoß als Indifferenz von realer und idealer Tätigkeit zu bestimmen.[81]

Auf das absolute Ich, von dem insofern gesagt werden muß, daß seine Tätigkeit ins Unendliche hinausgeht, erfolgt nun ein Anstoß, und durch diesen Anstoß wird das Ich in Bewegung gesetzt.[82] Daß der

---

[79] Vgl. § 19 d.A.

[80] I, 265 f.

[81] Vgl. I, 294. – In § 1 der *Grundlage* ist das Sichselbstsetzen des Ich offenbar in der nun herausgestellten Indifferenz belassen. Jedenfalls konnte der dort auftauchende Begriff des „für sich" nicht als Hinweis auf die Struktur des Selbstbewußtseins interpretiert werden. Das „für sich" ist erst dann ein solcher Hinweis, aber auch nicht mehr, wenn die Tätigkeit, durch die das Ich sich für sich selbst setzt (ideale Tätigkeit) von derjenigen unterschieden wird, durch die es sich selbst schlechthin setzt. Diese Unterscheidung wird aber erst, wie wir gesehen, „nach" dem Anstoß möglich.

[82] Vgl. I, 279.

Anstoß geschieht, läßt sich aus dem absoluten Ich nicht ableiten; es läßt sich nur zeigen, daß er geschehen muß, soll ein wirkliches Bewußtsein möglich sein.[83]

Um das zu zeigen, und das ist eigentlich die Aufgabe der Geschichte des Selbstbewußtseins, muß zunächst geklärt werden, wie durch den Anstoß die Unterscheidung der beiden Tätigkeiten, der realen und der idealen, möglich wird.

Versuchen wir, der Argumentation Fichtes zu folgen: Im absoluten Ich sind die beiden Richtungen seiner Tätigkeit nicht zu unterscheiden, weil kein Drittes gegeben ist, ,,worauf sie bezogen werden können, oder welches auf sie bezogen werden könne''.[84] Damit muß gesagt werden: ,,beide Richtungen der Tätigkeit des Ich, die zentripetale, und zentrifugale, fallen zusammen, und sind nur Eine, und ebendieselbe Richtung''.[85] Nun wird die ,,ins Unendliche hinausgehende'' Tätigkeit des Ich in irgendeinem Punkt ($= C$) angestoßen und in sich selbst zurückgetrieben, ,,reflektiert''.[86]

Dadurch wird aber die zur Erklärung der ins Unendliche hinausgehenden Tätigkeit herangezogene ,,Forderung'' des reflektierenden Ich[87] nicht tangiert: ,,Jene Forderung des in der gegenwärtigen Funktion reflektierenden Ich, daß das durch dasselbe reflektierte Ich die Unendlichkeit ausfüllen solle, bleibt, und wird durch jenen Anstoß gar nicht eingeschränkt''.[88] Das reflektierende Ich findet aber in der Reflexion nun zweierlei vor:

1) Eine zentrifugale, in C begrenzte Tätigkeit.

2) Eine zentripetale, von C in das Ich zurückgehende Tätigkeit.[89]

Diese Argumentation erklärt aber nicht, was erklärt werden soll. Fichte selbst nennt in dem hier zu interpretierenden Zusammenhang die reale und die ideale Tätigkeit nicht. Vielleicht kann deshalb hier eine Schwierigkeit auftauchen, die ihren Grund in einer Äquivokation im Begriff ,,reflektiert'' bzw. ,,zentripetal'' hat.

Die zentripetale Tätigkeit ist zunächst[90] die Tätigkeit des Ich ,,inwie-

---

[83] Vgl. I, 275.

[84] I, 274.

[85] I, 275. Zuvor sagt Fichte, daß damit die ,,Forderung'' des reflektierenden Ich, daß das reflektierte Ich die Unendlichkeit ausfülle, erfüllt sei. Eine solche Feststellung kann hier aber eigentlich nicht getroffen werden, was Fichte selbst in Klammern anmerkt (274). Diese Stelle ist ein indirekter Beweis für unsere These: Die Einheit des absoluten Ich kann nur als Negation einer zuvor gesetzten Differenz ausgedrückt werden.

[86] Vgl. I, 275.

[87] Vgl. I, 274.

[88] I, 275.

[89] Vgl. I, 275.

[90] Vgl. I, 274.

fern es reflektierend ist".[91] Von der reflektierenden Tätigkeit des Ich ist auch in der Folge die Rede, aber als diejenige, die nach dem Anstoß unterschiedene Richtungen, eine zentrifugale und eine zentripetale vorfindet.[92] Die zentripetale Richtung, früher als die der reflektierenden Tätigkeit bezeichnet, entsteht nun dadurch, daß die ins Unendliche hinausgehende Tätigkeit in einem Punkt angestoßen und damit in die entgegengesetzte Richtung getrieben wird.[93]

Dies ist aber ein völlig anderer Begriff von „Reflexion" und damit von „zentripetal". Einmal ist das Reflektierende das Ich, ist Reflexion dessen Tätigkeit; das andere Mal ist das Reflektierende der Anstoß, Reflexion eine Wirkung des Anstoßes.

Diese Unklarheit hat letztlich darin ihren Grund, daß nicht unterschieden wird zwischen dem, was für uns ist, und dem, was für es (für das betrachtete Ich selbst) ist.[94]

Was ist in der bisherigen Betrachtung für uns? Wir haben im Ich zwei Tätigkeiten angenommen, jedoch zugleich gesagt, daß sie nicht zu unterscheiden seien: wir haben diese Tätigkeiten in Indifferenz gesetzt, d.h. dem absoluten Ich Indifferenz zugesprochen. Das bedeutet: Die Unterschiedenen waren als unterschiedene nur in unserer Reflexion. Durch den Anstoß aber sollen sie im Ich selbst unterschieden sein, aber – und das ist zu betonen – nur für uns, nicht schon für das Ich selbst. Fichte hält offenbar zwei Unterscheidungen, die er selbst gemacht hat, nicht auseinander, nämlich:

1) die zwischen dem, was nur in unserer Reflexion ist, und dem, was im Ich selbst ist. Dieser Unterschied ist der der beiden „Reihen" der WL; und

2) die zwischen dem, was nur für uns im Ich ist, und dem, was für es im Ich ist. Dieser Unterschied ist der, der für die zweite Reihe als solche konstitutiv ist.

Werden diese Unterscheidungen berücksichtigt, so muß gesagt werden: Durch den Anstoß wird bewirkt, daß die Unterscheidung zweier Richtungen nicht nur in unserer Reflexion, sondern im Ich selbst ist, daß der Unterscheidung etwas im Ich „korrespondiert", ihr mit „Rechte Realität zuzuschreiben" ist.[95] Das bedeutet aber noch nicht, daß die nun im Ich „unabhängig von unserer Reflexion vor-

---

[91] I, 274.

[92] Vgl. I, 275 f.

[93] Vgl. I, 275.

[94] Dieser Unterschied muß aber gemacht werden, da wir uns am Anfang der Geschichte des Selbstbewußtseins (der „zweiten Reihe") befinden.

[95] Vgl. I, 220 ff.

handne" [96] Unterscheidung auch für das Ich selbst ist. Dies aber ist behauptet, wenn das „in der gegenwärtigen Funktion reflektierende Ich" [97] zwei unterschiedene Richtungen vorfinden soll. Zwar wird sich zeigen, daß das Ich durch den Anstoß dazu gebracht wird zu reflektieren, aber diese Reflexion ist als Reflexion nur für uns, außerdem geht sie nicht auf unterschiedene Richtungen der Tätigkeit als solche.

Wie muß also die Wirkung des Anstoßes auf die in Indifferenz gesetzte Tätigkeit des Ich bestimmt werden? Durch den Anstoß wird die reale Tätigkeit gehemmt und damit in sich zurückgetrieben; zugleich geht sie als Streben über den Punkt, in dem sie gehemmt wurde, hinaus. Durch diese Hemmung wird die ideale (reflektierende) Tätigkeit aus ihrer Indifferenz befreit, sie kann nun auf den Anstoß reflektieren und ist, da sie durch den Anstoß nicht gehemmt wird, nun von der realen Tätigkeit verschieden. Die Unterscheidung zweier Richtungen der Tätigkeit[98] ist also für uns dadurch möglich, daß durch den Anstoß nur die eine Tätigkeit gehemmt wird, die andere jedoch nicht. Die beiden Tätigkeiten sind durch ein hinzukommendes Drittes zu unterscheiden – das bleibt also richtig[99] – dadurch, daß sie sich zu diesem Dritten (dem Anstoß) unterschiedlich verhalten.

Jetzt sind die Tätigkeiten im Ich selbst unterschieden, wenn auch nur für uns. Damit ist der Anfang der Geschichte des Selbstbewußtseins erreicht.[100]

Aus dem Anstoß auf die Tätigkeit des absoluten Ich ergibt sich ein anfänglicher Zustand. Dieser wurde früher als Zustand des Anschauens bezeichnet.[101] Damit ist aber nur der theoretische Aspekt der Geschichte des Selbstbewußtseins berücksichtigt. Zieht man den praktischen ebenso heran, so zeigt sich, daß der anfängliche Zustand anders be-

---

[96] Vgl. I, 220 ff.

[97] I, 275.

[98] Es fällt auf, daß hier einmal von zwei Richtungen der Tätigkeit, das andere Mal von zwei Tätigkeiten die Rede ist. Das hat seinen Grund darin, daß von zwei Richtungen gesprochen werden muß, wenn man den Unterschied von realer und idealer Tätigkeit nicht berücksichtigt.

[99] Vgl. I, 274.

[100] Unsere Interpretation scheint dem Text der *Grundlage* Gewalt anzutun. Es wird sich aber zeigen, daß die nun zu interpretierenden §§ 6–11 der *Grundlage* einen Anfang genau in der von uns beschriebenen Struktur voraussetzen. Das ganze nächste Kapitel muß daher als Erweis unserer These angesehen werden. Vgl. zu der hier vorgelegten Interpretation des § 5 der *Grundlage* das erst nach Fertigstellung dieser Arbeit erschienene Buch von W. Janke: *Fichte. Sein und Reflexion. Grundlagen der kritischen Vernunft* (Berlin 1970). Janke geht in seinen Interpretationen der §§ 1–5 der *Grundlage*, denen er den I. Teil seines Buches widmet, auf die Notwendigkeit der Unterscheidung zweier Reihen der Wissenschaftslehre mit keinem Wort ein und kommt wohl nicht zuletzt deswegen zu völlig anderen Ergebnissen. Das betrifft vor allem auch die endgültige Wesensbestimmung des absoluten Ich. Vgl. diese Arbeit, Kap. 9 und Janke, a.a.O., S. 181 ff.

[101] Vgl. I, 225.

stimmt werden muß. Zunächst muß nämlich gezeigt werden, wie das Begrenztsein des Ich im Hinblick auf dessen reale Tätigkeit bestimmt ist. Geht man von der praktischen WL, also von diesem ursprünglichen Begrenztsein, aus, so läßt sich in der Entwicklung des Ich genau die Stufe aufzeigen, an der der Zustand des Anschauens auftritt. Diesem liegt somit etwas voraus, was aber im Rahmen der theoretischen WL nicht geklärt werden kann. Das Anschauen ist der Anfang der Intelligenz, aber nicht der Anfang des Ich überhaupt.

6. KAPITEL

ANSÄTZE ZUR DURCHFÜHRUNG
DER PRAKTISCHE ASPEKT

§ 25. Sinn und Grenzen der folgenden Interpretationen

Transzendental-Philosophie wird im Rahmen der Wissenschaftslehre
von 94/95 Geschichte des Selbstbewußtseins. Wir haben, Hinweise
Fichtes aufnehmend, Methode und Anfang einer Geschichte des Selbstbewußtseins vorläufig erörtert und dabei einige Theoreme heraus-
gestellt, die für eine Geschichte des Selbstbewußtseins notwendig sind.
Die nun folgenden Interpretationen müssen zeigen, daß Fichte entscheidende Passagen seiner Wissenschaftslehre genau jenen Theoremen
entsprechend dargestellt hat.

Die Aufgabe der folgenden Interpretationen, im wesentlichen eine
Bestätigung unserer Thesen zu sein, bestimmt deren Sinn und Umfang:
sie werden mehr darstellend als eigentlich diskutierend sein.

Die Interpretation der §§ 6 bis 11 der *Grundlage*, der wir uns nun
zuzuwenden haben, wird durch eine bisher nicht gesehene methodische
Zweideutigkeit derselben erschwert. Wir haben gesehen, daß sich im
Übergang von der ersten Reihe der Reflexion zur zweiten die synthetische Methode verändert. Die Methode der zweiten Reihe besteht, wie
gezeigt, darin, dem Ich in seiner durch den Widerstreit entgegengesetzter Tätigkeiten bestimmten Entwicklung zuzusehen, dem Gang der
Begebenheiten zu folgen, wie Fichte sagt. Neben dieser Methode verfolgt Fichte aber auch weiterhin die ursprüngliche synthetische
Methode, so z.B. wenn er den Begriff des Strebens analysiert, wenn
dem Streben des Ich ein Gegenstreben des Nicht-Ich entgegengesetzt
und als Synthesis beider das Gleichgewicht zwischen ihnen gesetzt
wird.[1]

Wir werden unserer Aufgabe gemäß versuchen, das erste methodische Prinzip gegen die teilweise verwirrenden Tendenzen des zweiten

---

[1] So in § 6 und zum Teil in § 7 der *Grundlage*.

Prinzips, dem der synthetischen Methode der ersten Reihe, zur Geltung zu bringen.

Bei den folgenden Interpretationen ist daher für die Lösung unserer Aufgabe weniger das Ergebnis, zu dem Fichte kommt, als vielmehr die Methode, mit der es erzielt wird, interessant. Wir werden versuchen, unter konsequenter Festhaltung der Unterscheidung „für uns – für es" eine Art Stufenfolge zu gewinnen, die das Ich in seiner Entwicklung durchläuft.

§ 26. Vom Anstoß zur ersten Reflexion. Das Gefühl

Das absolute Ich, auf das der Anstoß erfolgt, ist als Indifferenz der realen und idealen Tätigkeit bestimmt. Die reale Tätigkeit ist der Grund dafür, daß das Ich begrenzt sein kann und durch den Anstoß auf dieselbe wirklich begrenzt ist.

Wir untersuchen zunächst, wie das Begrenztsein des Ich im Hinblick auf dessen reale Tätigkeit zu bestimmen ist, und zwar wie es „für uns" bestimmt ist. Von der idealen Tätigkeit sei vorläufig abgesehen.

Reale Tätigkeit ist die Weise, wie das Ich Kausalität hat. Nun wird die reale Tätigkeit durch den Anstoß begrenzt; sie hat demnach keine Kausalität und muß deshalb, wie schon früher gezeigt, als Streben bestimmt werden.

In § 6 der *Grundlage* entwickelt Fichte, wie der Begriff des Strebens den Begriff des Gegenstrebens und des Gleichgewichts beider impliziert.[2] In § 7 wird nun gefragt: Als was sind Streben, Gegenstreben und Gleichgewicht im Ich, wie äußern sie sich im Ich.[3]

Im Begriff des Strebens, dem Begriff einer Ursache, die nicht Ursache ist, liegt, daß sie eine bestimmte, nicht durch sich selbst begrenzte Quantität Tätigkeit, ein bestimmtes Quantum an Kraft ist. Die Begrenzung einer Kraft ist nur möglich durch ein ihr gleiches Quantum einer entgegengesetzten Kraft, die ihr das Gleichgewicht hält. Ein auf diese Weise durch ein Gegenstreben festgesetztes, gleichsam stillgestelltes Streben nennt Fichte „Trieb".[4]

Das Streben hat notwendig Kausalität; diese Kausalität aber kann nicht auf das Gegenstrebende gehen, weil dieses dadurch vernichtet

---

[2] Vgl. I, 285 ff.

[3] Hier zeigt sich deutlich das Schwanken der Methode. § 6 folgt noch ganz der alten synthetischen Methode, § 7 nicht.

[4] I, 287. – Zur Interpretation der praktischen WL insgesamt vgl. W. G. Jacobs, *Trieb als sittliches Phänomen. Eine Untersuchung zur Grundlegung der Philosophie nach Kant und Fichte.* Bonn 1967.

würde, mithin überhaupt kein Streben vorhanden wäre. Die Kausalität muß daher in sich selbst zurückgehen, sich selbst produzieren: „Ein sich selbst produzierendes Streben aber, das festgesetzt, bestimmt, etwas Gewisses ist, nennt man einen Trieb".[5]

So ist durch die Begrenzung des Strebens durch ein Gegenstreben für uns im Ich ein Trieb gesetzt. Dies Begrenztsein des Ich als Zustand ist vergleichbar mit dem Zustand einer durch einen anderen Körper eingedrückten elastischen Kugel.[6] In ihr ist eine „innere Kraft" gesetzt, ein „unmittelbares Streben zur Kausalität auf sich selbst, die aber, wegen des äußeren Widerstandes, keine Kausalität hat. Es ist Gleichgewicht des Strebens, und des mittelbaren Gegendruckes im Körper selbst, also dasjenige, was wir oben Trieb nannten".[7]

Der durch den Anstoß auf die reale Tätigkeit des Ich in ihm für uns gesetzte Trieb ist also „eine innere, sich selbst zur Kausalität bestimmende Kraft".[8]

Wir haben das Ich bisher als einen ohne Reflexion strebenden, d.h. elastischen Körper betrachtet. Ein solcher Körper hat nur eine Kausalität außer sich. Da diese durch den Widerstand zurückgehalten wird, bleibt die Selbstbestimmung, die im Begriff des Triebes impliziert ist,[9] ohne Folgen. „Gerade so verhält es sich mit dem Ich, inwiefern es ausgeht auf eine Kausalität außer sich"[10] – d.h. sofern wir nur seine reale Tätigkeit betrachten.

Wir müssen nun auch die ideale Tätigkeit betrachten, denn das Ich, auf das der Anstoß erfolgt, ist Indifferenz der realen und idealen Tätigkeit. Fichte schreibt: „Aber das Ich, eben darum, weil es ein Ich ist, hat auch eine Kausalität auf sich selbst; die, sich zu setzen, oder die Reflexionsfähigkeit".[11] Damit kommt die ideale Tätigkeit ausdrücklich ins Spiel. Diese wird, sofern sie sich in Indifferenz mit der realen Tätigkeit befindet, auch „Tendenz über sich selbst zu reflektieren"[12] oder „Reflexionstrieb"[13] genannt. Genau diese Tendenz wird durch die im Trieb gegebene Begrenzung des Ich – das Ich kann nur über sich reflektieren, wenn es begrenzt ist[14] – aktualisiert: „Der Trieb soll die

---

[5] I, 287.
[6] Vgl. I, 292.
[7] I, 292.
[8] I, 293.
[9] Vgl. I, 293.
[10] I, 293.
[11] I, 293.
[12] I, 289.
[13] I, 291.
[14] Vgl. z.B. I, 288; I, 259.

Kraft des Strebenden selbst bestimmen; inwiefern nun diese Kraft im Strebenden selbst sich äußern soll, wie die Reflexion es soll, muß aus der Bestimmung durch den Trieb notwendig eine Äußerung erfolgen; ... Also, aus dem Triebe folgt notwendig die Handlung der Reflexion des Ich auf sich selbst".[15]

Damit ist für uns im Ich außer dem Trieb auch eine Reflexion des Ich auf sich selbst gesetzt.

Jetzt ist verständlich, wieso Fichte sagen kann, daß durch den Anstoß die ins Unendliche gehende Tätigkeit des Ich reflektiert, also zentripetal wird.[16] Es ist gar nicht die reale Tätigkeit, die als reflektierte in das Ich zurückgeht, sondern es ist die aus ihrer Indifferenz mit der realen Tätigkeit befreite ideale Tätigkeit. Dies wird im folgenden bestätigt: „Auch hier wird recht deutlich, was ideale Tätigkeit heiße, und was reale; wie sie unterschieden seien, und wo ihre Grenze gehe. Das ursprüngliche Streben des Ich ist als Trieb, als lediglich im Ich selbst begründeter Trieb betrachtet, ideal, und real zugleich. Die Richtung geht auf das Ich selbst, es strebt durch eigene Kraft; und auf etwas außer dem Ich: aber es ist da nichts zu unterscheiden".[17] Dies Zitat ist eine wichtige Bestätigung für unsere These, daß das absolute Ich als Indifferenz der realen und idealen Tätigkeit angesehen werden muß. – Fichte fährt fort: „Durch die Begrenzung, vermöge welcher nur die Richtung nach außen aufgehoben wird, nicht aber die nach innen, wird jene ursprüngliche Kraft gleichsam geteilt: und die übrigbleibende in das Ich selbst zurückgehende ist die ideale".[18] Es wird sich später zeigen, wie diese ursprünglich zentripetale ideale Tätigkeit durch den Trieb nach außen getrieben wird, wodurch sie die Produktion der Welt übernimmt.

Durch die mit dem Trieb gegebene Begrenzung wird im Ich die Tendenz zur Reflexion aktualisiert. Was entsteht durch diese Reflexion im Ich? Durch diese Reflexion setzt sich das Ich als begrenzt; es wird begrenzt „für sich selbst".[19]

Bisher war das Ich für uns nur begrenzt, jetzt setzt es sich als begrenzt, aber auch nur für uns. Damit ist das Ich als Ich für uns da; vorher war es nicht als Ich. Dieses sich Begrenzen des Ich ist für uns,

---

[15] I, 293.

[16] Vgl. I, 275.

[17] I, 294. – Nach der soeben referierten Definition von Trieb dürfte dieses „ursprüngliche Streben des Ich" gerade nicht Trieb heißen, da ein „Zustand" des Ich vor der Begrenzung durch den Anstoß gemeint ist. Solches Schwanken der Terminologie ist für die praktische WL aber typisch.

[18] I, 294.

[19] Vgl. I, 297.

wie vorgreifend gesagt werden muß, zugleich das Setzen eines Nicht-Ich da es notwendig nach der Wechselbestimmung der Substantialität geschieht. Für uns ist die Reflexion zugleich die Produktion des Nicht-Ich. Für das Ich selbst ist das Nicht-Ich, als Grund der Begrenzung, erst viel später.

Die genannte Reflexion aber, durch die das Ich sich als begrenzt setzt, ist wesentlich unbewußt: ,,In dieser Reflexion auf sich selbst nun kann das Ich, als solches, nicht zum Bewußtsein kommen, weil es seines Handelns unmittelbar sich nie bewußt wird''.[20] Diese Reflexion ist als Reflexion demnach nur für uns. Was ist sie aber für das Ich selbst? Für das Ich ist diese Reflexion überhaupt nicht, da das Ich für uns durch diese Reflexion allererst da ist.[21] Fichte schreibt: ,,Es ist etwas da, für welches etwas da sein könne, ohnerachtet es für sich selbst noch nicht da ist''.[22]

Genau von dieser Stelle ab tritt innerhalb der Geschichte des Selbstbewußtseins der früher systematisch abgeleitete Unterschied zwischen dem ,,für uns'' und dem ,,für es'' auf. Alles, was vor dieser Reflexion liegt, ist nur für uns.

Durch diese unbewußte Reflexion entsteht nun etwas für das Ich: ein Gefühl, d.h. etwas, das für das Ich den Charakter reiner Unmittelbarkeit hat. Das Gefühl ist die Weise, wie das sich als begrenzt Setzen für das Ich selbst erscheint.

Es kommt nun darauf an, die im Zustand des Gefühls implizierten, sich wechselseitig bedingenden Momente zu bestimmen.

Zwei Momente wurden vordeutend schon in § 7 der *Grundlage* genannt, wo gezeigt werden soll, wie das Gleichgewicht zwischen Streben und Gegenstreben als solches gesetzt werden kann, oder, anders gesprochen, wie das Gleichgewicht sich im Ich äußert.[23] Das Gefühl wurde als eine Äußerung des Gleichgewichtes bezeichnet. Das Gefühl ist der anfängliche Zustand des Ich; es ist das, was auf Grund des Anstoßes im Ich selbst für uns gesetzt ist.

Die beiden im Begriff des Gefühls implizierten Momente sind Angehaltensein und Weiterwollen. Das Ich soll für sich selbst angehalten sein. Damit aber ist das zweite Moment gesetzt. ,,Was nichts weiter will, bedarf, umfaßt, das ist – es versteht sich, für sich selbst – nicht

---

[20] I, 295. – Daß das Ich seines Handelns unmittelbar sich nie bewußt wird, ist eine entscheidende These, von der die Möglichkeit einer Geschichte des Selbstbewußtseins bei Fichte (und auch bei Schelling) abhängt. Diese These hat, wie früher schon gezeigt, ihren letzten Grund in dem vorausgesetzten Begriff des Bewußtseins.

[21] Vgl. I, 295 und I, 359 f.

[22] I, 295.

[23] Vgl. I, 288 f. – Wie gezeigt, äußert sich das Streben im Ich als Trieb.

eingeschränkt".[24] Nur im Hinblick auf ein zugleich gegebenes Weiterwollen hat das Beschränktsein den Charakter des Zwangs, des Nicht-
Könnens. Das Beschränktsein, das durch die Reflexion für das Ich ist,
äußert sich als Zwang, als Nicht-Können. Und eben dies nennt Fichte
Gefühl: ,,Die Äußerung des Nicht-Könnens im Ich heißt ein Gefühl".[25]
Daß zu diesem Nicht-Können die Begrenzung der realen Tätigkeit von
außen gehört[26] ist klar, da diese Begrenzung die Bedingung der Reflexion ist. Durch die Reflexion entsteht also für das Ich ein Gefühl
des Zwanges.[27] Die so bestimmte Beschränkung kann aber nur für das
Ich sein, wenn auch das Weiterwollen für das Ich ist, sich in irgendeiner
Weise in ihm äußert.

Durch die genannte Forderung entsteht aber eine methodische
Schwierigkeit, sofern sich das Weiterwollen oder der Trieb nach außen
erst im Gefühl des Sehnens[28] äußert, welches sogar, wie sich zeigen
wird, die Bedingung für das Gefühl der Begrenzung ist.[29] Fichte hilft
sich damit, daß das Weiterwollen auf dieser Stufe, die die Stufe des
Lebendigen ist,[30] noch nicht als Weiterwollen, als Trieb nach außen
für das Ich ist.

Für das Ich ist auf dieser Stufe eine innere treibende, gleichsam noch
richtungslose Kraft: ,,Aber für dasselbe ist notwendig da eine innere
treibende Kraft, welche aber, da gar kein Bewußtsein des Ich, mithin
auch keine Beziehung darauf möglich ist, bloß gefühlt wird".[31] Für das
Ich ist auf dieser Stufe das Weiterwollen in der Gestalt eines ,,Kraft-
gefühls".[32] Wenn so das Weiterwollen noch nicht für das Ich selbst ist,
so ist es doch für uns. Für uns wird das Ich hinaus außer sich getrieben.
Wie erklärt sich aber für uns diese Unterscheidung von innen und
außen?

Hinsichtlich des Triebes, der als ,,innere, sich selbst zur Kausalität
bestimmende Kraft" [33] bezeichnet werden muß, kann gesagt werden,
er sei bloß im Subjekt und gehe ,,seiner Natur nach nicht außerhalb des
Umkreises desselben heraus".[34] Es kommt also darauf an zu zeigen,

[24] I, 289.
[25] I, 289.
[26] I, 289.
[27] Vgl. I, 303: ,,Der Trieb des durch das Nicht-Ich begrenzten und lediglich dadurch eines
Triebes fähigen Ich bestimmt das Reflexionsvermögen, und dadurch entsteht ein Gefühl des
Zwanges".
[28] Die Bestimmung des Sehnens erfolgt erst in § 10 der *Grundlage*.
[29] Vgl. I, 303.
[30] Vgl. I, 296.
[31] I, 295.
[32] I, 296.
[33] I, 293.
[34] I, 288.

wie ein solches Außerhalb, zu dem das Ich getrieben wird, möglich ist.

Dieses Außerhalb wird dadurch möglich, daß der Trieb, der ja eine eigene Weise von Kausalität hat, zwar nicht die reale, wohl aber die ideale Tätigkeit bestimmen kann und bestimmt: „Die ideale, lediglich vom Ich selbst abhängende ((Tätigkeit – d.Verf.)), aber kann er bestimmen, und muß sie bestimmen, so gewiß er ein Trieb ist. – Es geht demnach die ideale Tätigkeit hinaus, und setzt etwas, als Objekt des Triebes; als dasjenige, was der Trieb hervorbringen würde, wenn er Kausalität hätte".[35] Der Trieb bestimmt die ideale Tätigkeit also nicht nur zur Reflexion, er bestimmt sie auch, über die durch die Reflexion gesetzte, d.h. gefühlte Grenze hinaus zu gehen.

Durch dieses Hinausgehen der idealen Tätigkeit wird allererst verständlich, wie das Ich sich hinaus außer sich getrieben fühlen kann. Die über die Grenze hinausgehende ideale Tätigkeit hat den Charakter der „Produktion".[36] Diese Produktion ist aber, genau wie die früher beschriebene Reflexion, nur für uns: „Diese Produktion, und das Handelnde in derselben kommt hier noch gar nicht zum Bewußtsein;..." [37] Durch diese Produktion entsteht für das Ich gar nichts; es soll, so sagt Fichte, nur erklärt werden, „wie das Ich sich fühlen könne, als getrieben nach irgendetwas Unbekanntem..." [38] Dies Gefühl des Getriebenseins ist notwendig, wenn das Gefühl der Beschränkung den Charakter des Gezwungenseins haben soll. Damit ist aber der Trieb nach außen noch nicht als solcher für das Ich selbst gesetzt. Dies wird erst möglich, wenn das Ich sich in einer zweiten Reflexion für sich selbst begrenzt hat.[39]

Und so ist denn bestimmt, wie das Ich als Ich begrenzt sein kann. Fichte formuliert das Ergebnis: „Das Ich fühlt sich nun begrenzt, d.i. es ist begrenzt für sich selbst, und nicht etwa, wie schon vorher, oder wie der leblose elastische Körper, bloß für einen Zuschauer außer sich".[40]

Fragen wir abschließend noch einmal: Was ist auf der jetzt erreichten Stufe, die die Stufe des Lebendigen ist,[41] für uns und was ist für es, für das Ich selbst?

Für uns setzt sich das Ich durch die auf Grund der Beschränkung der realen Tätigkeit frei gesetzten idealen Tätigkeit als begrenzt. In

[35] I, 296.
[36] I, 296.
[37] I, 296.
[38] I, 296.
[39] Vgl. I, 305.
[40] I, 297.
[41] Vgl. I, 296.

dieser Funktion hat die ideale Tätigkeit den Charakter der Reflexion. Zugleich setzt die ideale Tätigkeit etwas, das außerhalb des sich als begrenzt setzenden Ich liegt. In dieser Funktion hat die ideale Tätigkeit den Charakter der Produktion. Beides geht notwendig Hand in Hand, und zwar gemäß der Wechselbestimmung der Substantialität. Dies aber ist der theoretische Aspekt dieser Stufe; auf ihn wird später einzugehen sein. Hier ist die doppelte Funktion der idealen Tätigkeit im Hinblick auf den Trieb betrachtet. Hier stellt sich die Sache so dar, daß der Trieb, der die reale Tätigkeit nicht bestimmen kann, dennoch die ideale Tätigkeit bestimmt. Er bestimmt sie einerseits zur Reflexion, andererseits zur Produktion eines Objekts.

Für das Ich selbst ist auf dieser Stufe nur ein Gefühl. Es fühlt sich begrenzt; dennoch ist es für sich selbst noch nicht da.

§ 27. Die zweite Reflexion. Das Selbstgefühl

Zur Fortsetzung unserer Betrachtungen haben wir von dem auszugehen, was durch die erste Reflexion für das Ich selbst gesetzt ist.

Dadurch, daß das Ich sich begrenzt fühlt, ist seine Tätigkeit für es selbst aufgehoben. (Für uns hat es durch ideale Tätigkeit ein Objekt des Triebes außer sich produziert.) Fichte stellt fest: ,,Diese gänzliche Vernichtung der Tätigkeit widerstreitet dem Charakter des Ich. Es muß demnach so gewiß es ein Ich ist, dieselbe, und zwar für sich, wiederherstellen, d.h. es muß sich wenigstens in die Lage setzen, daß es sich, wenn auch etwa erst in einer künftigen Reflexion frei, und unbegrenzt setzen könne''.[42] Das, was das Ich auf Grund der ersten Reflexion für sich selbst ist, widerstreitet dem, was es für uns ist. Für uns ist es aber, ,,laut unserer Deduktion desselben'',[43] absolute, reine Tätigkeit.

Das Ich muß nun das, was es für uns ist, auch für sich selbst werden.[44] Deshalb geschieht die Wiederherstellung seiner Tätigkeit ,,durch absolute Spontaneität, lediglich zufolge des Wesens des Ich, ohne allen besonderen Antrieb''.[45] In dieser Spontaneität liegt der Ursprung des Bewußtseins und damit die ,,Grenze'' zwischen bloßem Leben (Gefühl) und Intelligenz. Diese ,,Grenze'' aber ist ein Abgrund, der keinen Übergang zuläßt: ,,Durch kein Naturgesetz, und durch keine Folge aus

---

[42] I, 298.
[43] I, 298.
[44] Vgl. I, 290 f.
[45] I, 298.

dem Naturgesetze, sondern durch absolute Freiheit erheben wir uns zur Vernunft, nicht durch Übergang, sondern durch einen Sprung. –" [46]

Die geforderte Handlung des Ich ist eine solche der idealen Tätigkeit. Als diese hat sie notwendig ein Objekt, das aber, da die Tätigkeit einzig vom Ich selbst abhängt, im Ich selbst liegen muß. Im Ich selbst ist aber nichts gesetzt als das Gefühl. Also ist jene mit absoluter Spontaneität erfolgende Handlung eine Reflexion auf das Gefühl. [47]

Auch hinsichtlich dieser zweiten Reflexion ist genau zu unterscheiden, was mit ihr für uns und was mit ihr für das Ich selbst gegeben ist. Die Reflexion ist, da sie notwendig unbewußt bleibt, als Reflexion nur für uns. Sie geht auf das Gefühl; dieses ist aber für uns ebenfalls Reflexion. Damit ist die geforderte Handlung für uns eine Reflexion auf eine Reflexion. Fichte betrachtet die zweite Reflexion zunächst, sofern sie auf das Reflektierende der ersten Reflexion geht. Die zweite Reflexion findet etwas vor, was ihr gleich ist. Damit ist der entscheidende Schritt getan: ,,Tätigkeit geht auf Tätigkeit; das in jener Reflexion Reflektierende, oder, das Fühlende wird demnach gesetzt als Ich; die Ichheit des in der gegenwärtigen Funktion Reflektierenden, das als solches gar nicht zum Bewußtsein kommt, wird darauf übertragen". [48]

Die mit absoluter Spontaneität erfolgende Handlung des Ich geht auf es selbst; damit bestimmt das Ich sich selbst. Das Fühlende kann daher nur als Ich gesetzt werden, sofern es durch sich selbst zum Fühlen bestimmt ist, d.h. sofern es ,,sich selbst, und seine eigene Kraft in sich selbst fühlt". [49] Fühlt das Ich sich selbst, so ist damit auch das Gefühlte das Ich. Das Ich ist somit als Ich gesetzt, sofern es das Fühlende und das Gefühlte zugleich ist: ,,In der gegenwärtigen Reflexion wird das Ich gesetzt als Ich, lediglich inwiefern es das Fühlende, und das Gefühlte zugleich ist, und demnach mit sich selbst in Wechselwirkung steht". [50]

Wie kann das Ich als das Fühlende und das Gefühlte zugleich gesetzt werden? Zur Beantwortung dieser Frage zeigt Fichte zunächst, daß das Ich in einer doppelten Hinsicht zugleich als tätig und als leidend bestimmt ist.

Bezüglich der Reflexion als Ursprung des Gefühls ist das Fühlende tätig, sofern es das Reflektierende ist, und das Gefühlte leidend als

[46] I, 298.
[47] Vgl. I, 298.
[48] I, 299.
[49] I, 299.
[50] I, 299.

Objekt der Reflexion. Bezüglich des Triebes, der die Reflexion bewirkt ist es umgekehrt: Das Fühlende ist leidend, sofern es sich getrieben fühlt; entsprechend ist das Gefühlte, nämlich der Trieb, tätig.[51]

Das Fühlende soll tätig und leidend zugleich sein. Fichte stellt fest: „Das Fühlende ist tätig in Beziehung auf das Gefühlte; und in dieser Rücksicht ist es nur tätig".[52] Dies ist es für sich selbst. Daß es durch den Trieb zur Reflexion bestimmt wird,[53] ist nur für uns: „Daß es zur Reflexion getrieben ist, kommt in ihr nicht zum Bewußtsein ... Er ((der Reflexionstrieb – d. Verf.)) fällt in das, was Gegenstand des Fühlenden ist, und wird in der Reflexion über das Gefühl nicht unterschieden".[54] In diesem Sinn ist also das Fühlende für es selbst tätig. Es soll aber auch für es selbst leidend sein, und zwar in Beziehung auf einen Trieb. „Dies ist der nach außen, von welchem es wirklich getrieben wird, ein Nicht-Ich durch ideale Tätigkeit zu produzieren".[55]

Diese Produktion eines Nicht-Ich durch ideale Tätigkeit ist aber nur für uns: „Nun ist es in dieser Funktion allerdings tätig, aber gerade wie vorher auf sein Leiden, wird auf diese seine Tätigkeit nicht reflektiert".[56] Für sich selbst ist das Fühlende daher in dieser Hinsicht leidend, gezwungen. Es fühlt den Zwang, „etwas als wirklich vorhanden zu setzen".[57] In diesem Sinn ist also das Fühlende für sich selbst leidend.

Auch das Gefühlte soll tätig und leidend zugleich sein: „Das Gefühlte ist tätig durch den Trieb auf das Reflektierende zur Reflexion".[58] Daß das Reflektierende zur Reflexion getrieben wird, ist nach dem vorigen nur für uns, nicht aber für das Ich selbst. Leidend ist das Gefühlte als Objekt der Reflexion. Aber wieder ist die Reflexion nur für uns als Reflexion. Durch diese Reflexion aber ist das Ich, sofern es gesetzt ist als sich fühlend, „leidend gesetzt in einer anderen Beziehung; nämlich inwiefern es begrenzt ist, und insofern ist das Begrenzende ein Nicht-Ich".[59]

Für uns liegt der Ursprung dieser Begrenzung in der Reflexion. Für es selbst liegt der Ursprung seiner Begrenzung in einem Nicht-Ich: „Jeder Gegenstand der Reflexion ist notwendig begrenzt; er hat eine bestimmte Quantität. Aber im und beim Reflektieren wird diese Be-

[51] Vgl. I, 300.
[52] I, 300.
[53] Vgl. I, 293.
[54] I, 300.
[55] I, 300.
[56] I, 300.
[57] I, 300.
[58] I, 300.
[59] I, 300.

grenzung nie von der Reflexion selbst abgeleitet, weil insofern auf dieselbe nicht reflektiert wird".[60]

Fassen wir zusammen: Für uns hat das Ich aus absoluter Spontaneität über sich, sofern es durch das Gefühl bestimmt ist, reflektiert und dadurch die Ichheit des Reflektierenden auf das Reflektierte übertragen. Das Ich ist nun das Fühlende, das aber nichts als sich selbst fühlt. Durch die zweite Reflexion hat das Ich sich selbst bestimmt. Es ist als das Bestimmende und das Bestimmte zugleich gesetzt.[61] Es ist als das Bestimmende gesetzt, sofern es das Reflektierende ist; als das Bestimmte, sofern es selbst zugleich Objekt der Reflexion ist. Was sich selbst bestimmt, ist das Bestimmende und Bestimmte zugleich.

Für sich selbst ist das Ich nun da als Fühlendes. Es fühlt sich begrenzt durch ein Nicht-Ich, dessen Realität es fühlt.[62] Es ist für sich selbst als Begrenztes. Das Ich ist bestimmt als Selbstgefühl.[63] Es ist jetzt für sich selbst das, was es auf der vorigen Stufe nur für uns war.

§ 28. Die dritte Reflexion. Das Sehnen

Das Verhältnis des nun folgenden § 10 der *Grundlage* zu den vorangehenden ist nicht leicht zu durchschauen. Ein Hinweis ergibt sich aus einer Stelle in § 9, die zeigt, daß die Betrachtung etwas ausschließt, liegen läßt, was später nachgeholt werden soll: „Nur das Fühlende ist das Ich, und nur der Trieb, inwiefern er das Gefühl, oder die Reflexion bewirkt, gehört zum Ich. Was über diese Grenze hinaus liegt, – wenn etwas über sie hinaus liegt, und wir wissen allerdings, daß etwas, nämlich der Trieb nach außen über sie hinaus liegt – wird ausgeschlossen; und dies ist wohl zu merken, denn das Ausgeschlossne wird zu seiner Zeit wieder aufgenommen werden müssen".[64] Dieser Trieb nach außen ist das im Gefühl des Zwanges, des Nicht-Könnens, notwendig

---

[60] I, 301.
[61] Vgl. I, 310.
[62] Vgl. I, 301.
[63] Der Gebrauch des Terminus „Selbstgefühl" schwankt bei Fichte. Einmal wird Selbstgefühl gebraucht zur Bezeichnung des Zustandes nach der ersten Reflexion (I, 296, 323). Dann aber zur Bezeichnung des Zustandes nach der zweiten Reflexion (I, 305; 307). I, 307 sagt Fichte ausdrücklich, daß sich die zweite Reflexion, durch das Ich sich selbst bestimmt, als Selbstgefühl äußert. Wir gebrauchen den Terminus in der zweiten Bedeutung. Von Selbstgefühl sprechen wir erst, sofern das Ich für sich selbst da ist, und zwar als Fühlendes. Das Ich ist zwar schon durch die erste Reflexion als Fühlendes gesetzt, und zwar so, das es dabei sich selbst fühlt. Aber das Ich ist für sich selbst noch nicht da; es fühlt, wie man von einem Lebendigen sagen kann, daß es fühlt.
[64] I, 299.

implizierte Weiterwollen als solches.[65] Der Trieb nach außen ist damit
für uns bereits in und mit der ersten Reflexion gesetzt.[66]

Die Aufgabe ist nun zu zeigen, wie dieser Trieb nach außen auch für
das Ich selbst gesetzt wird. Dieser Trieb wird für das Ich selbst gesetzt,
indem das Ich über ihn reflektiert:[67] „Nun kann das Ich nur über sich
selbst, und dasjenige, was für dasselbe, und in ihm ist, was gleichsam
demselben zugänglich ist, reflektieren".[68] Aus diesem Grund ging auch
die zweite, die spontane Reflexion auf das Gefühl, weil nur das Gefühl
im Ich vorhanden war. Wie, oder als was ist aber der Trieb im Ich,
was hat er bewirkt, als was stellt er sich dar?[69]

Der Trieb war bisher nur betrachtet worden, sofern er die ideale
Tätigkeit bestimmt, ein Nicht-Ich zu produzieren. „Nun aber geht der
ursprüngliche Trieb gar nicht auf bloße ideale Tätigkeit, sondern auf
Realität aus; und das Ich ist durch ihn daher bestimmt zur Hervorbringung einer Realität außer sich . . ." [70] Dies aber ist unmöglich, da
das Streben des Ich nie Kausalität haben kann; – die reale Tätigkeit
ist durch den Anstoß festgestellt. Da sie aber andererseits „vermöge
ihres eignen innern Wesens" [71] nicht gehemmt werden kann, geht sie
als Streben auch über den Punkt der Begrenzung hinaus. Soll nun der
Trieb nach außen, als solcher ist das Streben hier anzusehen, eigens
durch Reflexion gesetzt werden, so ist eine Begrenzung dieses Triebes
anzugeben, da diese Begrenzung die Bedingung der Reflexion ist.[72]

In der zweiten Reflexion, durch die es sich als das Fühlende setzte,
hat das Ich sich selbst begrenzt. Es hat durch unbewußte Produktion
ein Nicht-Ich gesetzt, dessen Realität es fühlt. Durch dieses Nicht-Ich
ist nun aber auch der Trieb nach außen beschränkt. Damit ist die Bedingung der Reflexion gegeben, und das Ich reflektiert mit Notwendigkeit über seinen Zustand: „In dieser Reflexion nun vergißt das Reflektierende sich selbst, wie immer, und sie kommt daher nicht zum Bewußtsein. Ferner geschieht sie auf einen bloßen Antrieb, es ist demnach
in ihr nicht die geringste Äußerung der Freiheit, und sie wird, wie oben,
ein bloßes Gefühl".[73]

---

[65] Vgl. I, 289.
[66] Vgl. I, 296.
[67] Vgl. I, 301.
[68] I, 301 f.
[69] Vgl. I, 302.
[70] I, 302.
[71] Vgl. I, 265.
[72] Diese Bedingung konnte in § 9 noch nicht angegeben werden. – Vgl. I, 296 f.
[73] I, 302.

Mit dieser dritten Reflexion, die wie die erste nezessitiert ist, ist wieder eine neue Stufe des Ich erreicht.

Wie ist der Zustand des Ich, auf den die Reflexion geht, zu bestimmen? Durch den Trieb nach außen, der aber durch die Selbstbegrenzung des Ich beschränkt ist, wird das Ich „in sich selbst – außer sich getrieben".[74] Seine Tätigkeit „geht auf ein Objekt, welches dasselbe nicht realisieren kann, als Ding, noch auch darstellen, durch ideale Tätigkeit".[75] Diese Bestimmung des Ich nennt Fichte „Sehnen".[76] Der Trieb nach außen, der für uns schon im Gefühl des Zwanges, des Nicht-Könnens impliziert ist, wird durch die Selbstbegrenzung des Ich ein Sehnen.

Auf Grund der im Sehnen gegebenen Begrenzung geschieht notwendig die Reflexion des Ich über sich selbst, wordurch das Sehnen auch für das Ich selbst gesetzt wird. Da die Reflexion aber nicht als Reflexion zum Bewußtsein kommt – als Reflexion ist sie nur für uns –, so hat das Sehnen für das Ich den Charakter eines Gefühls: „Das Ich fühlt in sich ein Sehnen; es fühlt sich bedürftig".[77]

Damit ist nicht nur die Begrenzung für das Ich selbst gesetzt, sondern auch das Hinaus über die Grenze, das Weiterwollen. Beides hat für das Ich selbst die Gestalt eines Gefühls. Wieder ist etwas, was bisher nur für uns war, nun als für das Ich selbst vorhanden gesetzt.

Das Verhältnis dieser beiden Gefühle des Ich zueinander ist so bestimmt, daß sie sich wechselseitig bedingen. Ohne das Gefühl der Beschränkung ist das Gefühl des Sehnens unmöglich. Wie ohne Beschränkung das Sehnen (Streben) kein Sehnen wäre, sondern Kausalität hätte, so kann auch das Sehnen nicht gefühlt werden, wenn nicht zugleich die Beschränkung gefühlt wird. Ohne das Gefühl des Sehnens ist umgekehrt das Gefühl der Beschränkung unmöglich, „da lediglich durch das Gefühl des Sehnens das Ich aus sich selbst herausgeht – lediglich durch dieses Gefühl im Ich und für das Ich erst etwas, das außer ihm sein soll, gesetzt wird".[78]

Fichte faßt den nun entwickelten Zustand nach der dritten Reflexion zusammen: „Der Trieb des durch das Nicht-Ich begrenzten, und lediglich dadurch eines Triebes fähigen Ich bestimmt das Reflexionsvermö-

---

[74] I, 303.
[75] I, 302.
[76] I, 302.
[77] I, 303.
[78] I, 303. – Was sich anläßlich der „Deduktion" des Gefühls in § 7 zeigte, nämlich daß Angehaltensein und Weiterwollen sich wechselseitig bedingen, wird hier auf eine höheren Stufe bestätigt.

gen und dadurch entsteht das Gefühl eines Zwanges. Derselbe Trieb
bestimmt das Ich durch ideale Tätigkeit aus sich herauszugehen, und
etwas außer sich hervorzubringen; und da das Ich in dieser Absicht
eingeschränkt wird, so entsteht dadurch ein Sehnen, und durch das
dadurch in die Notwendigkeit des Reflektierens gesetzte Reflexionsvermögen ein Gefühl des Sehnens. –'' [79]

Das Sehnen, das in der angegebenen Weise die Bedingung der Begrenzung des Ich ist,[90] war schon im Rahmen des § 5 der *Grundlage* aufgetaucht. Dort war von einer reinen Tätigkeit des Ich die Rede, die sich
in Beziehung auf ein mögliches Objekt als unendliches Streben bestimmt, welches seinerseits die Bedingung der Möglichkeit jeden Objekts ist.[81]

Im Zuge der Beantwortung der Frage, wie das Ich für sich selbst eingeschränkt sein könne, ergab sich die Forderung: ,,Mithin müßte das
Ich selbst sowohl die Hemmung seiner Tätigkeit, als die Wiederherstellung derselben, in sich selbst setzen, so gewiß es die Tätigkeit
eines Ich sein soll, welche gehemmt, und wieder hergestellt wird. Aber
sie kann nur als wiederhergestellt gesetzt werden, inwiefern sie als gehemmt; und nur als gehemmt, inwiefern sie als wiederhergestellt gesetzt wird . . .''[82] Den damit gegebenen synthetischen Zustand des Ich
nennt Fichte schon an dieser Stelle ,,Gefühl''.[83] Dieses Gefühl ist, wie
wir jetzt sehen, ineins das Gefühl der Begrenzung, des Zwanges – durch
dieses setzt das Ich in sich die Hemmung seiner Tätigkeit – und das
Gefühl des Sehnens, durch welches das Ich die Wiederherstellung seiner
Tätigkeit in sich setzt.[84]

Auf Grund dieses Rückblicks wird verständlich, was in § 10 der
Grundlage gesagt wird: ,,Das Sehnen ist demnach die ursprüngliche,
völlig unabhängige Äußerung des im Ich liegenden Strebens''.[85] Daß
das Sehnen jenes unendliche Streben ist, bzw. seine Äußerung, zeigt
auch folgende Stelle: ,,Das Objekt des Sehnens (dasjenige welches das
durch den Trieb bestimmte Ich wirklich machen würde, wenn es
Kausalität hätte, und welches man vorläufig das Ideal nennen mag)
ist dem Streben des Ich völlig angemessen, und kongruent; dasjenige
aber, welches durch Beziehung des Gefühls der Begrenzung auf das Ich,

---

[79] I, 303 f.
[80] Vgl. I, 303.
[81] Vgl. I, 261 f.
[82] I, 266.
[83] Vgl. I, 266.
[84] Im Gefühl des Sehnens wird das Ich als tätig gefühlt. Vgl. I, 303.
[85] I, 304.

gesetzt werden könnte, (und wohl auch wird gesetzt werden) ist demselben widerstreitend".[86] Hier ist von zweierlei Objekten die Rede. Einmal hat das Sehnen selbst ein Objekt: das Ideal. In § 5 der *Grundlage* wird gesagt, daß das unendliche Streben des Ich auf ein bloß eingebildetes Objekt gehe;[87] beides ist dasselbe. Zum anderen ist von einem Objekt die Rede, das durch die Beziehung des Gefühls der Begrenzung auf das Ich gesetzt wird. Sofern nun das Sehnen die Bedingung des Gefühls der Begrenzung ist, ist es zugleich die Bedingung jenes Objekts. § 5 der *Grundlage* hatte gesagt: „Dieses unendliche Streben ist ins unendliche hinaus die Bedingung der Möglichkeit alles Objekts: kein Streben, kein Objekt".[88]

Die Einheit der Gefühle des Zwanges und des Sehnens bestimmt das Ich als zugleich endlich und unendlich: „Indem im Ich kein Sehnen sein kann, ohne Gefühl des Zwanges, und umgekehrt, ist das Ich in beiden synthetisch vereinigt, ein und dasselbe Ich. Dennoch ist es in beiden Bestimmungen offenbar in Widerstreit mit sich selbst versetzt; begrenzt, und unbegrenzt, endlich und unendlich zugleich".[89] Dies ist genau die Lösung, die für die Aufgabe des § 5 der *Grundlage* gefunden wurde. Dort heißt es: „Das Ich ist unendlich, aber bloß seinem Streben nach; es strebt unendlich zu sein. Im Begriffe des Strebens selbst aber liegt schon die Endlichkeit, denn dasjenige, dem nicht widerstrebt wird, ist kein Streben".[90]

§ 29. Die vierte Reflexion. Die Bestimmung des Nicht-Ich

Nachdem so der Begriff des Sehnens im Rückgriff auf den § 5 der *Grundlage* als die Grundbestimmung des praktischen Ich erwiesen wurde,[91] müssen wir nun zusehen, welche Funktion das Sehnen oder der Trieb nach außen[92] für den weiteren Verlauf der Geschichte des Selbstbewußtseins hat.

Fichte stellt fest: „Das Sehnen geht, wie gesagt, darauf aus, etwas außer dem Ich wirklich zu machen. Das vermag es nicht; das vermag überhaupt, soviel wir einsehen, das Ich in keiner seiner Bestimmungen. – Dennoch muß dieser nach außen gehende Trieb wirken, was er kann. Aber er kann wirken auf die ideale Tätigkeit des Ich, dieselbe bestim-

[86] I, 304.
[87] Vgl. I, 267.
[88] I, 261 f.
[89] I, 304 f.
[90] I, 270.
[91] Vgl. auch I, 304, wo das Sehnen das „Vehikel aller praktischen Gesetze" genannt wird.
[92] Das Sehnen wird in I, 305 wieder so genannt.

men, aus sich herauszugehen und etwas zu produzieren. –" [93] Es ist
zunächst daran zu erinnern, daß das Ich bereits früher ein Nicht-Ich
produziert hat.[94] Dieses Nicht-Ich ist dasjenige, dessen Realität das
Ich, sofern es sich als das Fühlende, oder das Fühlende als Ich setzt,
fühlt.[95] Damit ist ein bestimmtes Gefühl der Begrenzung gegeben. Da
Realität sich für das Ich nur durch ein Gefühl äußert, geht das Sehnen,
sofern es auf Realität ausgeht, auf ein Gefühl. Dieses aber ist dem Gefühl der Begrenzung entgegengesetzt.[96]

Es käme demnach darauf an, das Objekt zu produzieren, dem jenes
ersehnte Gefühl entspricht. Dieses Objekt, das Ideal, kann nun aber
nicht durch Gegensetzung gegen das Objekt, das Grund des Gefühls
der Begrenzung ist, gesetzt werden, da jenes Objekt gar nicht gefühlt
wird (das Ich fühlt immer nur sich selbst – das Objekt wird durch
ideale Tätigkeit produziert).[97] Ebensowenig kann das Ich ein Gefühl
in sich erzeugen, da es sich nicht selbst begrenzen kann.[98]

Es ergibt sich damit die Aufgabe, ,,unmittelbar aus dem Gefühle der
Begrenzung, welches sich weiter auch gar nicht bestimmen läßt, auf
das Objekt des ganz entgegengesetzten Sehnens" zu schließen.[99]

Geht das Sehnen auf ein Gefühl, so muß der Trieb nach außen sich
an diejenige Tätigkeit richten, die Ursprung des Gefühls der Begrenzung,
wodurch dem Ich Realität gegeben wird, ist. Diese Tätigkeit aber ist
ein Bestimmen, und zwar dasjenige, wodurch das Ich in der freien
Reflexion über das Gefühl sich selbst bestimmt hat. Indem der Trieb
nach außen sich an diese Tätigkeit richtet, wird er ein Trieb zum
Bestimmen.[100] Alles Bestimmen setzt aber ein Bestimmbares, einen
,,bestimmbaren Stoff" [101] voraus. Dies wäre die dem Ich schon durch
das Gefühl gegebene Realität. Der Trieb zum Bestimmen geht aber
nicht auf den bloßen Stoff überhaupt,[102] denn dessen Modifikation
wäre Vernichtung,[103] sondern der Trieb geht auf eine gewisse Bestimmung des Stoffes.[104]

[93] I, 305.
[94] Diese Produktion geschah, wie wir sahen, schon in und mit der ersten Reflexion, jedoch
wird darauf erst im Rahmen der Behandlung der zweiten Reflexion Rücksicht genommen. –
Vgl. I, 300.
[95] Vgl. I, 301.
[96] Vgl. I, 305.
[97] Vgl. I, 306.
[98] Vgl. I, 306.
[99] I, 306.
[100] Vgl. I, 307.
[101] I, 307.
[102] Vgl. I, 307.
[103] Vgl. I, 307.
[104] Vgl. I, 307.

Damit ist allererst zureichend bestimmt, was Sehnen heißt: „Diese Bestimmung durch den Trieb ist es, welche gefühlt wird, als ein Sehnen. Das Sehnen geht demnach gar nicht aus auf Hervorbringung des Stoffes, als eines solchen, sondern auf Modifikation desselben".[105]

Entsprechend dieser Bestimmung des Sehnens muß nun auch die Begrenzung des Triebes nach außen näher präzisiert werden, welche Begrenzung ja zu jener Reflexion führt, durch die das Gefühl des Sehnens entsteht. Da Begrenzung aber nur gefühlt werden kann, ergibt sich die Frage, durch welches Gefühl der Trieb nach Bestimmung begrenzt wird.[106] Früher wurde gesagt, daß der Trieb nach außen durch das Nicht-Ich beschränkt sei, welches das Ich in und mit der ersten Reflexion durch ideale Tätigkeit produziert habe. Daran ist hier anzuknüpfen.

Da alles Bestimmen durch ideale Tätigkeit geschieht, ist das Gefühl, durch das der Trieb des Bestimmens begrenzt wird, nur so möglich, daß 1. durch die ideale Tätigkeit schon ein Objekt bestimmt worden ist und 2. sich dieses Bestimmen auf das Gefühl beziehen läßt bzw. das Bestimmtsein des Objektes der Grund eines Gefühls ist.[107] Die erste Bedingung ist dadurch erfüllt, daß die ideale Tätigkeit als Grund der Begrenzung des Ich überhaupt schon ein Nicht-Ich als „durch sich selbst völlig bestimmtes Objekt" [108] gesetzt hat, welches Objekt aber nicht zum Bewußtsein kommt. Nun wird die ideale Tätigkeit aber auch durch den Bestimmungstrieb dazu gebracht, das schon gesetzte und durch sich selbst bestimmte Objekt zu bestimmen. Dieser Bestimmungstrieb kann aber das Objekt nicht bestimmen, da das Ich nie Kausalität auf das Nicht-Ich haben kann.

Daß aber der Bestimmungstrieb keine Kausalität hat, liegt, wie beim Streben überhaupt, nicht im Ich, sondern im Nicht-Ich. Damit ist im Nicht-Ich ein „Gegentrieb, sich selbst zu bestimmen" [109] gesetzt. Das Nicht-Ich ist völlig unabhängig vom Ich durch sich selbst bestimmt. Die ideale Tätigkeit wird durch den Bestimmungstrieb hinausgetrieben, das Objekt zu bestimmen. Sie ist durch den Bestimmungstrieb geleitet, das Objekt dem Trieb gemäß zu bestimmen. Da aber, wie gesagt, das Objekt auf Grund der unbewußten Produktion durch sich selbst bestimmt ist, wird das Ich durch das Objekt begrenzt; es kann dasselbe nicht dem Trieb gemäß bestimmen.

---

[105] I, 307.
[106] Vgl. I, 307.
[107] Vgl. I, 308.
[108] I, 308.
[109] I, 308.

Damit ist geklärt, wie das Sehnen, das als Trieb nach Bestimmung gesetzt wurde, begrenzt ist. Es wird begrenzt durch die Beschaffenheit des Stoffes; es entsteht so das Gefühl der Begrenzung des Ich durch die Beschaffenheit des Stoffes. Damit ist auch die zweite Bedingung geklärt, wie nämlich das Bestimmtsein des Objekts Grund eines Gefühls sein kann. Es ist Grund des Gefühls der Begrenzung durch die Beschaffenheit des Stoffes.

Der Bestimmungstrieb ist begrenzt, hat keine Kausalität. Er bestimmt aber die ihrem Wesen nach unbegrenzbare ideale Tätigkeit. „Das Ich bestimmte sich selbst durch absolute Spontaneität, wie oben gezeigt worden. Diese Tätigkeit des Bestimmens ist es, an welche der gegenwärtig zu untersuchende Trieb sich wendet, und sie nach außen treibt".[110] Das Ich soll demnach das Nicht-Ich durch ideale Tätigkeit bestimmen. Das Gesetz, wonach das Ich über sich selbst reflektierte und demgemäß es sich als das Bestimmende und Bestimmte zugleich setzte, liegt auch der Bestimmung des Nicht-Ich zugrunde: „Alles, was Gegenstand seiner Reflexion, und seines (idealen) Bestimmens sein soll, muß (realiter) ‚bestimmt und bestimmendes zugleich' sein; so auch das zu bestimmende Nicht-Ich. Das subjektive Gesetz der Bestimmung ist daher dieses, daß etwas Bestimmtes und Bestimmendes zugleich, oder durch sich selbst bestimmt sei: und der Bestimmungstrieb geht darauf aus, es so zu finden, und ist nur unter dieser Bedingung zu befriedigen. – " [111]

Wenn das Ich das Nicht-Ich nach dem herausgestellten Gesetz der Bestimmung bestimmen soll, so ist zu fragen, wie dem Ich das Bestimmbare gegeben wird. Indem das Ich über sich reflektiert[112] und sich dadurch als das Bestimmte und Bestimmende zugleich setzt, begrenzt es sich selbst. Das aber ist nur möglich, wenn ein Begrenzendes aufgezeigt wird, welches hier aber nicht durch ideale Tätigkeit produziert sein kann; es muß vielmehr im Ich selbst liegen. Das hier geforderte Begrenzende ist dasjenige, was in dieser Reflexion, durch die das Ich sich selbst setzt, ausgeschlossen wird".[113] „Das Ich setzt sich nur insofern als Ich, inwiefern es ist das Bestimmte, und Bestimmende, aber es ist beides nur in idealer Rücksicht".[114] In realer Rücksicht ist es gerade nicht das Bestimmende: „Sein Streben nach realer Tätigkeit aber ist begrenzt; ist insofern gesetzt, als innere, eingeschloßne, sich selbst

---

[110] I, 309; vgl. 306 und § 9 insgesamt.
[111] I, 310 f.
[112] Es handelt sich um die zweite Reflexion.
[113] Vgl. I, 312; I, 299.
[114] I, 312.

bestimmende Kraft (d.i. bestimmt und bestimmend zugleich), oder, da sie ohne Äußerung ist, intensiver Stoff. Auf ihn wird reflektiert, als solchen; so wird er demnach durch die Gegensetzung nach außen getragen, und das an sich, und ursprünglich Subjektive in ein Objektives verwandelt".[115]

Der Bestimmungstrieb richtet sich, da er keine Kausalität haben kann, an die ideale Tätigkeit und bestimmt sie zum Nachbilden, zum Anschauen des Nicht-Ich. Der Bestimmungstrieb richtet sich an die spontan reflektierende Tätigkeit des Ich, durch die es sich selbst bestimmt.[116] Wie es sich selbst bestimmt hat, so soll das Ich auch das Ding (Nicht-Ich) bestimmen.

Soll das Ich das in dieser Hinsicht Bestimmende sein, so muß es sich als das Bestimmende setzen, d.h. es muß in einer erneuten Reflexion über sich reflektieren.[117]

Die Tätigkeit, durch die das Ich das Nicht-Ich ($= X$) bestimmt, ist aber dieselbe, durch die es über sich reflektieren soll. Da die Tätigkeit des Ich nicht zugleich auf mehrere Objekte gehen kann, muß die Handlung des Bestimmens abgebrochen werden. ,,Die Reflexion des Ich über sich selbst geschieht mit absoluter Spontaneität, mithin auch das Abbrechen. Das Ich bricht die Handlung des Bestimmens ab, durch absolute Spontaneität".[118] Damit haben wir die Stufe der vierten Reflexion, die wieder durch absolute Spontaneität erfolgt, erreicht. Durch sie setzt sich das Ich in der geforderten Hinsicht als das Bestimmende.

Durch diese Reflexion ist aber das Bestimmen abgebrochen. Das Bestimmen als solches wird dadurch beschränkt, welche Beschränkung sich in einem Gefühl äußert. Das Ich soll das X bestimmen; nun ist dies Bestimmen abgebrochen. Den Punkt, in dem es abgebrochen ist, nennt Fichte C. Daß diese Beschränkung auf Kosten der Reflexion geht, ist nur für uns. Fichte faßt zusammen: ,,Also es ist eine Beschränkung des Bestimmungstriebes da, als die Bedingung eines Gefühls. Es ist ferner eine Reflexion darüber da, als die andere Bedingung desselben. Denn indem die freie Tätigkeit des Ich das Bestimmen des Objekts abbricht, geht sie auf das Bestimmen, und die Begrenzung, den ganzen Umfang desselben, der eben dadurch ein Umfang wird. Aber dieser Freiheit seines Handelns wird das Ich sich nicht bewußt; daher wird die Be-

---

[115] I, 312. – Damit ist ein Grundgesetz der Geschichte des Selbstbewußtseins angedeutet. Vgl. dazu Kap. 8 d. A.
[116] Vgl. I, 306 f.
[117] Vgl. I, 315.
[118] I, 316.

grenzung dem Dinge zugeschrieben. – Es ist ein Gefühl der Begrenzung des Ich durch die Bestimmtheit des Dinges, oder ein Gefühl eines Bestimmten, Einfachen".[119] Das Ich bricht sein Bestimmen mit absoluter Spontaneität ab. Es reflektiert über sich als das Bestimmende. Beides ergibt das genannte Gefühl.

Was aber ist jene freie Reflexion, die ja als Reflexion nicht zum Bewußtsein kommen kann? Fichte sagt dazu: ,,In ihr soll das Ich sich als Ich, d.i. als das in der Handlung ((der Reflexion – d.Verf.)) sich selbst Bestimmende setzen. Es ist klar, daß das, als Produkt des Ich Gesetzte nichts anderes sein könne, als eine Anschauung von X, ein Bild desselben, keineswegs aber X. selbst, wie aus theoretischen Grundsätzen, und selbst aus dem oben Gesagten erhellt. Es wird gesetzt als Produkt des Ich in seiner Freiheit, heißt: es wird als zufällig gesetzt, als ein solches, das nicht notwendig so sein müßte, wie es ist, sondern auch anders sein könnte. – '' [120]

Dem Gesetz der Bestimmung gemäß muß X durch sich selbst bestimmt sein. Nun hat das Ich sein Bestimmen abgebrochen; damit ist X in C begrenzt und dadurch bestimmt. Dieser Begrenzung entspricht, wie immer, ein Gefühl. X ist dadurch bestimmt, daß es in C begrenzt ist. Damit aber entsteht eine Schwierigkeit: ,,Von dieser Bestimmung liegt im idealiter bestimmenden, oder anschauenden Ich gar kein Grund. Es hat dafür kein Gesetz".[121] Demnach ist die Grenze für das anschauende Ich völlig unbestimmt.[122] Nun sollte das Ich aber über sich reflektieren, deshalb war ja vorher das Bestimmen abgebrochen worden. In der Reflexion über seine Anschauung aber muß das Ich sich als bestimmt setzen. Dies ist nur so möglich, daß das Ich sich selbst bestimmt. ,,Demnach müßte das Ich in jenem Anschauen des X. sich selbst die Grenze seines Anschauens setzen. Es müßte sich durch sich selbst bestimmen, eben den Punkt C. als Grenzpunkt zu setzen, und X. würde demnach durch die absolute Spontaneität des Ich bestimmt".[123]

Damit aber ist ein Widerspruch aufgetaucht. Nach dem Gesetz der Bestimmung ist X durch sich selbst bestimmt. Hier aber ist es nicht durch sich selbst bestimmt, sondern durch das Ich. Sofern die Begrenzung in C dem X von sich her zukommen soll, ist sie nur gefühlt, nicht angeschaut. Sofern die Begrenzung durch das Ich frei gesetzt wird, ist sie nur angeschaut, aber nicht gefühlt. Es kommt also darauf an, be-

[119] I, 316 f.
[120] I, 317.
[121] I, 317.
[122] Vgl. I, 318.
[123] I, 318.

züglich der Begrenzung von X in C Gefühl und Anschauung zu vereinen.

Die Begrenzung des X durch die Spontaneität des (anschauenden) Ich ist aber noch nicht zureichend bestimmt. Das Ich kann das X nur so bestimmen, daß es als durch sich selbst bestimmt gegeben ist, wenn es über den beliebigen, d.h. durch das Ich nicht bestimmbaren Grenzpunkt C hinaus ein anderes Nicht-Ich (Y) setzt. Dieses Y ist als dem X entgegengesetzt selber ein durch sich selbst Bestimmtes. Zwar bestimmen bzw. begrenzen sie sich gegenseitig; dies aber ist eine relative Bestimmung. Davon abgesehen sind beide durch sich selbst bestimmt: „Sie sind beide Etwas; aber jedes ist etwas anderes . . ." [124]

Der Bestimmungstrieb wendet sich immer an die ideale Tätigkeit. Auch das Setzen des Y ist eine Wirkung des Bestimmungstriebes, der sich aber hier, da X und Y sich wechselseitig durch Ausschließen bestimmen sollen, als Trieb nach Wechselbestimmung bestimmt hat. Da der Punkt C lediglich durch das Gefühl gegeben ist, kann auch Y nur durch eine Beziehung auf das Gefühl gegeben sein. Dieses Gefühl ist das Objekt des Triebes nach Wechselbestimmung. Dieser Trieb nach Wechsel, wie man auch sagen kann, äußert sich durch das Sehnen: „Er ist es, der sich durch das Sehnen äußert; das Objekt des Sehnens ist etwas anderes, dem Vorhandnen Entgegengesetztes".[125]

Damit ist die früher[126] im Zusammenhang mit einer Bestimmung des Sehnens gestellte Aufgabe gelöst. Dort hat es geheißen: „Die Aufgabe ist demnach keine geringere, als daß unmittelbar aus dem Gefühle der Begrenzung, welches sich weiter auch gar nicht bestimmen läßt, auf das Objekt des ganz entgegengesetzten Sehnens geschlossen werde: daß das Ich bloß nach Anleitung des ersten Gefühls durch ideale Tätigkeit es hervorbringe".[127] Nun ist klar: „Das Ersehnte ist nun bestimmt, aber lediglich durch das Prädikat, daß es sein soll etwas anderes für das Gefühl".[128] Das Sehnen geht auf eine Veränderung des Gefühls, auf dessen Wechsel.

Damit entsteht die Frage, wie der Wechsel der Gefühle für das Ich selbst gesetzt sein kann. Das Ich kann nicht zweierlei zugleich fühlen.[129] Deshalb kann der veränderte Zustand nicht als veränderter gefühlt werden, denn dazu müßte das Ich neben dem neuen auch den alten

---

[124] I, 319. – Damit ist der Anfang einer Deduktion einer Mannigfaltigkeit gemacht.
[125] I, 320.
[126] Vgl. S. 125.
[127] I, 306.
[128] I, 321.
[129] Vgl. I, 321.

Zustand fühlen. Daß das entgegengesetzte Gefühl eintritt, hängt nicht vom Ich ab, da es sich nicht selbst begrenzen kann. Dennoch muß das entgegengesetzte Gefühl eintreten. Tritt es nicht ein, so fühlt das Ich nichts Bestimmtes: „es fühlt demnach gar nichts; es lebt daher nicht, und ist kein Ich, welches der Voraussetzung der Wissenschaftslehre widerspricht".[130] Gefühle entstehen durch Reflexion über eine Begrenzung. Daß diese Begrenzung so geartet ist, daß entgegengesetzte Gefühle gesetzt werden können, ist also zugleich mit dem Anstoß postuliert.

Die entgegengesetzten Gefühle sind als verschiedene bisher nur für uns: „Die Gefühle selbst sind verschieden, für irgendeinen Zuschauer außer dem Ich, aber sie sollen für das Ich selbst verschieden sein, d.h. sie sollen als entgegengesetzte gesetzt werden. Dies kommt nur der idealen Tätigkeit zu. Es müssen demnach beide Gefühle gesetzt, damit sie beide gesetzt werden können, synthetisch vereinigt, aber auch entgegengesetzt werden. Wir haben daher folgende drei Fragen zu beantworten a) wie wird ein Gefühl gesetzt? b) wie werden Gefühle durch Setzen synthetisch vereinigt? c) wie werden sie entgegengesetzt?"[131]

Die Beantwortung der ersten Frage bringt zugleich eine kurze Rekapitulation der bisher betrachteten Stufen: „Ein Gefühl wird durch ideale Tätigkeit gesetzt: dies läßt sich nur folgendermaßen denken: das Ich reflektiert ohne alles Selbstbewußtsein über eine Beschränkung seines Triebes. Daraus entsteht zuvörderst ein Selbstgefühl".[132]

Damit ist die erste Reflexion genannt, die in § 8 der *Grundlage* beschrieben wurde. –

„Es reflektiert wieder über diese Reflexion, oder setzt sich in derselben, als das Bestimmte und Bestimmende zugleich".[133]

Dies ist die zweite Reflexion, die in § 9 abgehandelt wurde. –

„Dadurch wird nun das Fühlen selbst eine ideale Handlung, indem die ideale Tätigkeit darauf übertragen wird. Das Ich fühlt, oder richtiger, empfindet etwas, den Stoff. – Eine Reflexion, von der schon oben die Rede gewesen, durch welche X. erst Objekt wird. Durch Reflexion über das Gefühl wird dasselbe Empfindung".[134]

Damit ist die erste Frage beantwortet.

Die synthetische Vereinigung von Gefühlen durch ideales Setzen ist notwendig, da sonst im Ich gar kein Gefühl ist: Ohne Reflexion über

[130] I, 321.
[131] I, 323.
[132] I, 323. – Zur Verwendung des Terminus „Selbstgefühl" vgl. § 27 d.A.
[133] I, 323.
[134] I, 323.

beide Gefühle könnte auch nicht über eines von beiden und damit überhaupt nicht über ein Gefühl reflektiert werden.[135] Der Grund dafür ist folgender: Das Ich fühlt nur, wenn es begrenzt ist, und kann nur als fühlend gesetzt werden, wenn es als begrenzt gesetzt wird. Auf ein Gefühl kann nur reflektiert werden, sofern es begrenzt ist, d.h. sofern auf seine Grenze reflektiert wird. Begrenzen sich die beiden Gefühle gegenseitig, so kann weder auf das eine noch auf das andere reflektiert werden, wenn nicht auf beide reflektiert wird.

Unsere nächste Aufgabe ist zu zeigen, wie der Wechsel der Gefühle für das Ich selbst gesetzt wird. Dazu ist die Beziehung der beiden Gefühle auf das Sehnen zu reflektieren. Das erste Gefühl war so mit dem Sehnen verbunden, daß es dem Sehnen entgegengesetzt war. Das zweite Gefühl aber ist als das ersehnte Gefühl bestimmt worden. Als ersehntes Gefühl muß sich das letztere auf das erste beziehen. Durch diese Beziehung ist das zweite Gefühl begleitet von einem Gefühl der Befriedigung: ,,Das Gefühl des Sehnens läßt sich nicht setzen, ohne eine Befriedigung, auf die dasselbe ausgeht; und die Befriedigung nicht, ohne Voraussetzung eines Sehnens, das befriedigt wird".[136] Die Befriedigung muß sich in einem Gefühl offenbaren. Wie ist das möglich?

Die Frage kann beantwortet werden, indem gezeigt wird, was sich bezüglich des Bestimmungstriebes nunmehr geändert hat, wie er sich modifiziert hat.

Das Objekt dieses Triebes (des Sehnens) war bisher nur negativ bestimmt: es war ein dem vorhandenen Gefühl entgegengesetztes Gefühl, das aber nicht bestimmt werden konnte. Das Gefühl konnte nicht bestimmt werden, weil die Grenze des ersten Gefühls nicht bestimmt werden konnte. Sobald aber ein anderes Gefühl als Gefühl auftritt – und das ist soeben gezeigt worden – ist die Bestimmung und Begrenzung des ersten Gefühls (= X) möglich. So stellt sich die Sache jedoch nur für uns dar. Für das Ich selbst sieht die Sache umgekehrt aus: Sobald die vom Bestimmungstrieb geforderte vollkommene Bestimmung und Begrenzung von X möglich ist, folgt daraus, daß ein anderes Gefühl da ist.

Unsere Aufgabe ist, so hatten wir gesagt, zu zeigen, wie der Wechsel der Gefühle für das Ich selbst wird. Zunächst ist nur gezeigt, wie der Wechsel im Ich für uns möglich wird, indem nun etwas möglich ist, was ohne Veränderung des Gefühls eben nicht möglich war. Nun geschieht die im Bestimmungstrieb geforderte Handlung wirklich: ,,Das

---

[135] Vgl. I, 323.
[136] I, 324.

Ich reflektiert über dies Gefühl und sich selbst in demselben, als das Bestimmende und Bestimmte zugleich, als völlig einig mit sich selbst; und eine solche Bestimmung des Gefühls kann man nennen Beifall. Das Gefühl ist von Beifall begleitet".[137]

Der Bestimmungstrieb ging auf einen Wechsel der Gefühle aus. Dieser Wechsel ist nun für das Ich eingetreten. Das Ich ist das Bestimmende durch den Trieb, der den Wechsel des Gefühls verlangt. Das Ich ist das Bestimmte durch das Gefühl, das nun eingetreten ist. Das Bestimmtsein des Ich durch das veränderte Gefühl ist genau das, was der Bestimmungstrieb forderte. Die ideale Tätigkeit ist nun in der Lage, ein Gefühl zu setzen, das zugleich das vom Trieb geforderte ist. Indem die ideale Tätigkeit nun ein Gefühl setzt, ist das Ich bestimmend; indem das Ich fühlt, ist es bestimmt. Das gesetzte Gefühl ist zugleich das ersehnte Gefühl. Dadurch hat das Ich die Übereinstimmung von Trieb und Handlung gesetzt. Das aber ist nur möglich, wenn Trieb und Handlung zugleich unterschieden sind, wenn es etwas gibt, worin sie entgegengesetzt sind. Dies ist das vorhergehende Gefühl, das wegen seiner Nichtübereinstimmung mit dem Trieb von Mißfallen begleitet ist. Die Übereinstimmung von Trieb und Handlung kann nur gesetzt werden, wenn in bezug auf das vorhergehende Gefühl die Nichtübereinstimmung gesetzt wird: beides ist dasselbe. ,,Die Objekte X. und Y. welche durch die ideale Tätigkeit gesetzt werden, sind jetzt nicht mehr bloß durch Gegensatz, sondern auch durch die Prädikate, mißfallend, und gefallend bestimmt".[138]

Unsere Aufgabe ist aber noch nicht endgültig gelöst: ,,Bis jetzt ist jene Harmonie, oder Disharmonie, der Beifall oder das Mißfallen ... nur für einen möglichen Zuschauer da, nicht für das Ich selbst".[139] Wie werden Harmonie oder Disharmonie für das Ich selbst? Sie werden für das Ich heißt, sie werden gefühlt und als gefühlte durch ideale Tätigkeit gesetzt. Trieb und Handlung sollen in Harmonie sein, d.h. sich gegenseitig als Bestimmendes und Bestimmtes betrachten lassen. Das heißt hier: Es muß gezeigt werden, inwiefern der Trieb das Bestimmende ist, wenn die Handlung als das Bestimmte angesehen wird und umgekehrt. Das Ich bestimmt X durch Y und umgekehrt. Dann ist das Bestimmen von X dasjenige, was Y bestimmt und umgekehrt. Diese Handlung geschieht auf Grund eines Triebes: ,,Man kann diesen Trieb nennen den Trieb nach Wechselbestimmung des Ich durch sich

---

[137] I, 325.
[138] I, 325.
[139] I, 325.

selbst, oder den Trieb nach absoluter Einheit, und Vollendung des Ich in sich selbst. –" [140] Jene absolute Einheit und Vollendung des Ich in sich selbst besteht in der völligen Harmonie zwischen Trieb und Handlung. Diese Harmonie besteht darin, daß beide, Trieb und Handlung, als bestimmt und bestimmend zugleich, sich wechselseitig bestimmen.

Damit muß noch ein Doppeltes geleistet werden. Es muß nämlich erstens gezeigt werden, wie beide je für sich bestimmt und bestimmend zugleich sein können. Dabei müssen beide aber auch in einer Hinsicht unbestimmt, also bestimmbar sein, um durch das andere bestimmt werden zu können. Es muß zweitens gezeigt werden können, wie sie sich wechselseitig bestimmen.

Der Trieb soll bestimmt und bestimmend zugleich sein; ein solcher Trieb wäre ein sich selbst bestimmender Trieb: „Ein Trieb von der Art wäre ein Trieb, der sich absolut selbst hervorbrächte, ein absoluter Trieb, ein Trieb um des Triebes willen".[141] Fichte sagt sofort, worum es sich dabei handelt: „Drückt man es als Gesetz aus, wie es gerade um dieser Bestimmung willen auf einem gewissen Reflexionspunkte ausgedrückt werden muß, so ist ein Gesetz um des Gesetzes willen, ein absolutes Gesetz, oder der kategorischer Imperativ – Du sollst schlechthin".[142]

Auch das Handeln muß bestimmt und bestimmend zugleich sein. Dies ist gegeben, wenn um des Handelns willen gehandelt wird: „ . . . es wird gehandelt, weil gehandelt wird, und um zu handeln, oder mit absoluter Selbstbestimmung und Freiheit".[143] Mit diesen Bestimmungen des Verhältnisses von Trieb und Handlung, die von Fichte noch etwas erläutert werden,[144] ist die Grundstruktur des praktischen Ich erreicht: In der vierten Reflexion setzt sich das Ich als bestimmend das Nicht-Ich.

---

[140] I, 326.
[141] I, 327.
[142] I, 327.
[143] I, 327.
[144] Es wird noch gezeigt, wie die wechselseitige Bestimmbarkeit von Trieb und Handlung dadurch möglich ist, daß sie beide ein Moment von Unbestimmtheit implizieren. Vgl. I, 327 f.

7. Kapitel

ANSÄTZE ZUR DURCHFÜHRUNG. DER THEORETISCHE ASPEKT

§ 30. Der Zustand der unbewußten Anschauung

Das movens der Geschichte des Selbstbewußtseins ist eine Wechselwirkung von realer und idealer Tätigkeit. Durch unsere Interpretation der praktischen Wissenschaftslehre hat sich das dahingehend präzisiert, daß die als ein Trieb ein für allemal festgestellte Tätigkeit (reale Tätigkeit) die ideale Tätigkeit nicht nur zur Reflexion, sondern auch nach außen treibt, wodurch sie auf dem Grund des in der ersten Reflexion gesetzten Gefühls die Welt der Objekte konstituiert.[1] Die Grundfunktion der idealen Tätigkeit ist das Anschauen und Weiterbestimmen dessen, was als Grund des Gefühls mit der ersten Reflexion durch unbewußte Produktion gesetzt wurde: als durch sich selbst völlig bestimmtes Nicht-Ich. Diese durch den Trieb nach außen getriebene ideale Tätigkeit muß nun als vorstellende Tätigkeit unter rein theoretischem Aspekt betrachtet werden. Unsere Aufgabe ist im folgenden eine doppelte:

1) Auch in der theoretischen Wissenschaftslehre haben wir die „Geschichte des Selbstbewußtseins" genannte Entwicklung des Ich aufzuzeigen.

2) Zur Bestätigung früherer Thesen haben wir die Grundbestimmungen des Bewußtseins, die Resultat der Entwicklung des Ich sind, zu betrachten. Insofern ist nun auch das Ergebnis der Entwicklung des Ich für unsere systematische Aufgabe relevant.

Der folgenden Betrachtung der Geschichte des Selbstbewußtseins, sofern sie die Entwicklung des Ich als Intelligenz betrifft, legen wir zunächst die Schrift Fichtes *Grundriß des Eigentümlichen der Wissenschaftslehre in Rücksicht auf das theoretische Vermögen* zugrunde. Auch der *Grundriß* ist in methodischer Hinsicht nicht eindeutig. Für ihn gilt dasselbe Nebeneinander der beiden Methoden, das wir schon in der

---

[1] Vgl. § 29 d.A.

praktischen Wissenschaftslehre innerhalb der *Grundlage* angetroffen haben. Wir werden hier wie dort nur die für eine Geschichte des Selbstbewußtseins konstitutive Methode verfolgen, nämlich die pure Betrachtung der Entwicklung des Ich im Hinblick auf die Unterscheidung, was jeweils nur für uns und was für das Ich selbst gesetzt ist.

Aus diesem Grund haben wir dort anzusetzen, wo Fichte den Widerstreit entgegengesetzter Tätigkeiten, den die Einbildungskraft in ihrem Schweben aus- und festhält und bei dem die theoretische Wissenschaftslehre im engeren Sinn ansetzt,[2] durch einen Exkurs in die praktischen Wissenschaftslehre deduziert. Dies geschieht im VI. Abschnitt des § 3 des *Grundrisses*, der mit dem Satz schließt: ,,Kurz, wir stehen hier gerade auf dem Punkte, von welchem wir im vorigen Paragraphen und bei der ganzen besonderen theoretischen Wissenschaftslehre ausgingen; bei dem Widerstreite, der im Ich für den möglichen Beobachter sein soll . . .‘‘ [3]

Fichte greift in diesem Exkurs auf den eigentlichen Anfang der Geschichte des Selbstbewußtseins zurück, d.h. auf die Bestimmung des absoluten Ich als Indifferenz zweier Tätigkeiten bzw. Tendenzen und auf den Anstoß‘‘.[4] Mit Verweis auf die *Grundlage* schreibt Fichte hier dem Ich ,,ein Streben, die Unendlichkeit auszufüllen sowohl, als eine Tendenz dieselbe zu umfassen, d.i. über sich selbst, als ein Unendliches zu reflektieren‘‘ [5] zu. Der Zustand des Ich nach dem Anstoß, durch den ,,sein Streben die Unendlichkeit zu erfüllen, gehemmt, und abgebrochen‘‘ [6] wird, bestimmt Fichte so: ,,In C. wird es begrenzt; demnach tritt in C. mit der Begrenzung zugleich die Reflexion des Ich auf sich selbst ein; es kehrt in sich zurück, es findet sich selbst, es fühlt sich, offenbar aber noch nichts außer sich‘‘.[7] Damit ist, wie auch der weitere Text beweist, der Zustand der ersten Reflexion beschrieben.[8]

Wir haben nun, ohne uns durch die ständigen Vorgriffe und Vordeutungen Fichtes beirren zu lassen, in der Ordnung der früher herausgestellten Stufen die ideale Tätigkeit in ihrer Produktion der Welt und ihrer Anschauung derselben zu verfolgen.

---

[2] Vgl. I, 355.

[3] I, 365.

[4] Der Rückgriff wird notwendig, da sich die bisherigen Erörterungen im *Grundriß* bei der Erklärung des Unterschiedes von realer und idealer Tätigkeit in einen Zirkel verwickelten. Dieser Zirkel hat folgende Gestalt: ,,Das Ich setzt die reale Tätigkeit als die begrenzte, und die ideale als die unbegrenzte. Wohl, und welche setzt sie denn als die reale? Die begrenzte; und die unbegrenzte als die ideale‘‘. (I, 358). – Einen ,,unabhängigen Unterscheidungsgrund‘, (a.a.O.) zwischen realer und idealer Tätigkeit kann eben nur in der pr. WL aufgezeigt werden.

[5] I, 359.

[6] I, 359.

[7] I, 359.

[8] Vgl. I, 293 und § 26 d.A.

Die Frage ist also die: Was geschieht mit der idealen Tätigkeit bzw. durch sie auf dieser Stufe der Reflexion? Es ist klar, daß die ideale Tätigkeit als Reflexion in das Ich zurückgeht, wodurch das Ich als Ich allererst da ist.[9] Da die ideale Tätigkeit ihrem Wesen nach unbegrenzbar ist,[10] geht sie auch notwendig über den Punkt C, in dem die reale Tätigkeit begrenzt ist, hinaus. Fichte sagt: „Das Ich ist jetzt für sich selbst; und es ist, weil, und inwiefern es begrenzt ist. Es muß, so gewiß es ein Ich, und begrenzt sein soll, sich als begrenzt setzen, d.i. es muß ein Begrenzendes sich entgegensetzen. Dies geschieht notwendig durch eine Tätigkeit, welche über die Grenze C. hinüber geht und das über ihr Liegen-Sollende als ein dem strebenden Ich Entgegengesetztes auffaßt."[11]

Hier scheint ein Widerspruch zu dem vorzuliegen, was in der praktischen WL gesagt wird, daß nämlich das Ich durch die erste Reflexion zwar da ist, aber keineswegs schon für sich selbst ist.[12] Sofern hier aber, in Übereinstimmung mit der praktischen WL, gesagt wird, das Ich sei bloß leidend, so kann auch hier nicht gemeint sein, daß das Ich für sich selbst schon als Ich ist, denn das Wesen des Ich besteht in Tätigkeit.[13]

Die über den für die reale Tätigkeit gesetzten Grenzpunkt C hinausgehende Tätigkeit wird von Fichte nun betrachtet erstens hinsichtlich dessen, was sie „für uns" (für den Beobachter), zweitens aber hinsichtlich dessen, was sie für das Ich selbst ist.[14]

Das Ich setzt für uns durch ideale Tätigkeit ein Nicht-Ich als Grund seiner Begrenzung. „Das Ich setzt ein Begrenzendes, weil es begrenzt ist, und weil es alles, was in ihm sein soll, setzen muß. Es setzt dasselbe als ein Begrenzendes, mithin als ein Entgegengesetztes, und Nicht-Ich, weil es eine Begrenztheit in sich erklären soll".[15]

Mit der ersten Reflexion ist also, worauf wir schon früher hingewiesen haben, die Produktion eines Nicht-Ich als des Begrenzenden durch ideale Tätigkeit verbunden. Diese Produktion ist aber, wie wir schon wissen, bewußtlos; sie ist also nicht für das Ich. Da die ideale Tätigkeit wesentlich anschauende ist, hat auch die unbewußte Produktion den Charakter der Anschauung. Man kann sagen, daß Produktion als Produktion nichts anderes als unbewußte Anschauung ist.[16]

---

[9] Vgl. § 26 d.A.
[10] Vgl. z.B. I, 347.
[11] I, 360.
[12] Vgl. I, 295.
[13] Vgl. I, 369. – Das Selbstgefühl ist erst auf Grund der zweiten Reflexion.
[14] Vgl. I, 360.
[15] I, 360. – Dies geschieht nach der Wechselbestimmung der Wirksamkeit (Kausalität). Vgl. I, 134.
[16] Vgl. I, 367.

Was aber ist zweitens für das Ich selbst? Fichte stellt fest: ,,Für sich selbst ist das Ich noch gar nicht als reflektierend, nicht einmal als tätig gesetzt, sondern es ist lediglich leidend, laut des Obigen. Es wird demnach seines Handelns sich gar nicht bewußt, noch kann es sich desselben bewußt werden . . .'' [17]

Damit ist der durch die erste Reflexion entstandene Zustand des Ich beschrieben. Entscheidend ist, daß mit der ersten Reflexion und dem damit gegebenen Gefühl[18] die unbewußte Anschauung eines Nicht-Ich verbunden ist. Mit dem Ergebnis dieser ersten Stufe setzt die theoretische WL ein. Es ist etwas deduziert, was bisher nur für uns gesetzt ist, was im folgenden aber das Ich für sich selbst setzen soll. Fichte sagt: ,,Durch diese Handlungen ist das Ich selbst nunmehr auf den Punkt gekommen, auf welchem zu Anfange der Beobachter sich befand. Es ist in demselben, innerhalb seines für den Beobachter gesetzten Wirkungskreises, und als Produkt des Ich selbst vorhanden ein Ich, als etwas Wahrnehmbares (weil es begrenzt ist) ein Nicht-Ich, und ein Berührungspunkt zwischen beiden. Das Ich darf nur reflektieren, um gerade das zu finden, was vorher nur der Zuschauer finden konnte''.[19]

Diese Reflexion, durch die dasjenige, was bisher nur für uns ist, auch für das Ich werden soll, ist die zweite, spontane Reflexion, von der schon im Rahmen der praktischen WL die Rede war.[20] In ihrer Darstellung, die nun unsere Aufgabe ist, zeigt sich noch einmal deutlich die Fundierung der theoretischen WL in der praktischen.

§ 31. Die Grundstruktur des Bewußtseins

Die Tendenz des Ich zur Reflexion[21] ist durch die erste Reflexion keineswegs erschöpft. Die Tendenz aktualisiert sich aber nur, wenn eine Begrenzung des Ich, eine Einschränkung desselben, vorhanden ist. Wir wissen schon aus der praktischen WL, daß diese zweite Reflexion nicht wie die erste notwendig, ,,nezessitiert'',[22] ist, sondern aus absoluter Spontaneität erfolgt. Warum geschieht diese zweite Reflexion nicht mit Notwendigkeit? Der Grund liegt darin, daß sich dasjenige, wodurch das Ich ,,für die jetzt mögliche Reflexion bedingt ist'', als ein Produkt des Ich ansehen läßt: ,,Das, wodurch es begrenzt ist, ist das

---

[17] I, 362.
[18] Vgl. I, 366.
[19] I, 366.
[20] Vgl. § 27 d.A.
[21] Vgl. I, 359.
[22] Vgl. I, 367.

durch dasselbe produzierte Nicht-Ich".[23] Damit soll aber nicht gesagt sein, daß das Ich sich selbst begrenzt, denn das wäre ein Widerspruch, den zu vermeiden die Wissenschaftslehre angetreten ist. Er wird hier dadurch vermieden, daß die Produktion des Nicht-Ich durch den Anstoß bedingt ist. Wenn die zweite Reflexion so nicht notwendig ist, warum geschieht sie dann?

Die praktische WL hatte gesagt, der durch die erste Reflexion entstandene Zustand des sich begrenzt Fühlens widerstreite dem Charakter des Ich, reine Tätigkeit zu sein. Es war der Widerspruch zwischen dem, was das Ich für sich selbst ist, und dem, was es für uns ist, der die Annahme der zweiten Reflexion notwendig machte. Hier sagt Fichte zur Begründung, warum die zweite Reflexion geschieht: ,,Wenn aber das, was wir in das Ich gesetzt haben, nur wirklich im Ich vorhanden sein soll, so muß dasselbe reflektieren. Wir postulieren demnach diese Reflexion, und haben das Recht sie zu postulieren. –''[24] Beide Begründungen sagen dasselbe: Dasjenige, was zunächst nur für uns in das Ich gesetzt ist, in ihm ist, muß auch für das Ich selbst in ihm gesetzt werden.

Diese zweite Reflexion soll nun hinsichtlich des dadurch reflektierten Ich und hinsichtlich des darin reflektierenden Ich betrachtet werden.

Das reflektierte Ich hat die Bestimmungen, die wir schon kennen. Es fühlt sich begrenzt; in ihm ist ein Gefühl des Zwanges, des Nicht-Könnens.[25] Damit verbunden ist eine Anschauung des Nicht-Ich, ,,aber eine bloße Anschauung, in welcher das Ich sich selbst in dem Angeschauten vergißt".[26]

Diese beide Bestimmungen des Ich werden durch die spontane Reflexion aufeinander bezogen: ,,Beides, das angeschaute Nicht-Ich, und das gefühlte und sich fühlende Ich müssen synthetisch vereinigt werden, und das geschieht vermittels der Grenze. Das Ich fühlt sich begrenzt, und setzt das angeschaute Nicht-Ich, als dasjenige, wodurch es begrenzt ist. –''[27] Durch diese Reflexion, in der das Ich sein Gefühl auf das unbewußt produzierte Nicht-Ich bezieht, wird das Gefühl Empfindung: ,,Durch die Reflexion über das Gefühl wird dasselbe Empfindung".[28] Hierbei entsteht aber eine Schwierigkeit: Das Ich setzt das (unbewußt) angeschaute Nicht-Ich als Grund des Gefühls der

---

[23] I, 366.
[24] I, 367.
[25] Vgl. I, 367; I, 297.
[26] I, 367. – Vgl. dazu unsere Bestimmung des dunklen Bewußtseins in §§ 8 u. 9 d.A.
[27] I, 367 f.
[28] I, 323. – Vgl. dazu die ,,Deduktion der Empfindung", I, 335 ff.

Begrenzung. Nun kann das Ich aber nicht anschauen, wenn es nicht fühlt, welches Gefühl seinen Ursprung in der ersten Reflexion hat. Wenn auch das erstere richtig sein soll, so muß gezeigt werden, daß das Ich keinen Zwang fühlen kann, ohne anzuschauen. Das ist aber nur möglich, wenn die reale Tätigkeit, und zwar in ihrer Bestimmung als Sehnen[29] ins Spiel gbracht wird. Fichte schreibt: ,,Das Ich geht ursprünglich darauf aus die Beschaffenheit der Dinge durch sich selbst zu bestimmen; es fordert schlechthin Kausalität''.[30] Es ist klar, daß hier das Sehnen als Bestimmungstrieb gemeint ist, da nicht das Ding, sondern dessen Beschaffenheit durch das Ich gesetzt sein soll.[31] Fichte fährt fort: ,,Dieser Forderung, inwiefern sie auf Realität ausgeht, und demnach reale Tätigkeit genannt werden kann, wird widerstanden, und dadurch wird eine andere, ursprünglich im Ich begründete Tendenz über sich zu reflektieren, befriedigt, und es entsteht zunächst eine Reflexion auf eine als bestimmt gegebne Realität, die, inwiefern sie schon bestimmt ist, nur durch ideale Tätigkeit des Ich, die des Vorstellens, Nachbildens, aufgefaßt werden kann''.[32]

Diese Passage ist genau zu interpretieren, wozu wir Ergebnisse aus der praktischen WL heranziehen müssen. Es ist von einer Reflexion die Rede, die dadurch bedingt ist, daß dem Sehnen, oder dem Bestimmungstrieb widerstanden wird. Was ist das Widerstehende? Es ist das für uns mit der ersten Reflexion durch unbewußte Anschauung gesetzte Nicht-Ich, welches hier auch für das Ich selbst gesetzt werden soll, und zwar als das Begrenzende.[33] Durch die Reflexion auf die Begrenzung des Sehnens entsteht ein Gefühl, das gemäß der praktischen WL ein ,,Gefühl der Begrenzung'' des Ich durch die ,,Beschaffenheit des Stoffes''[34] ist, wobei ,,Stoff'' eine Bezeichnung für Realität als Korrelat des Gefühls ist.[35] Dies muß gemeint sein, wenn oben von einer ,,Reflexion auf eine als bestimmt gegebene Realität'' die Rede ist. Da der Trieb des Bestimmens in bezug auf diese ,,als bestimmt gegebene Realität'' keine Kausalität hat, treibt er die ideale Tätigkeit zum Nachbilden des durch sich selbst Bestimmten.[36]

Wir müssen zusehen, ob nun die Folgerung einleuchtet: ,,Wird nun beides, sowohl das auf die Beschaffenheit des Dinges Ausgehende, als

[29] Vgl. I, 303 und § 28 d.A.
[30] I, 368.
[31] Vgl. I, 307.
[32] I, 368; vgl. I, 308 ff. und 317.
[33] Vgl. I, 302.
[34] Vgl. I, 309.
[35] Vgl. I, 307.
[36] Vgl. I, 309 f.

das die ohne Zutun des Ich bestimmte Beschaffenheit Nachbildende, gesetzt als Ich, als ein und eben dasselbe Ich, (und dies geschieht durch absolute Spontaneität) so wird das reale Ich durch die angeschaute, seiner Tätigkeit, wenn sie fortgegangen wäre, entgegengesetzte Beschaffenheit des Dinges begrenzt gesetzt, und das so synthetisch vereinigte ganze Ich fühlt sich selbst als begrenzt, oder gezwungen. –" [37] Aufgabe dieser Überlegungen ist es zu zeigen, wie durch die zweite Reflexion das unbewußt angeschaute Nicht-Ich und das fühlende Ich „synthetisch vereinigt werden" können. Vordeutend wurde gesagt: „Das Ich fühlt sich begrenzt, und setzt das angeschaute Nicht-Ich, als dasjenige, wodurch es begrenzt ist. –" [38] Das ist nun geklärt: Durch die absolut spontane Reflexion werden das Ich, das sich durch eine Begrenzung des Sehnens gezwungen fühlt, und das Ich, welches das durch sich selbst bestimmte Nicht-Ich nachbildet, als ein und dasselbe Ich gesetzt. Dadurch erst wird es möglich, das angeschaute, nachgebildete Nicht-Ich als Grund des Gefühls des Zwanges zu setzen. Durch diese Synthesis „entsteht für das Ich ein Gefühl, ein Selbstgefühl, innige Vereinigung des Tuns, und Leidens in einem Zustande".[39]

Damit haben wir das Resultat der zweiten Reflexion. Das Ich ist nunmehr für sich selbst das Fühlende. In diesem Sinn ist das Ich da in der Weise des Selbstgefühls.[40]

Im bloßen Gefühl als dem Resultat der ersten Reflexion ist für das Ich noch überhaupt kein Nicht-Ich gesetzt. Im Selbstgefühl aber, dem Resultat der zweiten Reflexion, ist für das Ich selbst ein Nicht-Ich gesetzt, durch das es sich begrenzt fühlt; es fühlt die Realität des Dinges.[41] Daß das Ich sich deshalb jetzt als begrenzt fühlt, weil es ein Nicht-Ich anschaut, das es zuvor selber produziert hat, ist freilich nur für uns.

Wir haben bisher das reflektierte Ich der zweiten Reflexion betrachtet. Es sollte auch das reflektierende Ich untersucht werden. Nun sieht es aber so aus, als ob nicht wir auf das reflektierende Ich reflektieren, sondern das Ich selbst auf das reflektierende Ich der zweiten Reflexion reflektiert. Fichte sagt nämlich: „Es soll ferner reflektiert werden auf das in jener Handlung reflektierende Ich. Auch diese Reflexion geschieht notwendig mit absoluter Spontaneität, wird aber, wie sich erst im folgenden zeigen wird, nicht lediglich postuliert, sondern durch syn-

---

[37] I, 368 f.
[38] I, 368.
[39] I, 369.
[40] Vgl. I, 305 u. 306 f.
[41] Vgl. I, 301.

thetische Notwendigkeit, als Bedingung der Möglichkeit der vorher postulierten Reflexion herbeiführt".[42] Hier ist also von einer neuen Reflexion des betrachteten Ich die Rede, die bisher nicht erwähnt wurde. Damit ist das zwei Seiten vorher angegebene Einteilungsprinzip verlassen.

Wir fragen zunächst: Was ist das reflektierende Ich oder was ist dessen Handlung, sein Reflektieren, für uns? Sein Handeln ist lediglich im Ich gegründete ideale Tätigkeit, die über die Grenze ins Unendliche hinausgeht.[43] Soll nun aber jene ideale Tätigkeit reflektiert werden, so muß sie notwendig begrenzt sein. Diese neue Reflexion ist oben gefordert. Wie aber läßt sich eine Begrenzung der idealen Tätigkeit denken, da sie doch als ideale prinzipiell unbegrenzbar sein soll? Fichte schreibt: ,,Es läßt sich sogleich einsehen, was bei jener Unbegrenztheit, welche bleiben muß, diese Begrenztheit sein werde. – Die Tätigkeit kann nicht reflektiert werden, als Tätigkeit, (seines Handelns unmittelbar wird das Ich sich nie bewußt, wie auch ohnedies bekannt ist) sondern als Substrat, mithin als Produkt einer absoluten Tätigkeit des Ich".[44]

Die zweite Reflexion als Handlung des Ich ist also für das Ich selbst in seiner neuen, einer dritten Reflexion nicht als Handlung, sondern als Produkt. Da dem Ich seine neue Reflexion, wodurch die vorhergehende Reflexion Produkt wird, nicht zum Bewußtsein kommt, ist auch dieses Produkt für das Ich selbst nicht als Produkt. Nur für uns gilt also, was nun gesagt wird: ,,Inwiefern also das Ich über die absolute Spontaneität seines Reflektierens in der ersten Handlung wieder reflektiert, wird ein unbegrenztes Produkt der Tätigkeit des Ich, als solches gesetzt. –"[45] Nun soll aber dieses Produkt nicht nur für uns sein, sondern es soll auch für das Ich selbst gesetzt werden: ,,Dies Produkt soll als Produkt des Ich gesetzt werden; es muß demnach notwendig auf das Ich bezogen werden".[46]

Als was ist das Ich aber bisher gesetzt? Was ist es, anders gefragt, für sich selbst? Für sich selbst ist das Ich bisher Selbstgefühl, es fühlt sich begrenzt.[47] Auf das so bestimmte Ich muß demnach das durch die erneute Reflexion produzierte, d.h. unbewußt angeschaute Produkt bezogen werden. Anders ausgedrückt: Das fühlende und das produzie-

[42] I, 369.
[43] Vgl. I, 369.
[44] I, 369 f.
[45] I, 370.
[46] I, 370.
[47] Vgl. I, 370.

rende Ich müssen als dasselbe gesetzt werden. ,,Aber das Ich, das sich als begrenzt fühlt, ist demjenigen, welches durch Freiheit etwas, und etwas Unbegrenztes produziert, entgegengesetzt; das fühlende ist nicht frei, sondern gezwungen; und das produzierende ist nicht gezwungen, sondern es produziert mit Freiheit".[48]

Die geforderte Synthesis hat für die gesamte Wissenschaftslehre eine entscheidende Bedeutung, denn Fichte sagt: ,,Wir dürfen nur noch einen Schritt tun, um das überraschendste, die uralten Verwirrungen endende, und die Vernunft auf ewig in ihre Rechte einsetzende Resultat zu finden. – "[49]

Damit wir dieses Resultat nicht verfehlen, müssen wir uns noch einmal ausdrücklich vergewissern, worum es geht. Gefordert ist die Synthesis desjenigen Ich, das sich auf Grund der spontanen Reflexion als begrenzt fühlt, und desjenigen Ich, das auf Grund einer erneuten Reflexion auf die oben genannte Reflexion reflektiert und dadurch mit Freiheit ein unbegrenztes Produkt produziert. Alle Synthesis geschieht durch Angabe des Beziehungsgrundes. Was soll aber Beziehungsgrund zwischen einem unfreien (fühlenden) und einem freien (produzierenden) Ich sein? Freie Tätigkeit kann nicht der Beziehungsgrund sein, denn diese kommt dem unfreien Ich nicht zu. Fichte sieht die Lösung in folgendem: ,,Das Ich selbst soll doch das Beziehende sein. Es geht also notwendig, schlechthin durch sich selbst, ohne irgendeinen Grund, und wider den äußern Grund aus der Begrenzung heraus, eignet eben dadurch das Produkt sich zu, und macht es zu dem seinigen durch Freiheit. – Beziehungsgrund, und Beziehendes sind dasselbe".[50]

Welchen Charakter hat dieses spontane Herausgehen des Ich aus seiner Begrenzung, wodurch es das Produkt ,,sich zueignet", ,,durch Freiheit zu dem seinigen macht"? Fichte sagt dazu: ,,Dieser Handlung wird das Ich sich nie bewußt, und kann sich derselben nie bewußt werden; ihr Wesen besteht in der absoluten Spontaneität, und sobald über diese reflektiert wird, hört sie auf Spontaneität zu sein".[51] Diese Handlung, wodurch das Ich sich das Produkt zueigen macht, ist offenbar eine freie Reflexion, die als solche nur für uns ist, da das Ich sich ihrer nie bewußt werden kann. Als was ist diese Handlung aber für das Ich selbst? Sie wird für das Ich, indem dieses auf dieselbe reflektiert; damit aber ,,hört dieselbe auf frei, und überhaupt Handlung zu sein, und wird Produkt".[52]

[48] I, 370.
[49] I, 370.
[50] I, 370 f.
[51] I, 371.
[52] I, 371.

Die Geschichte des Selbstbewußtseins hat die Aufgabe, das natürliche Bewußtsein zu erklären. Zur Struktur des natürlichen Bewußtseins
gehört aber der Unterschied von Vorstellung und Ding (Vorgestelltes).
Die Lösung dieses Problems deutet Fichte hier an: ,,Aus der Unmög-
lichkeit des Bewußtseins einer freien Handlung entsteht der ganze
Unterschied zwischen Idealität, und Realität, zwischen Vorstellung,
und Ding, wie wir bald näher sehen werden".[53]

Wir haben zwei Bestimmungen des Ich gewonnen: 1) Das Ich ist im
Gefühl beschränkt und setzt sich in einer spontanen Reflexion als beschränkt durch das Nicht-Ich. 2) Das Ich ist frei als das spontan Reflektierende; es ist frei, indem es auf Grund einer erneuten Reflexion ein
unbegrenztes Produkt seiner Tätigkeit setzt. Es setzt sich als frei, indem es sich dieses Produkt ,,zueignet". Wie dies geschieht, ist freilich
noch nicht gezeigt.

Sollen beide Bestimmungen einem und demselben Ich zukommen, so
gelten offenbar folgende Sätze:

1) ,,Das Ich soll sich als beschränkt setzen, weil, und inwiefern es
sich als frei setzt".[54]

2) ,,Das Ich soll sich als frei setzen, weil, und inwiefern es sich als
beschränkt setzt".[55]

Das erste ist so zu verstehen: Das Ich bestimmt sich zum freien
Handeln – denn dadurch ist es frei –, indem es einer ursprünglich
ruhenden Kraft, einer bloßen Tendenz, durch sich selbst eine Richtung
gibt.[56] Indem sie sich aber eine Richtung gibt, gibt sie sich selbst ein
Objekt, gleichsam einen Bezugspunkt, der die Richtung bestimmt. Dieser muß ihr also schon gegeben sein. Demnach setzt Selbstbestimmung
zum Handeln nicht nur Ruhe, sondern sogar Leiden voraus; denn für
das Ich ist Gegebensein Leiden.[57]

Das zweite ist so zu verstehen: Das Ich setzt sich als begrenzt, indem
es die Beschränkung seiner Tätigkeit durch eine entgegengesetzte
Tätigkeit als solche setzt. Die Tätigkeit des Ich kann nur beschränkt
worden sein, sofern sie zuvor durch Selbstbestimmung eine Richtung
erhalten hat. ,,Alle Begrenzung setzt freies Handeln voraus".[58]

Zur Aufklärung der äußerst komplizierten Zusammenhänge gehen
wir noch einmal aus von dem Satz: ,,Inwiefern also das Ich über die

[53] I, 371.
[54] I, 372.
[55] I, 373.
[56] Vgl. I, 372.
[57] Vgl. I, 372 f.
[58] I, 373.

absolute Spontaneität seines Reflektierens in der ersten Handlung wieder reflektiert, wird ein unbegrenztes Produkt der Tätigkeit des Ich, als solches gesetzt. – '' [59] Das Ich, das so mit Freiheit ein unbegrenztes Produkt seiner Tätigkeit produziert, und das Ich, das sich begrenzt fühlt, sollen dasselbe sein. Dies wird möglich dadurch, daß Beziehendes und Beziehungsgrund dasselbe sind.[60] Dadurch eignet sich das Ich das Produkt zu, indem es mit absoluter Spontaneität auf das Produkt als sein Produkt reflektiert.

Und nun kommt das Entscheidende: ,,Das Ich, ein und eben dasselbe Ich mit einer und eben derselben Tätigkeit kann nicht zugleich ein Nicht-Ich produzieren, und auf dasselbe, als auf sein Produkt reflektieren. Es muß demnach seine erstere Tätigkeit begrenzen, abbrechen, so gewiß die geforderte zweite ihm zukommen soll, und dieses Unterbrechen seiner erstern Tätigkeit geschieht gleichfalls durch absolute Spontaneität, da die ganze Handlung dadurch geschieht''.[61] Indem das Ich durch die genannte Reflexion sein Produzieren abbricht, setzt es sein Produkt als sein Produkt. Diese Reflexion ist aber, wie immer, bloß für uns. Soll das Produkt auch für das Ich selbst als Produkt gesetzt sein, so ist wieder eine neue Reflexion erforderlich. Soll das Ich das Produkt als sein Produkt setzen, so muß es ausdrücklich als Produkt der Freiheit gesetzt werden. Das Kennzeichen eines solchen Produktes aber ist, daß es so oder anders gesetzt werden kann. Ein solches Produkt nennt Fichte ,,Bild''.[62] Bild heißt hier aber, wie sich sofort zeigen wird, nichts anderes als: Vorstellung.

Das Ich setzt das Bild als Produkt seiner Tätigkeit. Damit aber setzt es diesem etwas entgegen, was nicht sein Produkt ist. Dieses Entgegengesetzte ist nicht mehr bestimmbar wie das Bild oder die Vorstellung, sondern es ist ohne das Zutun des Ich vollkommen durch sich selbst bestimmt. Das Ich setzt seiner Vorstellung das ,,wirkliche Ding'' als das Vorgestellte entgegen, wonach sich die Vorstellung zu richten hat. Dies durch sich selbst Bestimmte ,,ist das wirkliche Ding, nach welchem das bildende Ich in Entwerfung seines Bildes sich richtet, und das ihm daher bei seinem Bilden notwendig vorschweben muß''.[63]

Für uns ist dieses der Vorstellung entgegengesetzte ,,wirkliche Ding'' Produkt der idealen Tätigkeit des Ich: ,,Es ist das Produkt seiner ersten jetzt unterbrochnen Handlung, das aber in dieser Be-

[59] I, 370.
[60] Vgl. I, 371.
[61] I, 373.
[62] Vgl. I, 374.
[63] I, 375.

ziehung unmöglich als solches gesetzt werden kann".[64] Vorstellung und Ding sind aber nicht nur entgegengesetzt, wobei der Unterscheidungsgrund darin besteht, daß das eine durch das Ich bestimmbar, das andere ohne Zutun des Ich bestimmt ist, sondern sie sind auch aufeinander bezogen. Das Ich entwirft seine Vorstellung nach dem Ding – ,,es muß demnach im Ich enthalten, seiner Tätigkeit zugänglich sein: oder, es muß zwischen dem Dinge, und dem Bilde vom Dinge, die einander entgegengesetzt werden, ein Beziehungsgrund sich aufweisen lassen. Ein solcher Beziehungsgrund nun ist eine völlig bestimmte, aber bewußtseinlose Anschauung des Dinges".[65] Diese ,,Mittelanschauung" [66] ist einmal auf das Ding beziehbar, da für sie das Objekt völlig bestimmt ist; und deshalb kann das Ich in ihr als leidend angesehen werden, zum anderen ist sie beziehbar auf das bildenden Ich, da sie als Anschauung auch eine Tätigkeit des Ich ist. Diese Mittelanschauung ist die durch eine Reflexion als Produkt vorhandene vorangehende Reflexion des Ich. Dies kann wie folgt gezeigt werden.

In einer spontane Reflexion produziert das Ich ursprünglich das Objekt (Nicht-Ich). Diese Produktion wird, um eine Reflexion über das Produkt zu ermöglichen, unterbrochen. Damit ist aber die unterbrochene Handlung nicht vernichtet, da sonst der ,,Faden des Bewußtseins" [67] abgerissen wäre. Ebensowenig kann sie als Handlung fortbestehen. Fichte stellt fest: ,,Aber ihr Produkt, das Objekt muß bleiben, und die unterbrechende Handlung geht demnach auf das Objekt und macht es gerade dadurch zu Etwas, zu einem Festgesetzten, und Fixierten, daß sie darauf geht, und das erste Handeln unterbricht".[68] Diese Handlung des Unterbrechens muß nun aber ihrerseits abgebrochen werden: ,,Das Ich kann nicht zugleich in verschiednen Beziehungen handeln; also jene auf das Objekt gerichtete Handlung ist, inwiefern gebildet wird, selbst abgebrochen; sie ist bloß als Produkt vorhanden, d.h. nach allem, sie ist eine unmittelbare auf das Objekt gerichtete Anschauung, und als solche gesetzt – also es ist gerade diejenige Anschauung, die wir soeben als Mittelglied aufgestellt haben . . ." [69]

Wir haben gesehen: Indem das Ich die Vorstellung (Bild) als sein

[64] I, 375.
[65] I, 375.
[66] I, 375.
[67] I, 376.
[68] I, 376.
[69] I, 376. – Diese Mittelanschauung, die notwendig unbewußt ist, ist für das abzuleitende Bewußtsein von entscheidender Bedeutung. Sie entspricht der dunklen Vorstellung oder dem dunklen Bewußtsein bei Reinhold. – Vgl. § 8 d.A.

Produkt setzt, setzt es dieser notwendig das wirkliche Ding entgegen. *Von diesem Augenblick an ist die dreigliedrige Struktur des Bewußtseins, wie sie in Reinholds Satz des Bewußtseins zum Ausdruck kam, vorhanden: Ich-Bild-Ding (Vorstellendes-Vorstellung-Vorgestelltes). Sie ist erklärt durch ein Wechselspiel der realen und idealen Tätigkeit des Ich, wobei jener Struktur eine unbewußte Anschauung qua Produktion eines Nicht-Ich zugrundeliegt.* Jene Struktur muß freilich weiter expliziert werden, und zwar in folgender Hinsicht:

Ich und Bild einerseits und Bild und Ding andererseits sind jeweils sowohl voneinander unterschieden als auch aufeinander bezogen.[70] Fichte geht in seinen Überlegungen vom Bild aus. Daß zwischen Bild und Ding überhaupt eine Beziehung bestehen kann, hat seinen Grund in der völlig bestimmten, aber bewußtlosen Anschauung des Dinges (des Nicht-Ich). Wie steht es bezüglich des Beziehungsgrundes zwischen Bild und Ich? Fichte stellt fest: „Im Bilden ist das Ich völlig frei, wie wir soeben gesehen haben. Das Bild ist auf eine gewisse Art bestimmt, weil das Ich dasselbe so und nicht anders ... bestimmt; und durch diese Freiheit im Bestimmen wird das Bild beziehbar auf das Ich, und läßt sich setzen in dasselbe, und als sein Produkt".[71] Die freie Bestimmbarkeit ist also der Beziehungsgrund zwischen dem Bild und dem Ich.[72] Dem Bild soll aber ein Ding außer dem Ich entsprechen; das Bild muß also auf das Ding bezogen werden. Worin liegt nun der Beziehungsgrund? Fichte stellt fest: „Insofern nun das Bild bezogen wird auf das Ding, ist es völlig bestimmt, es muß gerade so sein, und darf nicht anders sein; denn das Ding ist vollkommen bestimmt, und das Bild soll demselben entsprechen. Die vollkommne Bestimmung ist der Beziehungsgrund zwischen dem Bilde und dem Dinge, und das Bild ist jetzt von der unmittelbaren Anschauung des Dinges nicht im geringsten verschieden".[73]

Damit ist aber etwas Merkwürdiges passiert. Der Beziehungsgrund zwischen Bild und Ding widerspricht dem Beziehungsgrund zwischen Bild und Ich. Was notwendig so ist, wie es ist, kann kein Produkt des Ich sein. Entweder ist das Bild beziehbar auf das Ich, dann ist es nicht beziehbar auf das Ding; oder das Bild ist beziehbar auf das Ding, dann ist es nicht beziehbar auf das Ich.

[70] Dieses Beziehen und Unterscheiden konnte Reinhold nicht erklären; hier wird es abgeleitet. – Vgl. I, 6.

[71] I, 377.

[72] Daß die Verwendung des Begriffes „Ich" hier doppeldeutig ist, er also einmal das, worin das Bild ist, zum anderen das, welches das Bild produziert, bedeutet, ist letztlich eine Konsequenz der Doppeldeutigkeit des ersten Grundsatzes. – Vgl. § 16 d.A.

[73] I, 377 f.

Damit ist das Ich vor die Alternative gestellt, entweder auf dem Bild zu beharren und dadurch die Beziehung auf das Ding und somit dieses selbst zu verlieren, oder durch die Beziehung des Bildes auf das Ding beides in eines fallen zu lassen und damit das Bild zu verlieren.[74] Hier ist ein letztes Problem angedeutet, das die Geschichte des Selbstbewußtseins bei Fichte zu lösen hat: ,,Wenn der vernünftige Geist nicht hierbei nach einem Gesetze verführe, das wir eben hier aufzusuchen haben, so würde daraus ein fortdauernder Zweifel entstehen, ob es nur Dinge, und keine Vorstellungen von ihnen, oder ob es nur Vorstellungen, und keine ihnen entsprechende Dinge gäbe . . .'' [75] Das Problem ist also die Bestimmung des Verhältnisses von Vorstellung und Ding, und zwar so, daß die Vorstellung, obwohl auf das Ding bezogen, von ihm unterscheidbar, und damit andererseits auf das Ich beziehbar bleibt.

Zur Lösung dieses Problems greift Fichte auf die Wechselbestimmung der Substantialität zurück, die er in der *Grundlage* im ersten Teil der theoretischen WL entwickelt hat. Das Gesetz, nach dem der vernünftige Geist, verfährt, ist nichts anderes als das Gesetz der Einbildungskraft.[76] Zufolge dieses Gesetzes wird $A + B$ (die Vorstellung) zugleich durch das bestimmte A (das Ich) als auch durch das unbestimmte B (das Nicht-Ich) bestimmt. Genau nach diesem Schema geht Fichte in seiner weiteren Untersuchung vor.[77]

§ 32. Die Struktur des Selbstbewußtseins

Rekapitulieren wir: Es ist die Aufgabe der Wissenschaftslehre, das natürliche Bewußtsein zu deduzieren, d.h. zu zeigen, wie es möglich ist. Nun hat das natürliche Bewußtsein die faktisch evidente Struktur, die Reinhold in seinem Satz des Bewußtseins ausgedrückt hat. Ist aber die dreigliedrige Struktur (Subjekt-Vorstellung-Objekt) auf die ,,bloße Vorstellung'', und diese auf das ,,Vorstellungsvermögen'' zu reduzieren, so ist die Aufgabe der Wissenschaftslehre zweistufig:

1) Sie muß aus den vorausgesetzten Prinzipien (Ich und Nicht-Ich) das Vorstellungsvermögen als solches deduzieren. Dies hatte der erste Teil der theoretischen WL in der *Grundlage* geleistet. Mit der Einbil-

---

[74] Vgl. I, 378.
[75] I, 378.
[76] Vgl. I, 215 ff.
[77] Vgl. I, 381 ff. – Die bisher erzielten Ergebnisse reichen für unsere Zwecke voll aus; deshalb sei auf eine weitere Interpretation des *Grundrisses* verzichtet.

dungskraft als dem Vorstellungsvermögen war zugleich der Anfang der Geschichte des Selbstbewußtseins erreicht.

2) Sie muß aus diesem Vorstellungsvermögen zunächst die dreigliedrige Struktur, und dann die höherstufigen Bewußtseins-,,Arten'': Gegenstandsbewußtsein und Selbstbewußtsein entwickeln. Diese zweite Stufe der Wissenschaftslehre nannten wir, den Andeutungen Fichtes folgend, Geschichte des Selbstbewußtseins.

Die zweite Aufgabe suchte auch Reinhold in seiner Elementarphilosophie zu lösen. Es zeigte sich dabei, daß allem Gegenstandsbewußtsein als hellem Bewußtsein notwendig ein dunkles Bewußtsein in Gestalt einer unbewußten Anschauung zugrunde liegt. Wie wir gesehen haben, gelang es Fichte, diese unbewußte Anschauung als unbewußte Produktion des Ich zu erweisen.

Hinsichtlich der zweiten Aufgabe der Wissenschaftslehre lassen sich nun unschwer wieder zwei Stufen unterscheiden: Die erste Stufe hat ihr Resultat in der dreigliedrigen Struktur des Bewußtseins. Die erste Stufe ist vollendet, wenn gezeigt worden ist, wie das Ich dazu kommt, eine Vorstellung von dem darin Vorgestellten zu unterscheiden und die Vorstellung unter Wahrung ihrer Unterschiedenheit einerseits auf sich selbst, andererseits auf das Vorgestellte zu beziehen. Genau dies aber ist das Resultat unserer bisherigen Betrachtung des theoretischen Aspektes der Geschichte des Selbstbewußtseins. Ihr Resultat ist nichts anderes als der Satz des Bewußtseins: ,,Im Bewußtsein wird die Vorstellung von Subjekt und Objekt unterschieden und auf beide bezogen''.

Damit hat sich die These, die Aufgabe der Wissenschaftslehre bestehe in der Deduktion der von Reinhold herausgestellten Struktur des Bewußtseins, endgültig bestätigt.[78]

Im *Grundriß* verfolgt Fichte die Geschichte des Selbstbewußtseins – nun die zweite Stufe der zweiten Aufgabe in Angriff nehmend – weiter bis zur Deduktion von Raum und Zeit. Damit aber ist ein Anfang der Deduktion des Gegenstandsbewußtseins geleistet. Diese Deduktion umfaßt dann ferner, wie aus der ,,Deduktion der Vorstellung'' in der *Grundlage* zu ersehen ist, die ,,Vermögen'' des Verstandes, der Urteilskraft und der Vernunft, und die durch sie geleistete Bestimmung des Gegenstandes. Letzteres sieht Fichte als im wesentlichen schon von Kant geleistet an, wie aus der Schlußanmerkung zum *Grundriß* hervorgeht.[79]

[78] Welche Bedeutung diesem Resultat über den Nachweis ,,historischer Abhängigkeit'' hinaus für das Problem einer Geschichte des Selbstbewußtseins zukommt, wird später gezeigt werden. – Vgl. Kapitel 10 d.A.
[79] Vgl. I, 411.

Aber nicht nur das Gegenstandsbewußtsein, sondern auch das Selbstbewußtsein muß aus der dreigliedrigen Struktur des Bewußtseins entwickelt werden.

Die Ableitung des Selbstbewußtseins hat Fichte in der „Deduktion der Vorstellung" in der *Grundlage* angedeutet. Dort bezeichnet Fichte das Selbstbewußtsein, die „Vorstellung des Vorstellenden", als das Ziel der Entwicklung des Vorstellungsvermögens.[80] Der durch den Anstoß bewirkte Zustand des Ich ist ein Anschauen. Es ist aber zu zeigen, wie das Ich selbst sich setzt als anschauend.[81] Der entscheidende Schritt auf diesem Weg ist die – von uns früher so genannte – zweite Reflexion.[82] Diese Aufgabe nimmt innerhalb der *Grundlage* aber, da sich zeigt, daß das Anschauende und das Angeschaute in durchgängiger Wechselbestimmung stehen, die Gestalt an, einen festen Unterscheidungsgrund zwischen beiden zu finden.[83] Dieser wäre gegeben, wenn gezeigt werden könnte, daß eines von beiden durch sich selbst bestimmt wird.[84]

Die Tätigkeit des Anschauenden, sofern es in der Wechselbestimmung steht, ist objektive Tätigkeit. Diese ist bestimmbar durch eine nicht-objektive oder reine Tätigkeit. Objektive und reine Tätigkeit stehen zunächst aber selber in Wechselbestimmung, sofern sie sich gegenseitig bestimmen.[85] Die reine Tätigkeit müßte aus dieser Wechselbestimmung befreit werden können. Dies geschieht in der Tat, und zwar in zwei Schritten.

1) Es wird gezeigt, daß die reine Tätigkeit sich selbst bestimmt, frei auf ein gegebenes Objekt reflektieren oder von ihm abstrahieren zu können. In dieser Funktion wird die reine Tätigkeit „Urteilskraft" genannt.[86]

2) Es wird gezeigt, daß die reine Tätigkeit sich selbst bestimmt, von allem Objekt überhaupt abstrahieren zu können. In dieser Funktion wird die reine Tätigkeit „Vernunft" genannt.[87]

Fichte sagt: „Wenn alles Objektive aufgehoben wird, bleibt wenigstens das sich selbst Bestimmende, und durch sich selbst Bestimmte, das Ich, oder das Subjekt übrig. Subjekt und Objekt werden so durcheinander bestimmt, daß eins durch das andre schlechthin ausgeschlos-

---

[80] Vgl. I, 217.
[81] Vgl. I, 229.
[82] Vgl. I, 231 f.
[83] Vgl. I, 237. – Dies zeigt, daß auch die „Deduktion der Vorstellung" in methodischer Hinsicht nicht eindeutig ist.
[84] Vgl. I, 237.
[85] Vgl. I, 237.
[86] Vgl. I, 241.
[87] Vgl. I, 244.

sen wird. Bestimmt das Ich nur sich selbst, so bestimmt es nichts außer sich; und bestimmt es etwas außer sich, so bestimmt es nicht bloß sich selbst. Das Ich aber ist jetzt als dasjenige bestimmt, welches nach Aufhebung alles Objekts durch das absolute Abstraktionsvermögen, übrig bleibt; und das Nicht-Ich als dasjenige, von welchem durch jenes Abstraktionsvermögen abstrahiert werden kann: und wir haben demnach jetzt einen festen Unterscheidungspunkt zwischen dem Objekte, und Subjekte".[88]

Was ist mit diesem Ergebnis, das Fichte als die „nicht mehr zu verkennende Quelle alles Selbstbewußtseins" [89] bezeichnet, erreicht? Die Quelle des Selbstbewußtseins ist eine Abstraktion. Nun ist Abstraktion nicht ohne Reflexion möglich. Das Ich reflektiert auf das Bewußtsein und abstrahiert von allem, wovon es abstrahieren kann; von einem kann es nicht abstrahieren: von dem abstrahierenden und reflektierenden Ich selber. Reflexion aber ist Vorstellen als Denken. *In dieser Reflexion stellt sich das Reflektierende selber vor. Es erzeugt eine auf sich selbst bezogene Vorstellung: es ist Vorstellung des Vorstellenden.* Es entsteht daher keineswegs erst durch diese Vorstellung, sondern bleibt als das in ihr Vorgestellte von ihr unterschieden. Die Differenz zwischen dem vorstellenden Vorstellenden und dem vorgestellten Vorstellenden ist unaufhebbar.[90]

Das hat eine entscheidende Konsequenz: Das Ich ist zwar ursprünglich Ich (und nicht Ding), aber es ist ursprünglich nicht Selbstbewußtsein. Dies wird es erst als Resultat der Geschichte des Selbstbewußtseins.

Indem Fichte den Reinholdschen Bewußtseinsbegriff übernimmt, steht eben fest, wie die Struktur des Selbstbewußtseins bestimmt werden muß. Das Wesen des Selbstbewußtseins ist Reflexion. Daß Fichte an dieser Stelle der *Grundlage* die Struktur des Selbstbewußtseins nicht weiter untersucht, kann unseres Erachtens nur einen Grund haben: sie war ihm gar nicht problematisch, wenigstens noch nicht.

Nun hat Henrich versucht, die Entwicklung der Philosophie Fichtes als fortschreitende Bemühungen um Struktur und Wesen des Selbstbewußtseins darzustellen.[91] Fichte gehe dabei aus von der Einsicht in die Zirkelhaftigkeit der „Theorie vom Ich als Reflexion".[92] Ausgehend

---

[88] I, 244.
[89] I, 244.
[90] Vgl. I, 371, wo Fichte sagt, das Wesen des Ich bestehe in der absoluten Spontaneität; werde aber über diese reflektiert, so höre sie auf, Spontaneität zu sein.
[91] Dieter Henrich, *Fichtes ursprüngliche Einsicht*, a.a.O.
[92] A.a.O., S. 193. – Dieser Zirkel besteht, kurz gesagt, darin, daß in der Erklärung des Selbstbewußtseins durch die Reflexion des Ich-Subjektes auf sich selbst entweder a) das Ich-

von dieser Einsicht habe Fichte – so argumentiert Henrich – in drei Formeln, ,,deren Begründung wesentliche Teile seines Werkes beherrschen'',[93] versucht, das Problem des Selbstbewußtseins zu lösen, wobei jede dieser Formeln eine Etappe in der Geschichte seiner Grundidee markiere.[94] Henrich sieht die erste Formel im ersten Grundsatz der *Grundlage*. Die Formel lautet bei Henrich: ,,Das Ich setzt schlechthin sich selbst''. Zum Beleg verweist er auf den § 1 der *Grundlage*.[95] Die Formel, die dort steht, lautet aber anders, und nicht zufällig. Sie lautet: ,,Das Ich setzt ursprünglich schlechthin sein eignes Sein''.[96] Diese Formel hat gar nicht die Aufgabe, die Struktur des Selbstbewußtseins anzugeben, sondern die Seinsweise des Ich im Unterschied zu der des Dinges (res) zu bestimmen. Wir haben früher darauf hingewiesen.[97]

Wenn Fichte an der Struktur des Selbstbewußtseins als der Vorstellung des Vorstellenden (Reflexion) festhält, wie steht es dann mit dem Zirkeleinwand? Fichte versucht diesem Zirkeleinwand gerade dadurch zu entgehen, daß er das Ich, dessen ,,Sein (Wesen) darin besteht, daß es sich selbst setzt'' [98] vom Selbstbewußtsein unterscheidet, aber in dem, was wir Geschichte des Selbstbewußtseins nennen, zeigt, wie das Ich auf Grund des Anstoßes zum Selbstbewußtsein kommt. Die Geschichte des Selbstbewußtseins bei Fichte lebt von dem Unterschied zwischen Ich und Selbstbewußtsein.[99]

Indem das Ich zum Selbstbewußtsein kommt, d.h. zur Vorstellung des Vorstellenden, ist der Kreisgang der theoretischen Wissenschaftslehre geschlossen. Vorstellendes ist das Ich nur, sofern es über eine Vorstellung ein Vorgestelltes von sich unterscheidet. Setzt das Ich sich im Selbstbewußtsein als das Vorstellende, so setzt es sich als bestimmt durch das Nicht-Ich.[100]

Subjekt schon Selbstbewußtsein ist – dann ist vorausgesetzt, was erklärt werden soll, oder b) das Selbstbewußtsein überhaupt nicht zustande kommt, dann nämlich, wenn das Ich-Subjekt noch nicht Selbstbewußtsein ist.

[93] A.a.O., S. 197.
[94] A.a.O., S. 197.
[95] Henrich gibt die Stelle an: WW I, S. 98.
[96] I, 98.
[97] Vgl. § 13 d.A.
[98] Vgl. I, 97.
[99] Im § 1 der *Grundlage* vollzog Fichte den Überschritt vom Ich = Ich (Ich bin) als Tatsache zum Ich = Ich als Tathandlung. Da das Ich = Ich als Tatsache das empirische Selbstbewußtsein ist, hat das Ich im Übergang zur Tathandlung, also zum Erklärungsprinzip, den Charakter des Selbstbewußtseins verloren.
    In der neuen Darstellung der WL ab 1797 ist das Ich dagegen von vornherein als Selbstbewußtsein gedacht. Vgl. dazu H. Edelmann, *Der Begriff des Ich. Zum Problem des Selbstbewußtseins in Fichtes Wissenschaftslehre*. Diss. Köln 1971.
[100] Das Resultat dieser Reihe bestätigt auch unsere These, es sei Aufgabe der WL, die Grundstruktur des Bewußtseins gemäß dem Satz Reinholds abzuleiten. Die Aufgabe, die Fichte sich schon in der *Rezension* stellte (vgl. I, 8), ist gelöst.

8. KAPITEL

DAS ERGEBNIS DER INTERPRETATION

§ 33. Die Theorie und ihr Gegenstand

Die Wissenschaftslehre durchläuft in ihrem theoretischen wie in ihrem praktischen Teil den transzendentalen Zirkel. Die Richtigkeit der Grundsätze, von denen ausgegangen wird, erweist sich dadurch, daß sie sich als Resultate der Deduktion wieder einstellen. Das ist nun für den Grundsatz der praktischen Wissenschaftslehre: *Das Ich setzt sich als bestimmend das Nicht-Ich* gezeigt ebenso wie für den Grundsatz der theoretischen Wissenschaftslehre: *Das Ich setzt sich als bestimmt durch das Nicht-Ich*. Das Ich setzt sich als bestimmend das Nicht-Ich genau dadurch, daß ihm der absolute Trieb nach Selbstbestimmung durch eine spontane Reflexion zum Bewußtsein kommt. Der kategorische Imperativ ist die Gestalt, unter der der Grundsatz der praktischen Wissenschaftslehre Realität hat. Das Ich setzt sich als bestimmt durch das Nicht-Ich, indem es sich im Selbstbewußtsein als das Vorstellende setzt.

In ihrer zweiten Reihe ist die Wissenschaftslehre Geschichte des Selbstbewußtseins. Dies wurde zunächst durch eine ausführliche Interpretation der §§ 6–11 der *Grundlage* gezeigt; unser Interpretationsansatz hat sich an diesem schwierigsten Teil der *Grundlage* bewährt.

Wir haben in oder unter den Deduktionen der praktischen Wissenschaftslehre vier Reflexionsstufen aufgefunden:

1) Auf Grund des Anstoßes, der die reale Tätigkeit feststellt, erfolgt eine Reflexion des Ich, durch welche das Begrenztsein des Ich für das Ich wird: als Gefühl.

2) Die mit der ersten Reflexion erfolgte Selbstbegrenzung des Ich widerspricht dem Charakter des Ich, reine Tätigkeit zu sein. Durch eine spontane Reflexion auf das Gefühl wird das Ich als Fühlendes für sich selbst: Das Ich ist bestimmt als Selbstgefühl.

3) Das im Gefühl implizierte Streben (reale Tätigkeit) ist durch das in der ersten Reflexion produzierte Nicht-Ich begrenzt. Diese Begrenzung bewirkt eine Reflexion auf das Streben (Sehnen), wodurch das

Sehnen für das Ich wird: Das Selbstgefühl ist zugleich Gefühl der Begrenzung und Gefühl des Hinausstrebens über die Begrenzung.

4) Das Sehnen bestimmt die ideale Tätigkeit zur Bestimmung des zuvor schon gesetzten Nicht-Ich. Das Ich setzt sich in einer spontanen Reflexion als das Bestimmende. Damit ist der Grundsatz der praktischen Wissenschaftslehre erreicht: Das Ich setzt sich als bestimmend das Nicht-Ich.

Die Entwicklungen innerhalb der vier Stufen der Reflexion sind im Sinne der Geschichte des Selbstbewußtseins dadurch ausgezeichnet, daß in der Darstellung der Unterschied „für uns – für es" gemacht werden muß. Dabei wird das Ich auf einer späteren Stufe das für sich selbst, was es auf einer früheren Stufe nur für uns war.

Auch die ausführlichen Interpretationen des *Grundrisses* und der „Deduktion der Vorstellung" haben im wesentlichen bestätigt, was zu Beginn dieses Abschnitts bezüglich Anfang und Methode der zweiten Reihe der Reflexion herausgearbeitet wurde.

Das für eine Geschichte des Selbstbewußtseins konstitutive Verhältnis der Theorie zu ihrem Gegenstand hat sich auch in der Interpretation des theoretischen Aspektes der zweiten Reihe gezeigt. Die Reihe der Darstellung (die Theorie) macht innerhalb der Reihe des Dargestellten, der Entwicklung des Ich von einem anfänglichen Zustand zum vollen Bewußtsein seiner selbst, einer Entwicklung, die das Prinzip ihrer Bewegung in ihr selbst hat, ständig den Unterschied zwischen dem, was nur für sie („für uns"), und dem, was auch für das betrachtete Ich ist. Dabei wird auch hier an bestimmten Stellen der Entwicklung dasjenige, was zunächst nur für uns ist, auch für das betrachtete Ich selbst.

Darüber hinaus hat sich die Gestalt der Geschichte des Selbstbewußtseins, wie sie bei Fichte vorliegt, auch hinsichtlich ihrer immanenten Gesetzlichkeit weiter verdeutlicht. Das betrifft vor allem den Charakter des Widerstreites von idealer und realer Tätigkeit, der als das movens der Geschichte des Selbstbewußtseins bezeichnet werden kann.

Durch den Anstoß auf das absolute Ich, das als Indifferenz von idealer und realer Tätigkeit bestimmt ist, wird jener Widerstreit entfacht und das Ich dadurch in Bewegung gesetzt. Die durch den Anstoß ein für allemal festgestellte reale Tätigkeit kehrt als Trieb die ursprünglich reflexive Richtung der idealen Tätigkeit um; diese wird nach außen getrieben und gewinnt den Charakter der Produktion. Das theoretische Gesetz: „Das Ich kann sich nicht als bestimmt setzen, ohne sich ein Nicht-Ich entgegenzusetzen" wird im Rahmen der praktischen Wissenschaftslehre vom ursprünglichen Trieb des Ich abgeleitet: „Der Trieb, der ursprünglich nach außen geht, wirkt was er kann, und da er nicht auf reale Tätigkeit wirken kann, wirkt er wenigstens auf die ideale, die ihrer Natur nach gar nicht eingeschränkt werden kann, und treibt sie nach außen. Daher entsteht die Gegensetzung; und so hängen durch den Trieb, und im Triebe zusammen alle Bestimmungen des Bewußtseins, und insbesondre auch das Bewußtsein des Ich, und Nicht-Ich".[1]

Die sich in Stufen der Reflexion des betrachteten Ich selber vollziehende Entwicklung hat den Charakter einer Objektivierung, durch die ein ursprünglich Subjektives in ein Objektives verwandelt wird.[2] Das Subjektive, von dem hier die Rede ist, ist das Gefühl, das mit der ersten Reflexion auf das Begrenztsein der realen Tätigkeit gegeben ist. Dies ist gleichsam das Material, aus dem die ideale Tätigkeit die Welt des Ich aufbaut.

In einer letzten Reflexion sind das theoretische und das praktisch-sittliche Selbstbewußtsein erreicht; damit tritt das Ich seiner Welt gegenüber. Erreicht ist damit aber auch der Standort, von dem aus die Theorie möglich wird. *Von jenem Selbstbewußtsein als einer Tatsache vollzieht die Theorie den Überschritt zur Tathandlung, d.h. zum ersten Grundsatz der Wissenschaftslehre.*

§ 34. Die Theorie und das natürliche Bewußtsein

Geschichte des Selbstbewußtseins ist Transzendentalphilosophie. Für sie ist jenes Verhältnis von Theorie und natürlichem Bewußtsein konstitutiv, das wir anhand der Kopernikanischen Wende Kants entwickelt haben.[3] Dieses Verhältnis läßt sich zunächst mittels des Begriffs der Subreption[4] bestimmen. Bei Kant durchschaut die Transzendentalphilosophie die Subreption des natürlichen Bewußtseins, die darin besteht, für eine Welt von Objekten zu halten, was in Wahrheit nichts als ein geregelter Vorstellungszusammenhang ist.[5]

Entsprechend kann für die Geschichte des Selbstbewußtseins gesagt werden: Dasjenige, was für das entwickelte Ich als dem natürlichen Bewußtsein eine ihm vorgegebene Welt ist, ist in Wahrheit oder für uns ein System von reflektierenden und produzierenden Handlungen des Ich, nämlich seiner idealen (anschauenden) Tätigkeit. All diese Handlungen sind wesentlich unbewußt, sie kommen als Handlungen dem

[1] I, 313.
[2] Vgl. I, 312 f.
[3] Vgl. § 2 d.A.
[4] Vgl. § 3 d.A.
[5] Vgl. § 3 d.A.

Ich gar nicht zum Bewußtsein. Dennoch hat das Ich seine Welt auf Grund dieser Handlungen. Als was aber sind, genauer gefragt, jene Handlungen für das Ich selbst? Jenes System von Handlungen, das die Geschichte des Selbstbewußtseins darstellt, enthält eine Stufenfolge von Reflexionen. Das Ich reflektiert auf sein Handeln; damit muß es die Tätigkeit, auf die reflektiert wird, abbrechen; die reflektierte Tätigkeit wird dadurch Produkt, sie wird fixiert und begrenzt. Da aber die fixierende Reflexion als solche ebenfalls unbewußt bleibt, ist der Ursprung des Produkts in der Reflexion nicht für das Ich selbst: das Produkt hat für das natürliche Bewußtsein gar nicht den Charakter eines Produkts, sondern eines vorgefundenen oder vorfindlichen Gegenstandes. Fichte stellt fest: ,,Da aber alle diese Funktionen des Gemüts mit Notwendigkeit geschehen, so wird man seines Handelns sich nicht bewußt, und muß notwendig annehmen, daß man von außen erhalten habe, was man doch selbst durch eigne Kraft nach eignen Gesetzen produziert hat. – Dieses Verfahren hat dennoch objektive Gültigkeit, denn es ist das gleichförmige Verfahren aller endlichen Vernunft, und es gibt gar keine objektive Gültigkeit, und kann keine andere geben, als die angezeigte".[6]

Auch bei Fichte ist das natürliche Bewußtsein durch eine Subreption bestimmt. Was das natürliche Bewußtsein für eine von ihm und seinem Wissen unabhängige Welt von Objekten ansieht, ist in Wahrheit sein eigenes Produkt. Wie wir gesehen, ist in diesem Sinne der Unterschied von Vorstellung und Vorgestelltem gerade das Resultat der prinzipiellen Unbewußtheit seines produzierenden Handelns.

Was aber bedeutet es für das Verhältnis von Theorie und natürlichem Bewußtsein, daß jener Handlungszusammenhang, der als solcher nur für die Theorie ist, den Charakter einer Geschichte hat? Ist das natürliche Bewußtsein als empirisches Selbst- und Gegenstandsbewußtsein Resultat dieser Geschichte, dann ist es nicht als natürliches Bewußtsein zugleich auch ,,Subjekt" der Geschichte; dennoch ist in der Geschichte von einem handelnden und leidenden Ich die Rede. Wie also steht das natürliche Bewußtsein zu seiner eigenen Geschichte?

Die Folgeordnung der Geschichte des Selbstbewußtseins, und damit ihr Früher und Später, ist bei Fichte nicht zeitlich zu verstehen. Wenn aber die zweite Reflexion nur unter Voraussetzung der ersten stattfinden kann, dann hat es einen guten Sinn zu sagen, die zweite sei später als die erste. Und es hat einen guten Sinn zu sagen, das natür-

---

[6] I, 290.

liche Bewußtsein als empirisches Selbst- und Gegenstandsbewußtsein stehe am Ende, sei ein Letztes in dieser Geschichte.

Diese Feststellung entbindet aber nicht von der Frage nach dem Verhältnis der Folgeordnung der res gestae zur Zeit. Denn das Handelnde in dieser Geschichte, das Ich, steht als natürliches Bewußtsein in einem genau angebbaren Verhältnis zur Zeit. Das natürliche Bewußtsein ist zeitlich, es steht in der Gegenwart, ist Gegenwart in diesem Sinn. Von dieser Gegenwart kann es erinnernd in seine Vergangenheit zurückgehen und erwartend sich auf seine Zukunft richten.[7] Aber alles, was das Bewußtsein in der Erinnerung vorfinden, erreichen kann, hat den Charakter einer vergangenen Gegenwart; und alles, was das Bewußtsein erwarten kann, ist eine zukünftige, und dann auch einmal vergangene, Gegenwart. Von der Geschichte des Selbstbewußtseins muß daher gesagt werden, daß sie gegenüber der Gegenwart des Ich (des Bewußtseins), auch gegenüber aller vergangenen Gegenwart, prinzipiell, d.h. transzendental vergangen ist. Die Geschichte des Selbstbewußtseins ist die transzendentale Vergangenheit des Ich. Das Ich hat nur Gegenwart, sofern die transzendentale Vergangenheit immer schon vergangen ist: ,,Jeder, der mit uns die gegenwärtige Untersuchung anstellt, ist selbst ein Ich, das aber die Handlungen, welche hier deduziert werden, längst vorgenommen, mithin schon längst ein Nicht-Ich gesetzt hat . . . Er hat das ganze Geschäft der Vernunft schon mit Notwendigkeit vollendet . . .‘‘ [8]

Die transzendentale Vergangenheit ist der Erinnerung des natürlichen Bewußtseins prinzipiell unzugänglich. Erst die Transzendental-Philosophie kann sie aufklären. Erklärung des natürlichen Bewußtseins hat in einer Geschichte des Selbstbewußtseins den Charakter eines Aufweises und einer Darstellung seiner transzendentalen Vergangenheit.[9]

---

[7] Wenn das Früher und Später innerhalb der Geschichte des Selbstbewußtseins keinen zeitlichen Sinn hat, dann kann vom Standpunkt des zeitlichen Bewußtseins natürlich gesagt werden, alle Handlungen seien zugleich. Damit bleibt aber unsere Frage doch bestehen, denn auch das Verhältnis dieser einen Handlung zur Zeit muß angebbar sein.

[8] I, 290.

[9] Diese Bestimmung des Verhältnisses der Geschichte des Selbstbewußtseins zur Zeit mag nicht ganz befriedigen. Für eine weitergehende Bestimmung dieses Verhältnisses bietet die WL keine Anhaltspunkte. Eine systematische Erörterung dieser Frage setzt aber mehr voraus, als in dieser Untersuchung geklärt werden kann.

DAS PROBLEM EINER GESCHICHTE DES SELBSTBEWUSSTSEINS

9. KAPITEL

DAS PRINZIP

§ 35. Zum Ansatz der systematischen Rekapitulation

Die Gliederung der nun folgenden systematischen Rekapitulation, in der das über Fichte hinausweisende Problem einer Geschichte des Selbstbewußtseins entwickelt werden soll, ergibt sich aus dem Verhältnis von Philosophie und natürlichem Bewußtsein. Soll das systematisch spekulative Problem als solches sichtbar werden, muß die durch die Umkehr der Denkart etablierte Ausgangsposition der Philosophie noch einmal reflektiert werden.

Die Philosophie ist durch die Umkehr der Denkart und die darin implizierte Selbstunterscheidung vom natürlichen Bewußtsein zunächst in eine absolute Erkenntnisarmut geraten: Sie verfügt ursprünglich nur über das, was sich aus der Selbstunterscheidung selber ergibt. Da die Selbstunterscheidung einen Rückbezug des Unterscheidenden auf sich selbst, sofern es zugleich eines der Unterschiedenen ist, impliziert, hat der so konstituierte Anfang der Philosophie den formalen Charakter des Selbstbewußtseins. Was die Philosophie sich so als ihren eigenen Anfang gibt, muß sie für ihre Rückwendung auf das zunächst nur negativ bestimmte natürliche Bewußtsein fruchtbar machen, und zwar so, daß diese Rückwendung nicht einen Rückfall bedeutet.

Sofern die Philosophie, die hier mit sich selber anfängt, beansprucht, Wissen zu sein – und diesen Anspruch hat sie mit dem natürlichen Bewußtsein gemeinsam –, hat die Philosophie dasjenige, was sie aus der Selbstunterscheidung besitzt, zugleich als Grundlage alles Wissens zu bestimmen und zu formulieren. Auf diese Weise gewinnt die Philosophie ein Prinzip, das ihrer Rückwendung auf das natürliche Bewußtsein die notwendige Leitung geben kann. Das aber bedeutet, daß dieses Prinzip zugleich Erklärungsgrund für das erklärungsbedürftig gewordene natürliche Bewußtsein werden muß. Somit ergibt sich die erste entscheidende Frage:

Was ist das Prinzip der Geschichte des Selbstbewußtseins?

Das natürliche Bewußtsein ist zwar, sofern es Gegenstand der transzendentalen Reflexion wird, zunächst nur negativ bestimmt; dennoch ist es nicht völlig unbekannt. Der Philosoph ist nach der Umkehr der Denkart immer schon und immer noch *auch* natürliches Bewußtsein. Dies ist ihm vorgängig als Gegenstandsbewußtsein und Selbstbewußtsein (beides sei hier nicht terminologisch, sondern hinweisend gebraucht) unerachtet seiner Erklärungsbedürftigkeit vertraut und bekannt. Ja, die vorgängige Vertrautheit und Bekanntheit ist eine notwendige Bedingung dafür, daß das natürliche Bewußtsein erklärungsbedürftig wird: nur, was ich schon kenne, kann ich erklären wollen.[1] Dazu aber muß jene vorgängige Bekanntheit artikuliert werden. Die Artikulation dessen, was in einer Geschichte des Selbstbewußtseins erklärt werden soll, nennen wir „Propädeutik".[2] Damit ergibt sich die zweite entscheidende Frage:

Welchen Charakter und welche Funktion hat die vorgängige Bekanntheit des natürlichen Bewußtseins und deren Artikulation in einer Propädeutik für die Geschichte des Selbstbewußtseins? Wie stehen Prinzip und Propädeutik zueinander?

Beide Fragen sollen zunächst für die Geschichte des Selbstbewußtseins bei Fichte endgültig beantwortet werden. Dabei wird sich jene grundlegende Problematik zeigen, die über die Wissenschaftslehre von 1794/95 hinausweist.

§ 36. Das absolute Ich als Idee

Das Prinzip der Geschichte des Selbstbewußtseins bei Fichte ist das absolute Ich. Dreimal war dieses ausdrücklich Thema unserer Betrachtungen: Zunächst bei der Interpretation des ersten Grundsatzes,[3] dann bei der Interpretation des dritten Grundsatzes,[4] schließlich bei der Bestimmung des Anfangs der Geschichte des Selbstbewußtseins.[5]

Eine entscheidende Passage der *Grundlage*, die ausdrücklich eine

---

[1] Bei Kant ist dies zu Erklärende die in den Naturwissenschaften und in der Mathematik vorliegende oder prätendierte synthetische Erkenntnis a priori. Diese Feststellung hat mit dem Zirkeleinwand des Neukantianismus nichts zu tun. Kant setzt nicht die objektive Gültigkeit der exakten Naturerkenntnis voraus, sondern deren Struktur.

[2] Die Bedeutung dieses Terminus ergibt sich hier rein aus dem Zusammenhang. Er bezeichnet also nicht das Problem einer Hinführung des unphilosophischen Bewußtseins zur Philosophie, sondern ein systematisches Problem dieser Philosophie selber.

[3] Vgl. §§ 13 u. 14 d.A.

[4] Vgl. §§ 15 u. 16 d.A.

[5] Vgl. § 24 d.A. – Diese Dreiteilung bietet implizit die Gliederung der folgenden Betrachtungen.

Wesensbestimmung des absoluten Ich zu geben verspricht, haben wir aber bisher noch nicht interpretiert: das Ende des § 5 der *Grundlage*. Dies soll hier nachgeholt werden, nicht jedoch, ohne vorher die in den vergangenen drei Betrachtungen gewonnenen Bestimmungen kurz rekapituliert zu haben.

1. Unsere Interpretation des ersten Grundsatzes hat ergeben, daß die für die Struktur des Bewußtseins notwendig vorauszusetzende reale Gültigkeit des Satzes der Identität in der Thesis des absoluten Subjekts gründet. Diese Thesis ist das Sichselbstsetzen des absoluten Ich, das in diesem Sichselbstsetzen die Einheit seiner mit sich selbst setzt. Das Sichselbstsetzen ist eine Bestimmung des Seins (des Wesens) des Ich als des absoluten Subjekts.

2. Bei der Interpretation des dritten Grundsatzes zeigte sich, daß das Sichselbstsetzen des absoluten Ich notwendig zwei Resultate haben muß:

a) das absolute Ich als absolute Realität: das sich selbst Setzende;

b) das Bewußtsein als die Sphäre möglichen Seins-für: das ,,Worin'' alles Gesetztseins. Dies Bewußtsein ist mit dem Sichselbstsetzen des absoluten Ich gesetzt, ohne jedoch mit ihm identisch sein zu können. Gemäß § 1 der *Grundlage* füllt das absolute Ich diese Sphäre vollständig aus; gemäß § 3 der *Grundlage* teilen sich Ich und Nicht-Ich diese Sphäre. Die bezüglich des Verhältnisses von absolutem Ich und Bewußtsein aufgetauchten Interpretations- und Verständnisschwierigkeiten sind bisher nicht gelöst.[6]

3. Im Hinblick auf den Anstoß, als welchen sich das Nicht-Ich im Laufe der Deduktion der Einbildungskraft erwiesen hat, mußte das absolute Ich als die Indifferenz der realen und der idealen Tätigkeit angesehen werden. Dieser Anstoß bzw. ein durch ihn hervorgerufener anfänglicher Zustand ist der Anfang der Geschichte des Selbstbewußtseins.

Die Gegenüberstellung dieser verschiedenen, bisher nicht in Einklang gebrachten Ergebnisse zeigt, daß eine endgültige Wesensbestimmung des absoluten Ich und damit des Prinzips der Geschichte des Selbstbewußtseins keineswegs so einfach ist, wie man bisher meist angenommen. Nun könnte man einwenden, jene Schwierigkeiten in unserer Interpretation lägen gerade daran, daß wir bisher jenen Passus des § 5 nicht herangezogen hätten, wo Fichte das Verhältnis von abso-

---

[6] Daß das Ich sich auch als quantitierbares Ich setzen muß, ist nicht vergessen. Doch kommt es in unserem Zusammenhang darauf nicht an.

lutem, praktischem und theoretischem Ich bestimmt.[7] Jener Einwand aber übersieht, daß auch die von uns bisher erarbeiteten Bestimmungen des absoluten Ich für das zureichende Verständnis der Wissenschaftslehre unbedingt erforderlich sind. Ja, es besteht sogar umgekehrt die Gefahr, daß man jene notwendigen Bestimmungen gar nicht erst in den Blick bekommt, wenn man sich sofort auf jenen Passus des § 5 stürzt.[8] Damit ist klar, warum es systematisch erforderlich ist, jenen Passus erst jetzt zu interpretieren.

Der § 5 der *Grundlage* dient bekanntlich der Auflösung des Widerspruchs zwischen dem endlichen (intelligenten) Ich und dem unendlichen (absoluten) Ich. Daran ist hier anzuknüpfen. Eine Gegenüberstellung zweier Thesen Fichtes macht das Problem deutlich, das wir nun zu lösen haben. Die erste These steht gleichsam als Regulativ am Anfang von § 5 der *Grundlage*, die andere soll nach Fichte die Lösung der in diesem Paragraphen gestellten Aufgabe darstellen. Die erste These lautet: ,,Sich selbst setzt das Ich schlechthin, und ohne allen weitren Grund, und es muß sich setzen, wenn es irgend etwas anderes setzen soll: denn was nicht ist, kann nichts setzen; das Ich aber ist (für das Ich) schlechthin, und lediglich durch sein eignes Setzen seiner selbst".[9] Die zweite These lautet: ,,Das Ich ist unendlich, aber bloß seinem Streben nach; es strebt unendlich zu sein. Im Begriffe des Strebens selbst aber liegt schon die Endlichkeit, denn dasjenige, dem nicht widerstrebt wird, ist kein Streben. Wäre das Ich mehr als strebend; hätte es eine unendliche Kausalität, so wäre es kein Ich, es setzte sich nicht selbst, und wäre demnach nichts. Hätte es dieses unendliche Streben nicht, so könnte es abermals nicht sich selbst setzen, denn es könnte sich nichts entgegensetzen; es wäre demnach auch kein Ich, und mithin nichts".[10]

Die erste These ist mit unseren bisherigen Interpretationsversuchen in Einklang zu bringen; sie wiederholt im Grunde die Aussage des ersten Grundsatzes.

Die zweite These aber steht mit unseren Interpretationsversuchen im Widerspruch. Sie besagt nämlich nichts anderes, als das das Sichselbstsetzen des absoluten Ich, von dem im ersten Grundsatz die Rede war, unmöglich ist. Wenn das gilt, was als Bestimmung des absoluten Ich gemäß dem ersten Grundsatz angenommen werden muß, daß

---

[7] Vgl. I, 277 ff.
[8] Andererseits ist es genauso falsch, für die Bestimmung des absoluten Ich bei den Grundsätzen stehen zu bleiben, wie dies oft geschieht.
[9] I, 251.
[10] I, 270.

nämlich das absolute Ich unendliche Kausalität hat – und es hat unendliche Kausalität, wenn es sich als absolute Totalität der Realität setzt[11] – dan bleibt auf Grund der zweiten These nur eine Folgerung: Das Ich ist kein Ich; das Ich setzt sich nicht selbst. Oder positiv ausgedrückt: Das Ich ist nur dann ein Ich und setzt nur dann sich selbst, wenn es keine unendliche Kausalität hat, d.h. aber, wenn es endlich ist. Da das Ich aber nicht sich selbst begrenzen kann, bedeutet Endlichkeit Beschränktsein durch etwas, was nicht das Ich selbst ist. Damit hat das Sichselbstsetzen des Ich eine Bedingung.

Welche Möglichkeit gibt es, der damit sichtbar gewordenen Aporie zu entkommen?

Den Ausweg kann nur noch der letzte Teil des § 5 der *Grundlage* bieten, der verspricht, „den wahren Vereinigungspunkt zwischen dem absoluten, praktischen, und intelligenten Ich" [12] zu liefern. Dieser letzte Teil, der das vorher Deduzierte noch auf einem anderen Weg darlegen soll,[13] erörtert zunächst die Möglichkeit des Anstoßes, was wir an anderer Stelle interpretiert haben.[14] Wir ziehen eine bereits früher interpretierte Stelle noch einmal heran: „Das Ich setzt sich selbst schlechthin, und dadurch ist es in sich selbst vollkommen, und allem äußern Eindrucke verschlossen. Aber es muß auch, wenn es ein Ich sein soll, sich setzen, als durch sich selbst gesetzt . . ." [15] Diese Stelle zitiert auch Gierndt, um seine These, das absolute Ich sei das „Absolute" als das „reale Urwahre", zu belegen.[16] Jenes erste Setzen sei, so behauptet er, die Selbstkonstitution des absoluten Ich. Das zweite Setzen sei dann der „Akt der Konstitution (Tat-Handlung) eines erscheinenden, quantitierbaren Ich, mit dem ein zweiter Akt der Gegensetzung und ein dritter Akt der Vereinigung beider Handlungen notwendig mitgesetzt ist".[17] Das sich im ersten Setzen selbst „konstituierende" Absolute ist doch ein absolutes Ich. Diese Bestimmung des „Absoluten" steht aber unter der Bedingung des zweiten Setzens: Das absolute Ich muß, „wenn es ein Ich sein soll" – und das soll es doch wohl sein – „sich setzen als durch sich selbst gesetzt".[18] Das bedeutet: Ohne das zweite Setzen ist das absolute Ich kein Ich, da es sich aber nur als Ich setzen kann, ist das erste Setzen ohne das zweite unmöglich.

---

[11] Vgl. z.B. I, 126.
[12] I, 271.
[13] Vgl. I, 270.
[14] Vgl. § 23 d.A.
[15] I, 276.
[16] Gierndt, a.a.O., S. 63.
[17] Gierndt, a.a.O., S. 63.
[18] I, 276.

Daher kann das erste Setzen nicht die Selbstkonstitution des Absoluten sein.

Wir hatten gesehen: Das Sichselbstsetzen des Ich steht unter der Bedingung seiner Endlichkeit. Hier zeigt sich: Das Sichselbstsetzen des absoluten Ich steht unter der Bedingung eines zweiten Setzens. Wie steht beides zueinander? Der Grund für die Endlichkeit des Ich kann nur im Anstoß liegen. Der Anstoß ist aber zugleich der Grund für die Unterscheidbarkeit der beiden Arten des Setzens. Jedenfalls kann von dem zweiten Setzen erst auf Grund des erfolgten Anstoßes gesprochen werden.[19] *Der Anstoß ist die Bedingung für das Sichselbstsetzen des Ich. Damit ist die Aporie perfekt.*

Nun aber der versprochene „Vereinigungspunkt zwischen dem absoluten, praktischen, und intelligenten Ich":[20] „Das Ich fordert, daß es alle Realität in sich fasse, und die Unendlichkeit erfülle. Dieser Forderung liegt notwendig zum Grunde die Idee des schlechthin gesetzten, unendlichen Ich; und dieses ist das absolute Ich, von welchem wir geredet haben. (Hier erst wird der Sinn des Satzes: das Ich setzt sich selbst schlechthin, völlig klar. Es ist in demselben gar nicht die Rede von dem im wirklichen Bewußtsein gegebnen Ich; denn dieses ist nie schlechthin, sondern sein Zustand ist immer, entweder unmittelbar oder mittelbar durch etwas außer dem Ich begründet; sondern von einer Idee des Ich, die seiner praktischen unendlichen Forderung notwendig zu Grunde gelegt werden muß, die aber für unser Bewußtsein unerreichbar ist ...)" [21]

Das absolute Ich des ersten Grundsatzes ist somit eine notwendige Idee. Es ist die Idee des schlechthin gesetzten, unendlichen Ich, die der praktischen, unendlichen Forderung des Ich notwendig zugrunde gelegt werden muß. Welchem Ich gehört die praktische, unendliche Forderung zu? Welches Ich fordert, daß es alle Realität in sich fasse? Dies ist das praktische Ich, wie der nächste Satz zeigt: „Das Ich muß – und das liegt gleichfalls in seinem Begriffe – über sich reflektieren, ob es wirklich alle Realität in sich fasse. Es legt dieser Reflexion jene Idee zum Grunde, geht demnach mit derselben in die Unendlichkeit hinaus, und insofern ist es praktisch ..." [22]

Das absolute Ich ist die Idee, die notwendig zugrunde gelegt werden muß, wenn das praktische Ich hinsichtlich der ihm eigenen unendlichen Forderung soll erklärt werden können. Jene unendliche und daher

---

[19] Vgl. § 24 d.A.
[20] I, 271.
[21] I, 277.
[22] I, 277.

absolute Forderung ist der kategorische Imperativ, dessen Ursprung und Wesen Fichte freilich schon in der *Kritik aller Offenbarung*[23] anders sieht als Kant.

Wie versteht Fichte den kategorischen Imperativ? In der Deduktion des Strebens[24] wurde gezeigt, daß die Forderung der Einheit des Ich im Hinblick auf den im Grundsatz der praktischen WL implizierten Widerspruch die Gestalt der Forderung nach der Identität der reinen und objektiven Tätigkeit annimmt. Fichte sagt: ,,So wie das Ich gesetzt ist, ist alle Realität gesetzt; im Ich soll Alles gesetzt sein; das Ich soll schlechthin unabhängig, Alles aber soll von ihm abhängig sein. Also, es wird die Übereinstimmung des Objekts mit dem Ich gefordert; und das absolute Ich, gerade um seines absoluten Seins willen, ist es, welches sie fordert".[25] In der Anmerkung dazu sagt Fichte, dies sei Kants kategorischer Imperativ. Im selben Sinn heißt es etwas später: ,,Jene Forderung, daß alles mit dem Ich übereinstimmen, alle Realität durch das Ich schlechthin gesetzt sein solle, ist die Forderung dessen, was man praktische Vernunft nennt, und mit Recht so nennt".[26]

Die Forderung des kategorischen Imperativs ist die Forderung des absoluten Ich. Nur unter der Voraussetzung der Idee des absoluten Ich ist der kategorische Imperativ als solcher möglich. Schon in der genannten Anmerkung deutet sich an, daß das absolute Ich Idee ist. Es heißt dort: ,,Nur weil, und insofern das Ich selbst absolut ist, hat es das Recht absolut zu postulieren; und dieses Recht erstreckt sich denn auch nicht weiter, als auf ein Postulat dieses seines absoluten Seins, aus welchem denn freilich noch manches andre sich dürfte deduzieren lassen". – [27]

Die Auffassung, daß das absolute Ich Idee ist, wird vollends durch eine Bemerkung erhärtet, die, nach Fichte, die Lehre der Wissenschaftslehre völlig klar macht: ,,Nach der soeben vorgenommenen Erörterung ist das Prinzip des Lebens und Bewußtseins, der Grund seiner Möglichkeit, – allerdings im Ich enthalten, aber dadurch entsteht noch kein wirkliches Leben, kein empirisches Leben in der Zeit; und ein anderes ist für uns schlechterdings undenkbar. Soll ein solches wirkliches Leben möglich sein, so bedarf es dazu noch eines besondern Anstoßes auf das Ich durch ein Nicht-Ich".[28] *Das Ich hat das Prinzip des Lebens und des*

---

[23] V, 15–172 (1792).
[24] Vgl. § 19 d.A.
[25] I, 260.
[26] I, 263 f.
[27] I, 260, Anm.
[28] I, 279.

Bewußtseins in sich. Das heißt aber nur: Es muß (als Idee) so gedacht werden, daß es – einmal in Bewegung gesetzt – alles aus sich entwickeln kann. Deshalb wird es – worauf noch einmal einzugehen sein wird – als Indifferenz der realen und idealen Tätigkeit gedacht.

Bezüglich des Anstoßes, der irgendeinem dem Ich völlig entgegengesetzten Etwas (genannt Nicht-Ich) zugeschrieben werden muß, sagt Fichte: ,, . . . das Ich wird durch jenes Entgegengesetzte bloß in Bewegung gesetzt, um zu handeln, und ohne ein solches erstes Bewegendes außer ihm würde es nie gehandelt, und da seine Existenz bloß im Handeln besteht, auch nicht existiert haben".[29] Auch hier zeigt sich noch einmal sehr deutlich, daß das Sichselbstsetzen des Ich und damit seine Existenz unter der Bedingung des Anstoßes steht.

Die Bedeutung des absoluten Ich als Idee wird ferner deutlich in einer Anmerkung, in der Fichte ,,absolutes Sein" und ,,wirkliches Dasein" unterscheidet.[30] Die unendliche Idee des Ich drückt dessen absolutes Sein aus und darf nicht mit dem wirklichen Ich bzw. dessen wirklichem Dasein verwechselt werden. Diese Verwechselung kennzeichne, sagt Fichte, den konsequenten Stoizismus, während die Wissenschaftslehre das absolute Sein des Ich (das absolute Ich als Idee) zugrunde legt, um das wirkliche Dasein des Ich erklären zu können.

Mit der Bestimmung des absoluten Ich als einer notwendigen Idee kann es nun nicht einfach sein Bewenden haben. Vielmehr ist zu sehen, daß damit unsere früheren Interpretationsversuche fragwürdig geworden sind. Vor allem stellt sich nun das Problem des Anstoßes völlig neu. Mußte bisher angenommen werden, daß der Anstoß auf das absolute Ich als Indifferenz der realen und idealen Tätigkeit erfolgt, der Anstoß also auf etwas erfolgt, das schon ist (existiert), so zeigt sich nun, daß das Ich, auf das der Anstoß erfolgen soll, ohne den Anstoß gar nicht existiert. Anders gewendet: *Ist das absolute Ich Idee, dann kann auch der Anstoß nur die Idee des Anstoßes sein. Wie ist es dann aber möglich, daß dem, was auf Grund des Anstoßes erfolgt, mit vollem Recht Realität zuzuschreiben ist? Wie können das absolute Ich als Idee und der Anstoß als Idee Anfang einer Geschichte des Selbstbewußtseins sein? Wie, wenn hier die Doppeldeutigkeit des ersten Grundsatzes und damit jener merkwürdige Begriff des Bewußtseins seine entscheidende Relevanz gewänne?*

---

[29] I, 279.
[30] Vgl. I, 278, Anm.

§ 37. Aufklärung der Doppeldeutigkeit des ersten Grundsatzes

Bei der Erörterung des dritten Grundsatzes der *Grundlage* hatten wir
gesehen, daß zwei Momente des absoluten Ich auseinandertreten: das
sich selbst Setzende und das, worin gesetzt ist: das Bewußtsein (als
Sphäre möglichen Seins-für).[31] Wir müssen zusehen, was die Bestimmung des absoluten Ich als Idee für diese Unterscheidung von Ich und
Bewußtsein besagt.

Wir gehen noch einmal aus von der Formel des dritten Grundsatzes:
,,Ich setze im Ich dem teilbaren Ich ein teilbares Nicht-Ich entgegen''.[32]
Im Ich selbst sind so teilbares Ich und teilbares Nicht-Ich gesetzt.
Das erste ,,Ich'' mußte als Bewußtsein bestimmt werden, das als
Sphäre des Seins-für mit dem Sichselbstsetzen des absoluten Ich gesetzt
ist.[33] Ist das Bewußtsein mit dem Sichselbstsetzen des absoluten Ich
gesetzt, so muß das Verhältnis von Ich und Bewußtsein im Hinblick
auf den ersten Grundsatz wie folgt bestimmt werden: Das Ich füllt die
mit ihm gesetzte Sphäre des Seins-für ganz und unteilbar aus. *Alles,*
was für das Ich ist, ist durch das Ich gesetzt und alles, was durch das Ich
gesetzt ist, ist das Ich selbst. Ich und Bewußtsein fallen zusammen.

Wie aber steht die Sache bezüglich des dritten Grundsatzes? Die mit
dem Sichselbstsetzen des absoluten Ich gesetzte Sphäre des Seins-für
umfaßt nun Ich und Nicht-Ich als sich gegenseitig beschränkend.
Der Satz, daß alles, was für das Ich ist, durch das Ich gesetzt ist, gilt nach
wie vor; nicht aber mehr der Satz, daß alles, was durch das Ich gesetzt ist,
das Ich selbst ist. Denn nun ist durch das Ich im Ich (als Bewußtsein)
auch das Nicht-Ich gesetzt. Das Ich setzt sich selbst, aber nur in einen
,,Teil'' des Bewußtseins, in den anderen Teil setzt das Ich das Nicht-
Ich. *Ich und Bewußtsein fallen auseinander.*

Was besagt nun die Einsicht, daß das absolute Ich die zur Erklärung
des endlichen Bewußtseins notwendig vorausetzende Idee des absoluten Siens des Ich ist, für das Verhältnis von Ich und Bewußtsein?

Der Satz: ,,Alles, was durch das Ich gesetzt ist, ist das Ich selbst'' ist
dann eine Aussage über das absolute Ich als Idee. Der Satz drückt dann
das absolute Sein des Ich aus, das von dem ,,wirklichen Dasein'' des Ich
sorgfältig unterschieden werden muß.[34]

Der dritte Grundsatz aber bzw. der aus ihm abzuleitende Satz:
,,*Alles, was für das Ich (und das heißt: im Bewußtsein) ist, ist durch das*

---

[31] Vgl. § 13 d.A.
[32] I, 110.
[33] Vgl. I, 107.
[34] Vgl. I, 278, Anm.

Ich gesetzt'' kann keine Aussage über eine Idee sein. Er muß vielmehr eine Aussage über das wirkliche Dasein des Ich sein, unbeschadet der Tatsache, daß dieser Satz in einer Geschichte des Selbstbewußtseins erwiesen werden muß. Das in der Geschichte des Selbstbewußtseins abzuleitende natürliche Bewußtsein ist dadurch bestimmt, daß zwar alles, was ist,[35] für es ist, nicht aber alles, was für es ist, das Ich selbst ist; vielmehr gehört unter solches, was für das Ich ist, notwendig das Nicht-Ich.

Der zweite Satz nimmt das Bewußtsein, in dem das (endliche) Ich sich selbst setzt und sich zugleich ein Nicht-Ich entgegensetzt, als ein ,,wirkliches Dasein'' in Anspruch.

Nun sollte aber das Bewußtsein mit dem Sichselbstsetzen des absoluten Ich gesetzt sein, welches Sichselbstsetzen das absolute Sein des Ich qua Idee besagt. Wir können den Sachverhalt noch durch ein Zitat verdeutlichen. Fichte sagt, wo er den Charakter der im dritten Grundsatz ausgedrückten Synthesis bestimmt: ,,Ich und Nicht-Ich, so wie sie durch den Begriff der gegenseitigen Einschränkbarkeit gleich und entgegengesetzt werden, sind selbst beide etwas (Akzidenzen) im Ich, als teilbarer Substanz; gesetzt durch das Ich, als absolutes unbeschränkbares Subjekt, dem nichts gleich ist, und nichts entgegengesetzt ist. –''[36] Das Ich als teilbare Substanz, in der (als ,,Akzidenzen'') Ich und Nicht-Ich gesetzt sind, ist das Bewußtsein,[37] welches, wie gesagt, durch das absolute Ich gesetzt sein soll.

Der erste Grundsatz, der das Sichselbstsetzen des absoluten Ich ausdrückt, ist also in dem Sinne zweideutig, daß er

1) das absolute Sein des Ich als Idee bestimmt;
2) das wirkliche Dasein des Bewußtseins behauptet.

Die ,,Synthesis'' des dritten Grundsatzes ist demnach nur dadurch möglich, daß zwar auf der einen Seite das Ich als das Sichselbstsetzende als ,,teilbar'' gesetzt wird, so daß es nun auch etwas anderes als sich selbst setzen kann, auf der anderen Seite jedoch das Bewußtsein als das eine Moment des absoluten Ich in den dritten Grundsatz herübergenommen wird.

Diese Zweideutigkeit des absoluten Ich, die wir hier zu explizieren suchen, ist, wie noch einmal betont werden soll, nicht diejenige, von der Fichte selber spricht, wenn er sagt: ,,Das Ich ist gesetzt, zuvörderst

---

[35] Dieser Satz ist natürlich in transzendental-kritischer Einschränkung gemeint. Vgl. I, 109.
[36] I, 119.
[37] Man erinnere sich, daß das Faktum der Einbildungskraft dadurch gewonnen wurde, daß das Bewußtsein als Substanz entwickelt wurde. Zur Bestimmung des Bewußtseins als Substanz vgl. D. Schäfer, a.a.O.

als absolute, und dann als einschränkbare einer Quantität fähige Realität, und zwar als einschränkbar durch das Nicht-Ich".[38] Das Ich als einschränkbare Realität ist das im Bewußtsein gesetzte Ich; die Einschränkung seiner Realität bedeutet, daß nicht alles, was für es bzw. durch es gesetzt ist, das Ich selbst ist. In keinem Sinne aber kann das einschränkbare Ich das Bewußtsein sein, in dem ja auch das Nicht-Ich gesetzt ist. Das Nicht-Ich beschränkt die Realität des Ich, indem es das Ich bestimmt, sich selbst in eine beschränkte Sphäre und es, das Nicht-Ich selbst, in die übrigbleibende Sphäre des Bewußtseins zu setzen. In keinem Sinne aber kann gesagt werden, daß das Nicht-Ich das Bewußtsein beschränke, da jenes ja im Bewußtsein gesetzt ist.

In welchem Sinn ist also das absolute Ich im Hinblick auf dessen nun herausgestellte Zweideutigkeit als Idee zu bestimmen?

Nur das erste Moment im Begriff des absoluten Ich, welches wir durch den Satz ausdrückten „Alles was für das Ich ist, ist das Ich selbst", ist Idee. Es ist die Idee, daß das Ich die Sphäre des Bewußtseins als eines wirklichen Daseins voll ausfülle, oder, im Rückblick auf die praktische Wissenschaftslehre gesprochen, unendliche Kausalität habe.[39]

Das zweite Moment aber, das Bewußtsein, ist nicht Idee, sondern wirkliches Dasein. Es ist, da ein wirkliches Dasein nicht durch eine Idee gesetzt sein kann, mit dem ersten Grundsatz einfach angesetzt und der gesamten Wissenschaftslehre gleichsam untergeschoben.

Die experimentierende Dialektik des ersten Teiles der theoretischen Wissenschaftslehre, die in der Einbildungskraft ihr Resultat hat, hat es, wie Fichte sagt, nur mit Denkmöglichkeiten zu tun. Diese aber betreffen das Verhältnis von Ich und Nicht-Ich im Bewußtsein. Wenn dieses Verhältnis schließlich in der Synthese der Einbildungskraft eine widerspruchsfreie Gestalt gewonnen hat, und deshalb, wie Fichte sagt, ein ursprüngliches Faktum des Bewußtseins erreicht ist, so ist dies nur dadurch möglich, daß das Bewußtsein von vornherein als wirkliches Dasein genommen und der gesamten Deduktion zugrunde gelegt wurde. *Nur weil im ersten Grundsatz Ich und Bewußtsein zusammenfallen, kann dem „Handeln" des Ich irgendwann Realität zukommen – ist Geschichte des Selbstbewußtseins möglich.*

Absolutes Ich und Anstoß sind ihrem Wesen nach Idee. *Aber das absolute Ich ist als „Einheit" zweier Momente angesetzt, es ist die „Einheit" von Idee und Dasein.*

[38] I, 126; vgl. Gierndt, a.a.O., S. 63.
[39] Genau in dieser Bestimmung tritt das absolute Ich am Anfang der praktischen Wissenschaftslehre auf. – Vgl. I, 249.

Wie stehen das absolute Ich als Idee und der Anstoß als Idee zum Bewußtsein als wirklichem Dasein? Erst die Beantwortung dieser Frage macht klar, was das Prinzip der Geschichte des Selbstbewußtseins bei Fichte ist.

§ 38. *Das Prinzip der Geschichte des Selbstbewußtseins*

Im Hinblick auf die eigentliche Geschichte des Selbstbewußtseins haben wir das absolute Ich als die Indifferenz von realer und idealer Tätigkeit bestimmt, die sich durch einen Anstoß differenziert, so daß das beschriebene Wechselspiel beider Tätigkeiten in Gang kommt. Was bedeutet die Feststellung Fichtes, das absolute Ich sei die Idee des absoluten Seins des Ich für diese Bestimmung? Indifferenz ist die zur Erklärung einer Differenz als deren Negation gesetzte Einheit. Ist das absolute Ich als Indifferenz eine für die Erklärung des Bewußtseins notwendig zu denkende Idee, so muß diese Idee im Ausgang von dem zu Erklärenden hinsichtlich ihrer Bestimmungen verständlich gemacht werden können. Dies scheint die einzige Möglichkeit, das Verhältnis der beiden „Ideen" (absolutes Ich und Anstoß) zum Bewußtsein als dem wirklichen Dasein zu klären.

Wir werden das absolute Ich zunächst als Erklärungsprinzip des praktischen Ich (I), dann des theoretischen Ich (II), schließlich als einheitliches Erklärungsprinzip des konkreten Bewußtseins, d.h. als Prinzip der Geschichte des Selbstbewußtseins (III) betrachten.

I

Wir haben schon gesehen, wie das absolute Ich zur Erklärung des kategorischen Imperativs notwendig angenommen werden muß. Von daher ist zu sagen: Das absolute Ich ist das Postulat desjenigen absoluten Seins des Ich, ohne welches die absolute Forderung des kategorischen Imperativs unmöglich wäre. Anders gesprochen: Das absolute Ich ist die zur Erklärung des kategorischen Imperativs als Postulat aufgestellte Idee eines Ich, durch dessen Tätigkeit alle Realität schlechthin gesetzt ist, welches also unendliche Kausalität hat.

Hinsichtlich des praktischen Ich ist aber nicht nur die Unendlichkeit bzw. die Absolutheit der Forderung des kategorischen Imperativs zu erklären, sondern auch dessen Charakter als Forderung, d.h. die faktische Nonkonformität des praktischen Ich mit dem absoluten Sein.

Anders gesprochen: Im Streben des praktischen Ich sind Unendlichkeit und Endlichkeit in notwendiger Einheit gedacht. Auch die Endlichkeit ist zu erklären. Dies geschieht im zweiten Grundsatz, dessen Gegensetzung absolut ist; die Entgegensetzung ist nicht aus der Idee des absoluten Seins des Ich abzuleiten, die Endlichkeit ist nicht als Moment der Unendlichkeit zu erweisen.

Die endliche Unendlichkeit oder die unendliche Endlichkeit des praktischen Ich wird zum Zwecke ihrer Erklärung in zwei Erklärungsprinzipien auseinandergenommen. Diese sind im ersten und zweiten Grundsatz aufgestellt. Im Hinblick auf die eigentliche Geschichte des Selbstbewußtseins formuliert: Das Erklärungsprinzip der Endlichkeit des praktischen Ich ist der auf das absolute Ich erfolgende Anstoß. Die Idee des absoluten Ich ist also im Ausgang von dem zu Erklärenden, dem „Faktum des Sittengesetzes", dadurch gewonnen, daß ein Ich gedacht wird, das jener Forderung völlig konform ist, d.h. ein Ich, das unendliche Kausalität hat, dessen Handeln in keiner Weise eingeschränkt ist. Das zweite Erklärungsprinzip ist dann dasjenige, was notwendig als Grund der Beschränkung angenommen werden muß.

II

Das praktische Ich ist aber notwendig auch immer schon theoretisches Ich.[40] Deshalb sind, um der Einheit des endlichen Bewußtseins willen, jene zwei Erklärungsprinzipien zugleich als Erklärungsprinzipien des theoretischen Ich (Intelligenz) zu fassen. Was aber ist hinsichtlich des theoretischen Ich zu erklären? Wir können dies in zwei Hauptmomente auseinandernehmen:

1) Das theoretische Ich ist gedacht gemäß dem Satz des Bewußtseins; es hat die Struktur: Vorstellendes-Vorstellung-Vorgestelltes. Wir haben gesehen, wie die Grundsätze im Ausgang von dieser Struktur entwickelt wurden.[41]

2) Das Bewußtsein ist theoretisch eine Sphäre der Immanenz: Alles, was für das Ich ist, ist im Ich und durch das Ich gesetzt. Gleichwohl ist das Ich nicht unendlich. Die zur Erklärung der Vorstellung notwendige Begrenzung des Ich ist keine Selbstbegrenzung. Es kommt also darauf

---

[40] Vgl. I, 278.
[41] Auf die Bedeutung des Satzes des Bewußtseins für die Geschichte des Selbstbewußtseins werden wir im nächsten Kapitel noch einmal eingehen.

an, sowohl den strikten Immanenzcharakter des Bewußtseins als auch dessen Endlichkeit zu erklären.

Wie das absolute Ich das Moment der Unendlichkeit des praktischen Ich zu erklären hat, so hat es hier den Immanenzcharakter des Bewußtseins zu erklären. Nun zeigt sich eine merkwürdige Asymmetrie in der Erklärung des Bewußtseins. Denn die geforderte Erklärung geschieht nicht so, daß das absolute Ich als die Idee, daß alles, was für das Ich sei, auch das Ich selbst sei, als Erklärungsprinzip fungiert, sondern das mit dem Sichselbstsetzen des absoluten Ich gesetzte Bewußtsein als die Sphäre möglichen Seins-für, von der gesagt wird, daß in ihr Ich und Nicht-Ich gesetzt sei. *Das aber bedeutet, daß das absolute Ich nur auf Grund der von uns aufgewiesenen Zweideutigkeit zugleich als Erklärungsprinzip des praktischen und des theoretischen Ich fungieren kann.*

Wie aber kann ein solches Bewußtsein, das durch das Sichselbstsetzen des absoluten Ich, wie wir immer sagen mußten, gesetzt ist und in dem Ich und Nicht-Ich gesetzt sind, zugleich endlich, beschränkt, abhängig sein? Das Erklärungsprinzip kann auch hier nur der Anstoß bzw. die ihm zugeschriebene Beschränkung sein. Damit scheint die behauptete totale Immanenz des theoretischen Ich qua Bewußtsein gefährdet. Sie wird aber genau dadurch gewahrt, daß die Bestimmung, Begrenzung etc. durch den Anstoß nicht das theoretische, sondern das praktische Ich betrifft.[42] Der Anstoß beschränkt die reale Tätigkeit des Ich, wodurch allererst die prinzipiell unbegrenzbare ideale Tätigkeit freigesetzt wird. So ist zugleich die Realität der praktischen Vernunft erwiesen, indem gezeigt ist, daß die Vernunft nicht theoretisch sein kann, ohne praktisch zu sein.[43] Wir können wie folgt zusammenfassen:

Das endliche Vernunftwesen (das natürliche Bewußtsein) als zugleich theoretisch (vorstellend) und praktisch (unter dem Sittengesetz stehend) ist nur zu erklären unter der Annahme zweier Prinzipien:

1. eines „absoluten Ich", dessen Unendlichkeit als Totalität der Realität
    a) theoretisch die Immanenz des Bewußtseins und
    b) praktisch die absolute Forderung des Sittengesetzes
    erklärbar macht;
2. eines „Anstoßes", der
    a) trotz der Bestimmung gemäß 1.a) die Endlichkeit des theoretischen Bewußtseins und

---

[42] Vgl. I, 279 ff. und 218.
[43] Vgl. I, 264. – Dies ist der Sinn der von Kroner aufgestellten These vom spekulativen Primat der praktischen Vernunft. Vgl. R. Kroner, a.a.O., Bd. I, S. 362 ff.

b) die Endlichkeit des praktischen Ich als Nonkonformität desselben
mit der absoluten Forderung des Sittengesetzes
erklärbar macht.[44]

III

Die beiden Erklärungsprinzipien des theoretischen wie praktischen
Bewußtseins müssen sich in der wirklichen Konstruktion des Bewußtseins bewähren. Dies geschieht in der Geschichte des Selbstbewußtseins.
Dazu ist das absolute Ich ausdrücklich als einheitliches Erklärungsprinzip zu fassen.

Das theoretische Bewußtsein ist in seinem Vollzug Vorstellen. Dies
hat seinen Grund in einer idealen Tätigkeit. Das praktische Bewußtsein
ist in seinem Vollzug (sittliches) Handeln bzw. Streben. Dies hat seinen
Grund in der realen Tätigkeit. Da der Anstoß das Ich nur ,,in Bewegung
setzt'' oder, was dasselbe, Grund der Endlichkeit des Bewußtseins ist,
müssen beide Vollzugsweisen im absoluten Ich begründet sein. Deshalb
ist die Tätigkeit des absoluten Ich zugleich ideale und reale Tätigkeit.
Da aber, ohne Hinzunahme eines Dritten, welches erst durch den Anstoß gegeben ist, beide Tätigkeiten nicht zu unterscheiden sind, muß
das absolute Ich als die Indifferenz der realen und idealen Tätigkeit
bestimmt werden.[45]

Das absolute Ich ist als Erklärungsprinzip (als Idee) offenbar dadurch gewonnen, daß notwendige Strukturmomente des zu Erklärenden aus dem Zusammenhang, in dem sie als Momente aufweisbar sind,
isoliert werden. Das so gewonnene Erklärungsprinzip muß aber als
einheitliches, mit sich identisches gefaßt werden, denn eine Differenz
in ihm bedürfte wiederum einer Erklärung. Deshalb müssen die isolier-
ten Momente zusammenfallen, ineins, d.h. in Indifferenz gesetzt werden. Die im zu Erklärenden aufweisbaren Differenzen bedürfen dann
aber ausdrücklich eines zweiten Erklärungsprinzips.[46]

Zugleich aber ist es notwendig, daß dasjenige, dessen Strukturmomente als Erklärungsprinzipien isoliert werden, von Anfang an als

---

[44] Angesichts der Bedeutung, die dem Anstoß zukommt, ist es also durchaus möglich, von
,,zwei'' Prinzipien zu sprechen. Wenn wir dennoch meist von ,,dem'' Prinzip sprechen, so
geschieht das, weil nur dies eine, das absolute Ich, inhaltlich bestimmt werden kann; der
Anstoß ist als solcher per definitionem leer, ohne jede inhaltliche Bestimmung.

[45] Vgl. § 24 d.A.

[46] Zu erklärende Grunddifferenzen sind 1) praktisch: die Differenz zwischen dem absoluten
Anspruch und dem faktischen Unvermögen – 2) theoretisch: die Differenz zwischen Vorstellendem und Vorgestelltem. (Vgl. I, 104 f.)

wirkliches Dasein angesetzt wird. *Dies geschah*, wenn auch von Fichte nicht reflektiert, *dadurch, daß mit dem absoluten Ich des ersten Grundsatzes bereits das Bewußtsein angesetzt wurde, welches in den dritten Grundsatz herübergenommen wird und damit von der Bestimmung des absoluten Ich als Idee nicht mitbetroffen sein kann.*

Soll nun die Erklärung des natürlichen Bewußtseins Geschichte des Selbstbewußtseins sein, soll diese selbst möglich sein, so muß es einen Anfang derselben geben, durch den das sich Entwickelnde als das „Subjekt" der Geschichte bereits in Ansatz gebracht ist. Deshalb war der Anfang der Geschichte des Selbstbewußtseins merkwürdig zweideutig. Wir hatten als Anfang genannt:

1. den Anstoß auf das absolute Ich;
2. einen anfänglichen Zustand des Bewußtseins (Gefühl bzw. unbewußte Anschauung).

Nun hat sich gezeigt: *Nur das zuletzt Genannte kann Anfang der Geschichte des Selbstbewußtseins sein: der anfängliche Zustand. Dessen Struktur wird erklärt aus dem absoluten Ich als Idee und dem Anstoß als Idee. Der anfängliche Zustand ist aber Zustand eines Bewußtseins, dessen Existenz durch die Zweideutigkeit des ersten Grundsatzes in Ansatz gebracht wurde.*

Das Bewußtsein als das zu Erklärende ist nur zu erklären als Resultat einer Geschichte seiner selbst von einem anfänglichen Zustand aus, welcher Zustand hinsichtlich seiner Struktur aus den zu seiner Erklärung notwendig anzunehmenden Prinzipien konstruierbar ist, ohne daß, wie es zunächst schien, gesagt werden kann, jener Zustand sei durch den Anstoß auf das absolute Ich entstanden. Er muß vielmehr als faktisch angesetzt werden. *Deshalb ist die Geschichte des Selbstbewußtseins und nicht die Deduktion der Einbildungskraft die eigentliche Wissenschaftslehre.* Was die Deduktion der Einbildungskraft soll, klärt sich erst hier; unabhängig davon bleibt sie letztlich Gedankenspielerei.

Abschließend läßt sich sagen: Das Prinzip der Geschichte des Selbstbewußtseins bei Fichte ist durch eine fundamentale Zweideutigkeit bestimmt, die darin besteht, daß sein Begriff zwei Momente impliziert, deren eines ein notwendiges Erklärungsprinzip (ein Postulat) ist, deren anderes aber eine Existenzbehauptung ist, ein „wirkliches Dasein" besagt. *Das absolute Ich ist als die Einheit von Idee (Erklärungsprinzip) und Wesen (wirkliches Dasein) angesetzt.*

Welchen Charakter kann diese Einheit haben? Es liegt nahe, sie als Indifferenz zu fassen, denn die beiden Momente können nicht so gefaßt werden, daß das eine die Bestimmung, das andere aber Substrat der

Bestimmung ist. Damit aber ist das Problem nicht gelöst, denn diese Einheit als Indifferenz ist entweder selber eine Idee, dann kann in keinem Sinn ein wirkliches Dasein in ihr enthalten sein, oder sie ist ein wirkliches Dasein, ein Wesen, aber in einem solchen kann keine Idee enthalten sein.

Fichte setzt das Prinzip der Geschichte des Selbstbewußtseins als Einheit von Idee und Wesen an; und wir haben gezeigt, warum dies notwendig ist. Andererseits hat die Wissenschaftslehre keine Mittel, die Struktur und den Charakter dieser Einheit zu bestimmen.[47] Damit ist eine Aufgabe gestellt, die zum spekulativen Grundproblem des Deutschen Idealismus wird: das Prinzip der Geschichte des Selbst= bewußtseins als Einheit von Idee und Wesen, von „Prinzip"[48] und Faktum, zu fassen und einsichtig zu machen.[49]

---

[47] Der Ausdruck „Tathandlung", durch den Fichte den von Reinhold zur Bestimmung des obersten Grundsatzes der Philosophie verwendeten Ausdruck „Tatsache" ersetzt, deutet darauf hin, daß Fichte die Einheit von Idee und Wesen anvisiert hat. Das Sichselbstsetzen des 1. Grundsatzes aber bleibt wegen der (von Fichte nicht durchschauten) Zweideutigkeit nur eine „falsche" Synthese von Idee und Dasein.

[48] Wir setzen Anführungszeichen, wenn wie hier von einem Erklärungsprinzip im Unterschied zu einem Faktum die Rede ist.

[49] In einem Exkurs soll gezeigt werden, wie Schelling dies Problem zu lösen versucht. Vgl. S. 185ff. d.A.

10. KAPITEL

DIE PROPÄDEUTIK

§ 39. Reinholds Theorie des Bewußtseins als Propädeutik

Eine Besinnung auf das systematische Problem einer Geschichte des Selbstbewußtseins hat neben dem Prinzip auch die notwendige Artikulation des Vorverständnisse des natürlichen Bewußtseins als die Feststellung dessen, was zu erklären ist, zu reflektieren. Wie das Problem des Prinzips soll auch das der Propädeutik aus den Resultaten unserer Interpretationen gewonnen werden. Im Gegensatz zu der Erörterung des Prinzips können wir uns hier aber nicht auf ausführliche Darlegungen Fichtes stützen. Fichte reflektiert, von ein paar Bemerkungen abgesehen, über dieses Problem nicht. Unsere Überlegungen werden daher zweistufig sein müssen.

1) Wir müssen zeigen, daß die Geschichte des Selbstbewußtseins bei Fichte faktisch eine Propädeutik hat.

2) Wir müssen versuchen, das Problem der Propädeutik systematisch in den Griff zu bekommen. Dies wird Aufgabe des nächsten Paragraphen sein.

Wir haben gezeigt, wie Idee und Gestalt der Wissenschaftslehre auf Fichtes Auseinandersetzung mit Reinhold zurückgehen. Aber nicht der Nachweis einer „historischen Abhängigkeit" war Zweck der ausführlichen Berücksichtigung Reinholds, vielmehr ging es einzig darum, eine Basis für die Erörterung des Problems der Propädeutik zu gewinnen.

Fichte selbst hat der Theorie des Vorstellungsvermögens in bezug auf seine Wissenschaftslehre die Funktion einer Propädeutik zugesprochen. In seiner Schrift *Über den Begriff der Wissenschaftslehre* stellt er fest: „Das Ich, als philosophierendes Subjekt, ist unstreitig nur vorstellend; das Ich als Objekt des Philosophierens könnte noch wohl etwas mehr sein. Das Vorstellen ist die höchste und absolut-erste Handlung des Philosophen, als solchen; die absolut-erste Handlung des menschlichen Geistes könnte wohl eine andre sein".[1] Etwas später sagt er dann:

[1] I, 80.

„Unter dieser Voraussetzung könnte eine Wissenschaft, die auf den Begriff der Vorstellung aufgebaut ist, zwar eine höchst nützliche Propädeutik der Wissenschaft, aber sie könnte nicht die Wissenschaftslehre selbst sein".[2]

In der *Grundlage* sagt Fichte am Ende von § 1: „Reinhold stellt den Satz der Vorstellung auf . . . Er geht um ein beträchtliches weiter, als Cartes; aber, wenn er nur die Wissenschaft selbst, und nicht etwa bloß die Propädeutik derselben aufstellen will, nicht weit genug; denn auch das Vorstellen ist nicht das Wesen des Seins, sondern eine besondre Bestimmung desselben; und es gibt außer dieser noch andere Bestimmungen unseres Seins, ob sie gleich durch das Medium der Vorstellung hindurch gehen müssen, um zum empirischen Bewußtsein zu gelangen".[3]

Diese Äußerungen Fichtes zeigen zunächst zweierlei: 1. Der Wissenschaftslehre kann eine Propädeutik vorangestellt werden, die eine Theorie des Vorstellens sein muß. 2. Die Reinholdsche Theorie des Bewußtseins kann in dem genannten Sinn als eine Propädeutik der Wissenschaft angesehen werden.

Mit diesen Aussagen allein ist aber wenig bewiesen. Die Elementarphilosophie Reinholds, oder ein Teil derselben, mag als Propädeutik „nützlich" sein; daß sie als Propädeutik notwendig ist, ist damit nicht bewiesen. Ist sie aber nicht notwendig, so ist sie für die Systemstruktur der Wissenschaftslehre und damit der Geschichte des Selbstbewußtseins irrelevant. Außerdem steht nicht fest, ob Fichte den Ausdruck „Propädeutik" in unserem Sinn versteht.

Sehen wir zu, welche Erklärung er dafür gibt, daß Reinholds Theorie des Vorstellens eine Art Propädeutik der Wissenschaftslehre sein kann. Er führt zwei Gründe an: 1. die Wissenschaft selbst hat durchgängig den Charakter des Vorstellens; 2. alle Bestimmungen unseres Seins müssen „durch das Medium der Vorstellung hindurchgehen" „um zum empirischen Bewußtsein zu gelangen".[4] So aufgefaßt könnte die Propädeutik auch eine Verständigung über die Position und das Verfahren des Philosophen sein. Allerdings beinhalten die Aussagen auch, daß die Wissenschaft den Charakter, ein Vorstellen zu sein, mit dem „empirischen", also dem natürlichen Bewußtsein gemeinsam hat. Insofern könnte die Propädeutik – im Sinne Fichtes genommen – doch zugleich auch eine Verständigung über die Struktur des natürlichen Bewußtseins sein. Die Äußerungen Fichtes lassen also nicht erkennen, daß er

[2] I, 80.
[3] I, 100.
[4] I, 100.

das Problem der Propädeutik in unserem Sinn gesehen hat. Deshalb können sie hier nur den Charakter von Hinweisen haben.

Nun ist es aber ausdrücklich Aufgabe der Wissenschaftslehre, den Satz des Bewußtseins bzw. die in ihm ausgedrückte Grundstruktur alles Wissens, aus den Grundsätzen der Wissenschaftslehre abzuleiten. Der Satz des Bewußtseins aber ist Ausdruck der in der empirischen Selbstbeobachtung vor aller Wissenschaftslehre apodiktisch evidenten Struktur des Bewußtseins.[5] Unsere Interpretation der *Rezension* und der *Grundlage* hat ferner gezeigt, daß Fichte eine Reihe von Thesen Reinholds übernommen hat.

Damit stehen wir vor der entscheidenden Frage: Was kann von dem, was so in Inhalt und Gestalt der Wissenschaftslehre eingeht, als Bestimmung einer in unserem Sinn verstandenen Propädeutik angesehen werden?

Dies ist eine schwierige Frage deshalb, weil bei Reinhold mehr deskriptive und rein erklärende Passagen durcheinandergehen, Fichte andererseits, wie gezeigt, auch Erklärungsansätze übernimmt. Dennoch lassen sich im Ausgang vom Satz des Bewußtseins die Bestimmungen der Propädeutik der Geschichte des Selbstbewußtseins bei Fichte angeben. Es sind jene Bestimmungen, die im Satz des Bewußtseins so impliziert sind, daß sie notwendig mit zu dem zu Erklärenden gehören:

1) Die Dreigliedrigkeit des Bewußtseins (Vorstellendes-Vorstellung-Vorgestelltes). Das besagt allgemein: In allem Vorstellen muß das Vorstellende vom Vorgestellten zu unterscheiden sein, was aber nur so möglich ist, daß eine von beiden unterschiedene Vorstellung auf beide bezogen wird. Die Vorstellung ist einerseits „meine" Vorstellung – und insofern bin ich das Vorstellende –, sie gehört „mir" zu, andererseits ist die Vorstellung notwendig Vorstellung von Etwas, dem Vorgestellten. Das Vorgestellte ist nur durch und vermittels der Vorstellung. Alles, worauf ich mich vorstellend beziehen kann, ist insofern – als Vorgestelltes – „Inhalt" meines Bewußtseins. Diese dreigliedrige Struktur realisiert sich primär im Gegenstandsbewußtsein.

2) Die Unterscheidung von dunklem und hellem Bewußtsein, sofern aus der dreigliedrigen Struktur des Bewußtseins folgt, daß es zwar nicht notwendig, aber möglich ist, jedes der drei Glieder des Bewußtseins zum Vorgestellten einer darauf bezüglichen Vorstellung zu machen. Beim Gegenstandsbewußtsein (in der Erfahrung) liegt dies faktisch immer vor, indem eine Anschauung begriffen wird. Auf dieser

---

[5] Vgl. § 5 d.A.

Unterscheidung von dunklem und hellem Bewußtsein beruht ferner die Möglichkeit des Selbstbewußtseins.

3) Die Struktur des Selbstbewußtseins als Vorstellung des Vorstellenden.

Dagegen muß unseres Erachtens alles, was die Herkunft des dunklen Bewußtseins (der „bloßen Vorstellung") im „Vorstellungsvermögen" betrifft, schon als Erklärungsversuch gewertet werden. Das gilt dann auch für die Bestimmung des Vorstellungsvermögens selbst als eines Vermögens der Synthesis etc. Die unter 1)–3) genannten Bestimmungen des Bewußtseins sind in der Geschichte des Selbstbewußtseins aus dem Widerstreit von idealer und realer Tätigkeit abgeleitet worden.

Das Bewußtsein ist aber nicht nur theoretisches, erkennendes Bewußtsein, es ist auch handelndes, sittliches Bewußtsein. Als Bestimmung der Propädeutik muß damit auch das „Faktum des Sittengesetzes" angesehen werden. Das Sittengesetz ist die unbedingte Forderung nach absoluter Selbstbestimmung der praktischen Vernunft, eine Forderung, die das „endliche Vernunftwesen" gleichwohl nie endgültig erfüllen kann.

Wenn so gezeigt ist, daß die Geschichte des Selbstbewußtseins bei Fichte faktisch eine Propädeutik hat, kann nun auch versucht werden, das Problem unabhängig von der besonderen Gestalt der Wissenschaftslehre systematisch zu entwickeln.

§ 40. Das systematische Problem der Propädeutik

Wir haben im vorigen Kapitel gesehen, wie die in den Grundsätzen der Wissenschaftslehre ausgedrückten und dann in modifizierter Form an den Anfang der eigentlichen Geschichte des Selbstbewußtseins gestellten Erklärungsprinzipien des natürlichen Bewußtseins im Rückgriff auf das zu Erklärende gewonnen wurden. Damit aber ist die Frage unabweisbar: *Woher stammt die für dieses Verfahren notwendige Kenntnis des zu Erklärenden? Woher stammt das Wissen über die Strukturen des zu Erklärenden? Wie weist sich dieses Wissen aus?*[6]

Unserer Forderung, jenes als Propädeutik in Anspruch genommene Wissen auszuweisen, wird man mit dem Einwand begegnen, die Propädeutik beinhalte nur solche Bestimmungen, die durch die Wissenschaftslehre, die keinerlei Rücksicht auf die Erfahrung zu nehmen habe,

---

[6] Das systematische Problem der Propädeutik betrifft also deren inhaltliche Bestimmungen nur indirekt. Damit bleiben die folgenden Erörterungen davon unberührt, daß jemand den Umfang der von Fichte als Propädeutik in Anspruch genommenen Bestimmungen möglicherweise einschränkt, oder diese überhaupt anders faßt.

streng erwiesen würden. Dieser Beweis habe den Charakter eines Zirkels, der aber nicht fehlerhaft, sondern notwendig sei.

Was ist zu jenem Einwand zu sagen? Wir haben die Zirkelstruktur der Wissenschaftslehre als notwendig zugegeben. Die Wissenschaftslehre ist durch zwei Zirkel bestimmt: 1. Die Wissenschaftslehre muß Reflexionsgesetze voraussetzen, die erst innerhalb ihrer abgeleitet werden können. 2. Die Grundsätze werden als Grundsätze dadurch erwiesen, daß die Wissenschaftslehre zu ihnen zurückführt.

Doch ist bezüglich der Propädeutik zu sagen, daß sie im Gegensatz zu den Reflexionsgesetzen, die ja den Charakter der Theorie betreffen, nicht in diese Zirkel einbezogen sein kann, und zwar per definitionem nicht, weil sie eben nicht zur Wissenschaft gehört. In einen anderen Zirkel aber ist die Propädeutik notwendig einbezogen. Dieser Zirkel hat folgende Gestalt: Wenn die Prinzipien der Wissenschaft als notwendig anzunehmende Erklärungsprinzipien des in der Propädeutik Thematisierten im Rückgriff auf dieses gewonnen werden, dann muß, wenn die Deduktion nicht fehlerhaft ist, die Struktur des zu Erklärenden sich ableiten lassen. Das aber bedeutet: Die Tatsache, daß sich das zu Erklärende ableiten läßt, sagt nur etwas aus über das Verhältnis von Propädeutik und Prinzip; sie sagt aus, daß die Prinzipien im Hinblick auf die Propädeutik richtig gefaßt sind.

Damit steht unsere Frage nach wie vor: Wie weisen sich die Sätze der Propädeutik aus? Welchen Charakter von Erkenntnis bzw. Wissen haben diese Sätze?

Das Problem kann durch einige Hinweise, die sich bei Fichte finden, verdeutlicht werden. In der *Rezension* gesteht Fichte dem Satz des Bewußtseins: ,,Im Bewußtseyn wird die Vorstellung durch das Subjekt vom Subjekt und Objekt unterschieden und auf beyde bezogen" [7] apodiktische Evidenz zu. Jene Struktur des Bewußtseins ist aber in der empirischen Selbstbeobachtung gegeben. In gleicher Weise auf die Erfahrung verweist Fichte, wo er im Rahmen des § 5 der *Grundlage* ,,den wahren Sinn unseres zweiten Grundsatzes"[8] aufklären will. Er sagt dort: ,,Im zweiten Grundsatze ist nur einiges absolut; einiges aber setzt ein Faktum voraus, das sich a priori gar nicht aufzeigen läßt, sondern lediglich in eines jeden eigner Erfahrung".[9] Was absolut ist und was andererseits ein Faktum voraussetzt, sagt er weiter unten: ,,Daß jedes Setzen, welches nicht ein Setzen des Ich ist, ein Gegen-

---

[7] Reinhold, *Beyträge* I, 267.
[8] Vgl. I, 252.
[9] I, 252.

setzen sein müsse, ist schlechthin gewiß: daß es ein solches Setzen gebe, kann jeder nur durch seine eigne Erfahrung sich dartun".[10] Hinsichtlich des Entgegensetzens als eines Faktums wird also wieder an eine Gegebenheit der empirischen Selbstbeobachtung verwiesen.

Aus beiden Hinweisen ließe sich für das Problem der Propädeutik entnehmen, daß ihr Wissen auf empirischer Selbstbeobachtung beruhen muß.

Der Charakter dieser empirischen Selbstbeobachtung steht also in Frage. Bei Reinhold ist sie zweifellos eine Methode der Philosophie, sofern sie zur Auffindung des höchsten Grundsatzes und zur Entwicklung der in ihm liegenden Implikationen dient. Die Methode der empirischen Selbstbeobachtung bestimmt Fichte als das Miteinander von Reflexion und Abstraktion. – Und nun ergibt sich eine Alternative; denn Reflexion und Abstraktion können sein:

1) eine Methode der Philosophie zur Erkenntnis der faktischen Struktur des Bewußtseins. Diese Struktur kommt in ihnen zu apodiktisch evidenter Gegebenheit. Reflexion und Abstraktion und die in ihnen zu erzielende apodiktische Evidenz gehören aber per definitionem nicht der wissenschaftlichen Theorie, der Geschichte des Selbstbewußtseins an, denn diese hat die herausgestellte Struktur allererst abzuleiten. Die Geschichte des Selbstbewußtseins aber ist die Erkenntnis dessen, was das natürliche Bewußtsein in Wahrheit ist. *Sind Reflexion und Abstraktion eine Methode der Philosophie, dann muß es eine Erkenntnis vor der Erkenntnis geben.*

2) Reflexion und Abstraktion sind ein Verfahren, das dem natürlichen Bewußtsein selber möglich und zu eigen ist. Dann aber hat die in der empirischen Selbstbeobachtung gegebene Struktur des Bewußtseins nur den Charakter eines Selbstverständnisses des natürlichen Bewußtseins. Da aber das natürliche Bewußtsein die Umkehr der Denkart nicht vollzieht, kann dieses Selbstverständnis nicht a priori als wahr, als wahre Aussage über das Bewußtsein akzeptiert werden. Der Philosophie bliebe nichts anderes übrig, als sich mit rein hypothetischen Ansätzen zu begnügen.

Die Philosophie steht also hinsichtlich des zur Erklärung des natürlichen Bewußtseins notwendigen Vorwissens vor der Alternative, eine Erkenntnis vor der Erkenntnis anzunehmen, oder aber dieses Vorwissen nur als hypothetisch gelten zu lassen.

Das erste ist eo ipso eine absurde Annahme; das zweite aber ist deshalb für die Philosophie inakzeptabel, weil der früher herausgestellte

[10] I, 253.

Zirkel zwischen dem zu Erklärenden und dem zu seiner Erklärung notwendigen Prinzipien besteht.

Diese Alternative hängt natürlich an einem bestimmten Verfahren der Transzendentalphilosophie, das darin besteht, zunächst auszumachen, was erklärt werden soll, um dann von den Prinzipien aus ohne weitere Rücksicht auf das natürliche Bewußtsein eben dieses zu erklären, zu deduzieren, in einer Geschichte des Selbstbewußtseins als Resultat einer transzendentalen Vergangenheit zu erweisen. *Diese Alternative besteht aber unabhängig davon, was und wieviel im einzelnen eine solche Transzendentalphilosophie als Propädeutik gelten läßt und sich voraussetzt.*[11]

---

[11] Daß das Problem der Propädeutik unabweisbar ist und auch noch für die späteren Wissenschaftslehren besteht, zeigt indirekt Zimmermann (a.a.O.). Bei ihm herrscht eine gewisse Unsicherheit in der Bestimmung des natürlichen Bewußtseins. Er spricht von der ,,Selbstvergessenheit'' des natürlichen Bewußtseins, das nur lauter unmittelbar gegebene, unbestimmt unterschiedene Bestimmtheiten vor sich habe. (S. 35) Das natürliche Bewußtsein mache nicht den Unterschied von Vorstellung und Ding (S. 39), es gebe sich seinen punktuellen, unmittelbaren Bestimmungen hin (S. 43).

Andererseits sagt Zimmermann, das natürliche Bewußtsein sei schon als natürliches durch Reflexion und Abstraktion bestimmt (S. 31, Anm.; S. 92). Auf Seite 154 sagt er dann: ,,Dieses ursprüngliche Erfahrungsbewußtsein ist eigentlich ein idealer Begriff, den die wissenschaftliche Reflexion zur Möglichkeit der Bestimmung ihrer selbst sich entgegensetzen muß. Das ,vorphilosophische' Bewußtsein aber, von dem das Philosophieren historisch faktisch sich immer wieder aufs neue absetzt und ins Werk setzt, ist eine Komplexion mehrerer Modi von Bewußtsein: Es ist ein Bewußtsein, welches sowohl ursprüngliche Erfahrung ist, als auch zweifelt, wissenschaftliche Verfahren entwirft und realisiert, also angehobene Reflexion ist''.

Die Unterscheidung ,,ursprüngliches Erfahrungsbewußtsein'' – ,,vorphilosophiches Bewußtsein'' und die beiden Begriffen zugesprochenen Bestimmungen implizieren aber philosophische Thesen. Das Problem der Propädeutik besteht genau darin, daß bezüglich dieser Thesen gefragt werden muß, wie sie sich ausweisen. Trotzdem sagt Zimmermann, daß ,,das Philosophieren nach Fichte weder einer reellen noch einer virtuellen Propädeutik'' bedürfe (S. 179, Anm.).

Ähnlich problemlos sieht die Sache in der Dissertation von M. Brüggen: *Der Gang des Denkens in der Philosophie Johann Gottlieb Fichtes.* München 1964 aus. Brüggen referiert unter dem Titel ,,Einleitung in die Wissenschaftslehre'' naiv eine Unmenge von Äußerungen Fichtes, die das natürliche Bewußtsein nennen bzw. betreffen. Daß aber die Bestimmung des vorphilosophischen Bewußtseins als des durch die Wissenschaftslehre zu Begründenden selber ein philosophisches Problem ist, scheint auch Brüggen nicht zu sehen (vgl. die ,,Zusammenfassungen'' S. 12; 20; 27).

In den späteren Schriften Fichtes, um doch einmal auf sie einzugehen, wird die Aufgabe der Wissenschaftslehre so bestimmt, daß sie die mit dem Gefühl der Notwendigkeit begleiteten Vorstellungen zu erklären habe (vgl. die Zusammenstellung bei Brüggen, a.a.O.). Daß mit dem Gefühl der Notwendigkeit begleitete Vorstellungen auch falsche Vorstellungen sein können, die es nicht zu rechtfertigen (Erklärung hat bei Fichte den Charakter von Rechtfertigung), sondern zu kritisieren gilt, scheint Fichte nicht gesehen zu haben. Kant aber wußte das; das zeigt seine Theorie der ,,transzendentalen Subreption''. Das genuin kritische Verhältnis der Philosophie zum natürlichen Bewußtsein werden wir erst bei Hegel wiederfinden

DAS PRINZIP DER GESCHICHTE DES SELBSTBEWUSSTSEINS BEI SCHELLING

I. Transzendentalphilosophie und Naturphilosophie

Bei Schelling steht die Idee einer Geschichte des Selbstbewußtseins von vornherein im Spannungsfeld zwischen Naturphilosophie und Transzendentalphilosophie und damit im Rahmen der Problematik einer Philosophie des Absoluten.

Um das Prinzip der Geschichte des Selbstbewußtseins bei Schelling zu bestimmen, wird es also notwendig sein, zunächst das Verhältnis von Naturphilosophie und Transzendentalphilosophie zu klären.

In der Einleitung zu seinem *System des transzendentalen Idealismus* bestimmt Schelling die Aufgaben der beiden Grundwissenschaften der Philosophie, nämlich Naturphilosophie und Transzendentalphilosophie, im Ausgang vom Begriff des Wissens.[1] Im Hinblick auf die im Wissen vorliegende Übereinstimmung eines ,,Subjektiven'' mit einem ,,Objektiven''[2] ist es Aufgabe der Naturphilosophie beim rein Objektiven, das in dieser Rücksicht Natur heißt, anzusetzen, um aus ihm das Subjektive, die Intelligenz, abzuleiten.[3] Die Transzendentalphilosophie hat umgekehrt zu verfahren; sie hat aus dem Subjektiven das Objektive entstehen zu lassen.[4] Dabei ist Transzendentalphilosophie als ,,Geschichte des Selbstbewußtseyns''[5] durchgeführter transzendentaler Idealismus, der jedoch nicht allein beweist, ,,daß alles Wissen aus dem Ich abgeleitet werden müsse'', sondern die Frage beantworten soll, ,,wie denn das ganze System des Wissens (z.B. die objektive Welt mit allen ihren Bestimmungen, die Geschichte usw.) durch das Ich gesetzt sei''.[6]

---

[1] Vgl. WW III, 339 ff.
[2] Vgl. III, 339.
[3] Vgl. III, 342.
[4] Vgl. III, 342.
[5] Vgl. III, 331, 399 u. öfter.
[6] III, 378.

Zwischen beiden Grundwissenschaften soll ein strenger Parallelismus dergestalt bestehen, daß jede Wissenschaft von dem ausgeht, was als Resultat der anderen anzusehen ist. Damit ist es zunächst erforderlich, genauer zu bestimmen, wovon die beiden Wissenschaften jeweils „ausgehen",[7] was als deren Ausgangspunkte angesetzt wird.

Der Ausgangspunkt der Transzendentalphilosophie wird im *System* bestimmt und ausführlich erörtert. Die dort gegebenen Andeutungen reichen aber nicht aus, auch den Ausgangspunkt der Naturphilosophie zureichend zu bestimmen. Diesen werden wir den naturphilosophischen Schriften Schellings[8] entnehmen müssen.

Natur ist Gegenstand der Philosophie, sofern sie als unbedingt angesehen werden kann. Das Unbedingte bestimmt Schelling in diesem Zusammenhang als „das Seyn selbst, das in keinem endlichen Produkte sich ganz darstellt, und wovon alles Einzelne nur gleichsam ein besonderer Ausdruck ist".[9] In welchem Sinn trifft jener Begriff des Unbedingten für die Natur zu? Bei der Beantwortung dieser Frage geht Schelling von einer „allgemeinen Übereinstimmung" aus, die darin bestehe, daß „Natur selbst nichts anderes als der Inbegriff alles Seyns"[10] sei. Dieses „Ganze der Objekte" ist aber eine „bloße Welt", „ein bloßes Produkt".[11] So gesehen aber ist Natur Gegenstand der Empirie, nicht der Philosophie. Letzteres wird sie erst, wenn das Ganze der Objekte nicht bloß als Produkt, sondern zugleich als produktiv gesetzt wird.[12] Als Identität von Produktivität und Produkt aber ist Natur zugleich Identität von Ursache und Wirkung.[13]

Wenn das Sein selbst dasjenige ist, als dessen „Einschränkung",[14] als dessen „Ausdruck"[15] das einzelne Produkt gedacht werden muß, so ist jenes Sein nichts als reine Produktivität, „absolute Thätigkeit".[16] Im Vergleich zu den Produkten, die, als bedingte, Einschränkungen der produktiven Tätigkeit sind, „ist das Seyn selbst dieselbe produk-

---

[7] Vgl. III, 342.

[8] Wir werden im folgenden drei naturphilosophische Schriften Schellings heranziehen: *Erster Entwurf eines System der Naturphilosophie. Für Vorlesungen*; WW III, 3–268 (1799). – *Einleitung zu dem Entwurf eines Systems der Naturphilosophie; . . .* WW III, 271–326 (1799). – *Ueber den wahren Begriff der Naturphilosophie und die richtige Art ihre Probleme aufzulösen*; WW IV, 81–103 (1801).

[9] III, 11; vgl. III, 283. – Auf die Art, wie Schelling das „Unbedingte" in die Philosophie einführt, werden wir später noch einmal eingehen. – Vgl. S. 199.

[10] III, 11.

[11] III, 284.

[12] Vgl. III, 284.

[13] Vgl. III, 284.

[14] III, 283.

[15] III, 11.

[16] III, 13.

tive Thätigkeit in ihrer Uneingeschränktheit gedacht. Für die Naturwissenschaft ist also die Natur ursprünglich nur Produktivität, und
von dieser als ihrem Princip muß die Wissenschaft ausgehen".[17] Als
absolute Produktivität ist die Natur „Subjekt", als bloßes Produkt ist
Natur „Objekt".[18] Die Identität von Produktivität und Produkt, von
Ursache und Wirkung, ist Identität von Subjekt und Objekt: Subjekt-
Objekt.

Die Naturphilosophie geht aus von der absoluten Produktivität als
dem Unbedingten. Sie hat aus der Produktivität den Inbegriff der
Objekte, d.i. eine „empirische Natur"[19] abzuleiten. Diese Ableitung
hat den Charakter einer Darstellung des Unendlichen – als solches ist
die absolute Produktivität angesetzt – im Endlichen.[20] Dadurch wird
aus der ursprünglich ideellen Unendlichkeit[21] eine empirische Unendlichkeit, d.h. ein unendliches Werden. Ein solches kommt aber nur
durch eine fortgesetzte Hemmung der absoluten Tätigkeit zustande;[23]
es ist nur als ständiges Setzen und Wiederaufheben einer Schranke
denkbar.

Der Grund einer solchen Hemmung muß nun aber in die Natur selbst
fallen. Soll eine empirische Natur, soll ein unendliches Werden möglich
sein, so kann die absolute Produktivität nicht reine Identität sein,
vielmehr muß in ihr selbst seine Dualität oder Duplizität liegen.[22] Das
Unbedingte als die reine Tätigkeit hat die Struktur der Duplizität in
der Identität.[24] Da diese Duplizität nur eine solche von Tätigkeiten
sein kann, ist die reine Tätigkeit in sich selbst die Duplizität zweier
Tätigkeiten, einer reellen und einer ideellen.[25]

Damit ist die Möglichkeit einer Konstruktion der Natur gegeben.
Die Natur ist Subjekt-Objekt als unendlicher Prozeß des sich selbst
objektiv Werdens.[26] Das letzte Resultat dieser „Evolution"[27] aber ist
die Intelligenz als Selbstbewußtsein: „Das höchste Ziel, sich selbst ganz
Objekt zu werden, erreicht die Natur erst durch die höchste und letzte
Reflexion, welche nichts anderes als der Mensch, oder, allgemeiner,
das ist, was wir Vernunft nennen, durch welche zuerst die Natur voll-

[17] III, 283.
[18] Vgl. III, 284.
[19] Vgl. III, 285.
[20] Vgl. III, 14.
[21] Vgl. III, 285.
[22] Vgl. III, 16.
[23] Vgl. III, 16; III, 287 f.
[24] Vgl. III, 118; III, 16; III, 285.
[26] Vgl. III, 284; III, 13.
[25] Vgl. III, 288.
[27] III, 287.

ständig in sich selbst zurückkehrt, und wodurch offenbar wird, daß die Natur ursprünglich identisch ist mit dem, was in uns als Intelligentes und Bewußtes erkannt wird".[28]

So ist vorläufig geklärt, was Schelling im *System* als Aufgabe der Naturphilosophie nennt: „Das Objektive zum Ersten zu machen, und das Subjektive daraus abzuleiten".[29]

Der Ausgangspunkt der Transzendentalphilosophie, die vom Subjektiven als dem Ersten und Absoluten ausgeht, um das Objektive aus ihm entstehen zu lassen,[30] ist das Selbstbewußtsein. Dieses ist als Prinzip alles Wissens eingeführt: Wenn es gilt, das Wissen als die Übereinstimmung eines Subjektiven und eines Objektiven, von Vorstellung und Vorgestelltem, zu erklären und zu begründen, so kann das Erklärungsprinzip nur in etwas liegen, wo „das Objekt und sein Begriff, der Gegenstand und seine Vorstellung ursprünglich, schlechthin und ohne alle Vermittlung Eins sind".[31] Das Geforderte ist einzig im Selbstbewußtsein gegeben.[32] In ihm sind Subjekt und Objekt des Denkens eins und dasselbe.[33] Sofern das Selbstbewußtsein intellektuelle Anschauung ist, ist es Einheit von Produzierendem und Produkt, von Ursache und Wirkung.[34] In diesem Sinn ist das Selbstbewußtsein wie die Natur Subjekt-Objekt. Die formale Struktur des Selbstbewußtseins aber ist „ursprüngliche Duplicität in der Identität".[35]

Von diesem Begriff einer ursprünglichen Duplizität in der Identität sagt Schelling: „Ein solcher Begriff ist der eines Objekts, das zugleich sich selbst entgegengesetzt, und sich selbst gleich ist. Aber ein solches ist nur ein Objekt, was von sich selbst zugleich die Ursache und die Wirkung, Producierendes und Produkt, Subjekt und Objekt ist. – Der Begriff einer ursprünglichen Identität in der Duplicität, und umgekehrt, ist also nur der Begriff eines Subjekt-Objekts, und ein solches kommt ursprünglich nur im Selbstbewußtseyn vor".[36] Damit ergibt sich bezüglich des Zusammenhangs zwischen dem Prinzip der Naturphilosophie und dem der Transzendentalphilosophie: „Die Naturwissenschaft geht von der Natur, als dem zugleich Produktiven und Producierten willkürlich aus, um das Einzelne aus jenem Begriff abzu-

[28] III, 341; vgl. III, 356.
[29] III, 342.
[30] Vgl. III, 342.
[31] III, 364.
[32] Vgl. III, 364.
[33] Vgl. III, 365 ff.
[34] Vgl. III, 368 ff.
[35] III, 373.
[36] III, 373.

leiten. Unmittelbares Objekt des Wissens ist jene Identität nur im unmittelbaren Selbstbewußtseyn; in der höchsten Potenz des sich-selbst-Objektwerdens, in welche sich der Transcendental-Philosoph gleich anfangs – nicht willkürlich, aber durch Freiheit versetzt, und die ursprüngliche Duplicität in der Natur ist zuletzt selbst nur daraus zu erklären, daß die Natur als Intelligenz angenommen wird".[37]

Die Struktur des Selbstbewußtseins wird also mit den gleichen Bestimmungen beschrieben, mit denen auch das Wesen der Natur, sofern diese Gegenstand der Philosophie ist, umgrenzt wird: Beide sind Subjekt-Objekt als Einheit von Produktivität und Produkt, von Ursache und Wirkung. Beide sind Einheit von ideeller und reeller Tätigkeit, deren formale Struktur Duplizität in der Identität und Identität in der Duplizität ist.

Ein und dasselbe Subjekt-Objekt, wenn auch in verschiedenen Stufen oder „Potenzen", ist also einmal Ausgangspunkt der Natur philosophie, das andere Mal Ausgangspunkt der Transzendental-philosophie. Wenn aber, wie Schelling sagt, jenes Subjekt-Objekt ursprünglich nur im Selbstbewußtsein vorliegt, so muß gezeigt werden, wie man vom Selbstbewußtsein zum Ausgangspunkt der Natur-philosophie gelangt.

Diesen Übergang vom Selbstbewußtsein zum Ausgangspunkt der Naturphilosophie macht Schelling in der dritten von uns herangezogenen naturphilosophischen Schrift klar. Dort heißt es bezüglich der Aufgabe der Naturphilosophie: „Das Objektive in seinem ersten Entstehen zu sehen, ist nur möglich dadurch, daß man das Objekt alles Philosophirens, das in der höchsten Potenz = Ich ist, depotenzirt, und mit diesem auf die erste Potenz reducirten Objekt von vorne an construirt".[38]

Der Ausgangspunkt der Naturphilosophie heißt nun das „reine Subjekt-Objekt (= Natur)".[39] Im Ausgang von diesem reinen Subjekt-Objekt gelangt die Naturphilosophie schließlich zum „Subjekt-Objekt des Bewußtseyns (= Ich)".[40] Dazu sagt Schelling: „Dadurch, daß das reine Subjekt-Objekt allmählich ganz objektiv wird, erhebt sich die im Princip unbegrenzbare ideelle (anschauende) Thätigkeit von selbst zum Ich, d.h. zum Subjekt, für welches jenes Subjekt-Objekt (jenes Ideal-Reale) selbst Objekt ist. Auf den Standpunkt des Bewußtseyns

---

[37] III, 373.
[38] IV, 85.
[39] IV, 86.
[40] IV, 86.

erscheint mir daher die Natur als das Objektive, das Ich dagegen als das Subjektive . . ." [41]

Die Aufgabe der Naturphilosophie kann nun präzis gefaßt werden: sie hat „aus dem reinen Subjekt-Objekt das Subjekt-Objekt des Bewußtseyns entstehen zu lassen".[42] Das reine Subjekt-Objekt wird im Durchgang durch das Selbstbewußtsein als intellektuelle Anschauung gewonnen, aber so, daß von dem Anschauenden in dieser Anschauung abstrahiert wird. Dadurch bleibe, so meint Schelling, das rein Objektive dieser Anschauung, welches zwar Subjekt-Objekt, nicht aber Ich sei, zurück.[43]

Damit sind Aufgabe und Ausgangspunkt der Naturphilosophie geklärt. Was aber ist die Aufgabe der Transzendentalphilosophie? Was heißt „das Objektive aus dem Subjektiven entstehen zu lassen"? Heißt es, aus dem Subjekt-Objekt des Bewußtseins das reine Subjekt-Objekt entstehen zu lassen? Das gibt offenbar keinen Sinn. Der im *System* behauptete Parallelismus der beiden Grundwissenschaften ist nicht zu halten. Damit aber hat sich die Frage verschärft: In welchem Sinn ist das Selbstbewußtsein, das Subjekt-Objekt des Bewußtseins, Ausgangspunkt der Transzendentalphilosophie?

Um das zu klären, muß zuvor kurz die prinzipielle Zweiteilung der Transzendentalphilosophie in theoretische und praktische Philosophie betrachtet werden.

II. Theoretische und praktische Philosophie

Die Gliederung der Transzendentalphilosophie in eine theoretische und praktische Philosophie ergibt sich aus zwei Grundüberzeugungen des natürlichen Bewußtseins, die es zu erklären gilt. Diese sind:

1) Die Überzeugung von dem Vorhandensein einer außer uns existierenden Welt von Dingen, wobei zugleich unsere Vorstellungen dadurch, daß sie sich nach den Dingen richten, mit ihnen völlig übereinstimmen. Die Aufgabe der theoretischen Philosophie besteht entsprechend darin, „zu erklären, wie die Vorstellungen absolut übereinstimmen können mit ganz unabhängig von ihnen existierenden Gegenständen".[44]

2) Die Überzeugung, daß wir durch Freiheit hervorgebrachte Vorstellungen in der wirklichen Welt realisieren können, daß also die außer

[41] IV, 86.
[42] IV, 87.
[43] Vgl. IV, 87 f.
[44] III, 347.

uns existierende Welt unseren Vorstellungen gemäß veränderlich ist.
Die Aufgabe der praktischen Philosophie besteht darin, zu erklären,
wie die Welt durch freies Handeln verändert werden kann.[45]

Der Übergang von der theoretischen Philosophie zur praktischen
Philosophie, auf den es hier ankommt, ist gegeben in einer „Handlung,
vermöge welcher die Intelligenz über das Objektive absolut sich erhebt".[46] Diese Handlung wird innerhalb des *Systems* als die „absolute
Abstraktion" im Rahmen der „Dritten Epoche" der Geschichte des
Selbstbewußtseins entwickelt.[47] Die absolute Abstraktion ist der
„Anfang des Bewußtseyns".[48] Die Möglichkeit jener absoluten Abstraktion beruht auf einer spontanen Selbstbestimmung der Intelligenz, die den Charakter des Wollens hat. In einem Rückblick auf die
theoretische Philosophie stellt Schelling fest: „Der Willensakt ist also
die vollkommene Auflösung unseres Problems, wie die Intelligenz sich
als anschauend erkenne. Die theoretische Philosophie wurde durch drei
Hauptakte vollendet. Im ersten, dem noch bewußtlosen Akt des Selbstbewußtseyns war das Ich Subjekt-Objekt, ohne es für sich selbst zu
seyn. Im zweiten, dem Akt der Empfindung, wurde ihm nur seine objektive Tätigkeit zum Objekt. Im dritten, dem der produktiven Anschauung wurde es sich als empfindend, d.h. als Subjekt zum Objekt.
Solange das Ich nur producirend ist, ist es nie als Ich objektiv . . .".[49]
Letzteres geschieht erst im Wollen; dadurch wird das Ich sich als
Produzierendes (als Subjekt und Objekt zugleich) zum Objekt: „Dieses
Producirende löst sich von dem bloß idealen Ich gleichsam ab, und
kann jetzt nie wieder ideell werden, sondern ist das ewig, und absolut
Objektive für das Ich selbst".[50] Aber auch durch den Akt der Selbstbestimmung wird die Intelligenz sich ihres Handelns als solchem nicht
bewußt; dieses Handeln, das unbewußte Produzieren, tritt ihr vielmehr als Natur gegenüber. Der Versuch, sich ihres Handelns bewußt
zu werden, mißlingt[51] der Intelligenz auch diesmal: „Aber eben nur
auf diesem Mißlingen, eben nur darauf, daß der Intelligenz, indem sie
sich selbst als producirend anschaut, zugleich das vollständige Bewußtseyn entsteht, beruht es, daß die Welt für sie wirklich objektiv

---

[45] Vgl. III, 347 f.
[46] III, 532.
[47] Vgl. III, 505 ff.
[48] III, 532.
[49] III, 534.
[50] III, 534.
[51] Daß alle Versuche der Intelligenz, sich selbst anzuschauen, mißlingen, ist der methodische Grundcharakter und das *movens* der Geschichte des Selbstbewußtseins bei Schelling.
Auf die Methodenproblematik können wir hier nicht eingehen.

wird".[52] Die Intelligenz wird von nun an mit Bewußtsein produzieren. Dasjenige aber, was durch das bewußtlose Produzieren entstanden ist, „fällt jetzt mit ihrem Ursprung hinter das Bewußtseyn gleichsam".[53]

Damit ist der Anfang der praktischen Philosophie erreicht: „Ebenso wie aus dem ursprünglichen Akt des Selbstbewußtseyns eine ganze Natur sich entwickelte, wird aus dem zweiten, oder dem der freien Selbstbestimmung eine zweite Natur hervorgehen, welche abzuleiten, der ganze Gegenstand der folgenden Untersuchung ist".[54]

Der Punkt, an dem die theoretische Philosophie in die praktische übergeht, ist nun aber genau derjenige, an dem die Naturphilosophie an ihr Ziel kommt: die Intelligenz, das Bewußtsein, das Subjekt-Objekt als Ich.[55]

Der in der Einleitung zum *System* behauptete Parallelismus betrifft somit höchstens die Naturphilosophie und den theoretischen Teil der Transzendentalphilosophie. Der praktische Teil der Transzendentalphilosophie hat es nicht mit Natur, sondern letztlich mit Gesellschaft und Geschichte zu tun. Insofern ist zu vermuten, daß der theoretische Teil der Transzendentalphilosophie von seinem Standpunkt aus die Entwicklung der Natur zur Intelligenz, die „eigentliche Naturgeschichte",[56] wiederholt, der praktische Teil aber jene Entwicklung der Natur zur Intelligenz fortsetzt als Entwicklung der Intelligenz (des Selbstbewußtseins) selbst in Gesellschaft und Geschichte.

Wenn aber der theoretische Teil der Transzendentalphilosophie die Entwicklung der Natur zur Intelligenz von seinem Standpunkt aus nur wiederholt, wie unterscheiden sich dann Naturphilosophie und theoretische Transzendentalphilosophie? Worin besteht der veränderte Standpunkt der theoretischen Transzendentalphilosophie gegenüber der Naturphilosophie?

III. Der Anfang der Geschichte des Selbstbewußtseins

Nun erst sind wir vorbereitet, die Frage nach Anfang und Prinzip der Geschichte des Selbstbewußtseins bei Schelling zu stellen. Sie wird gestellt auf dem Boden der Ergebnisse, die unsere Interpretation der Wissenschaftslehre Fichtes erbracht haben.[57]

---

[52] III, 536 f.
[53] III, 537. – Damit ist der Begriff der transzendentalen Vergangenheit definiert. – Vgl. III, 524 ff.
[54] III, 537.
[55] Vgl. IV, 86.
[56] III, 307.
[57] Vgl. Kap. 9 d.A.

In einer Geschichte des Selbstbewußtseins müssen notwendig zwei Reihen unterschieden werden, was bedeutet, daß hinsichtlich der Reihe des Dargestellten zwischen deren Anfang und dem Prinzip als dem Anfang der Reihe der Darstellung unterschieden werden muß.[58]

Bezüglich der Naturphilosophie, deren Bestimmungen wir weiterhin im Auge behalten müssen, stellt sich das Problem so nicht. In ihr fallen Prinzip und Anfang zusammen. Die Konstruktion der Natur ist möglich, weil Natur ursprünglich als reines Subjekt-Objekt[59] Duplizität in der Identität, d.h. ein Widerstreit entgegengesetzter Tätigkeiten ist. Damit enthält der ursprüngliche Begriff der Natur zugleich die Anweisung, wie über ihn als den Anfang hinauszugehen ist.

Wie aber stehen Anfang und Prinzip der Geschichte des Selbstbewußtseins, als welche die Transzendentalphilosophie durchgeführt wird, zueinander? Wie sind diese selbst zu bestimmen?

Das Prinzip der Geschichte des Selbstbewußtseins ist das Selbstbewußtsein. Dieses kann aber innerhalb der Reihe des Dargestellten nicht im selben Sinn zugleich Anfang und Resultat „seiner" Geschichte sein. Dennoch muß vom Prinzip der Reihe der Darstellung her der Anfang der Reihe des Dargestellten bestimmbar sein. Das Prinzip ist nur dadurch Prinzip, daß es die Struktur des Anfangs (oder des Anfänglichen) erklären kann, so jedoch, daß dieser Anfang sich selber weiterbringt.

Die Bestimmung des Anfangs im Ausgang vom Prinzip, d.h. von der in der intellektuellen Anschauung gegebenen Struktur des Selbstbewußtseins her geschieht bei Schelling dadurch, daß der Begriff des Selbstbewußtseins so modifiziert wird, daß er den Anfang desjenigen Prozesses bezeichnen kann, der das Selbstbewußtsein zum Resultat hat. Diese Modifikation haben wir nun zu betrachten.

Wir gehen aus von der Aufgabe der Transzendentalphilosophie, die darin besteht, zwei Gewißheiten des natürlichen Bewußtseins[60] als identisch zu erweisen. Diese sind die Gewißheit, „daß es Dinge außer uns gebe"[61] und die Gewißheit „Ich bin".[62] Schelling sagt: „Der Satz: Es gibt Dinge außer uns, wird also für den Transcendental-Philosophen auch nur gewiß sein durch seine Identität mit dem Satze: Ich bin, und

[58] Bei Fichte ist Prinzip der Geschichte des Selbstbewußtseins die Idee des absoluten Ich (und die Idee eines Anstoßes auf dasselbe). Anfang dagegen ist ein Zustand des einfach angesetzten „Bewußtseins", dessen Struktur allerdings aus dem absoluten Ich erklärt wird.
[59] Vgl. IV, 96.
[60] Damit ist das Problem der Propädeutik angesprochen, das wir aber in bezug auf Schelling nicht erörtern können.
[61] III, 343.
[62] III, 344.

seine Gewißheit wird auch nur gleich seyn der Gewißheit des Satzes, von welchem er die seinige entlehnt".[63]

Die Gewißheit „Ich bin" ist in ihrem voll durchsichtigen Vollzug das Selbstbewußtsein als intellektuelle Anschauung. Soll in dieser Gewißheit die andere impliziert, sollen beide „für uns" identisch sein, so muß das Selbstbewußtsein als ein Akt aufgefaßt werden, durch den es selbst allererst entsteht, aber so, daß in diesem Akt zugleich auch alles entsteht, was je Objekt für das Ich sein kann (worauf also die Gewißheit „Es ist anderes" beruht). Dies ist nur möglich, wenn das Selbstbewußtsein, unbeschadet der Tatsache, daß es in der intellektuellen Anschauung unmittelbar gegeben ist, selber eine Vermittlung impliziert. Die Welt der Objekte (als alles Wißbare) muß dann in dieser Vermittlung involviert sein. Die Auseinanderlegung und Darstellung dieser Vermittlung, die den Charakter einer (unendlichen) Synthesis hat, ist Aufgabe der Geschichte des Selbstbewußtseins.[64] Dennoch muß irgendein Anfangspunkt gefunden werden, von dem jener Prozeß ausgeht, als welcher die Synthesis dargestellt werden soll.

Jener Anfangspunkt, und damit ist die Möglichkeit einer Geschichte des Selbstbewußtseins gegeben, wird von Schelling durch die Analyse folgenden Satzes gewonnen: „ . . . durch den Akt des Selbstbewußtseins wird das Ich sich selbst zum Objekt".[65] Dieser Satz drückt das aus, was in der intellektuellen Anschauung, wie Schelling meint, gegeben ist. Der Satz enthält einen weiteren, von dem aus alles Folgende entwickelt wird: „Das Ich wird Objekt; also ist es nicht ursprünglich Objekt".[66] Der Anfang der Geschichte des Selbstbewußtseins liegt offenbar in einem anfänglichen, ursprünglichen Zustand des Ich, in dem, was das Ich ursprünglich ist. Schelling stellt fest: „Ist das Ich nicht ursprünglich Objekt, so ist es das entgegengesetzte des Objekts. Nun ist aber alles Objektive etwas Ruhendes, Fixirtes, das selbst keiner Handlung fähig, sondern nur Objekt des Handelns ist. Also ist das Ich ursprünglich nur Thätigkeit. – Ferner im Begriff des Objekts wird der Begriff eines Begrenzten oder Beschränkten gedacht. Alles Objektive wird eben dadurch, daß es Objekt wird, endlich. Das Ich also ist ursprünglich (jenseits der Objektivität, die durch das Selbstbewußtseyn darein gesetzt wird) unendlich – also unendliche Thätigkeit".[67]

Mit der Bestimmung des Ich als „unendlicher Tätigkeit" sind wir

---

[63] III, 344.
[64] Vgl. III, 389 ff., besonders 393.
[65] III, 380.
[66] III, 380, vgl. 367, 374.
[67] III, 380.

wieder auf die Naturphilosophie zurückverwiesen. ,,Unendliche Tätigkeit" war nämlich die Bestimmung des Unbedingten qua Natur, also
des eigentlichen Gegenstandes der Naturphilosophie, ein Ergebnis, das
jedoch nach dem Bisherigen nicht überrascht.

Die unendliche Tätigkeit, als die das Ich nun bestimmt ist, ist ihrer
selbst unbewußte, ,,blinde" [68] Tätigkeit. Durch den Akt des Selbstbewußtseins wird diese blinde Tätigkeit zwar sehend, aber zugleich
endlich. Die unendliche Tätigkeit wird sich selbst Objekt: ,,Daß diese
ursprüngliche unendliche Thätigkeit (dieser Inbegriff aller Realität)
Objekt für sich selbst, also endlich und begrenzt werde, ist Bedingung
des Selbstbewußtseyns".[69] Das Ich aber ist seinem Begriff zufolge unendlich; wenn das Selbstbewußtsein die Selbstanschauung des Ich sein
soll, so muß das Ich sich als unendlich anschauen: ,,Das Ich ist alles,
was es ist, nur für sich selbst. Das Ich ist unendlich, heißt also, es ist
unendlich für sich selbst. " [70] Daß das Ich für sich selbst unendlich
sein soll, ist ein Widerspruch, der durch die Annahme eines unendlichen Werdens institutionalisiert wird. Der Akt des Selbstbewußtseins
impliziert ein unendliches Werden, welches hinsichtlich der entscheidenden Epochen darzustellen, wie gesagt, Aufgabe der Geschichte des
Selbstbewußtseins ist.

Jenes unendliche Werden beruht auf einem Widerstreit zwischen der
begrenzbaren, reellen und der prinzipiell unbegrenzbaren, ideellen
Tätigkeit.[71] Damit kann der Anfang der Geschichte des Selbstbewußtseins (Geschichte als res gestae) bestimmt werden. Schelling schreibt:
,,Der erste Akt, von welchem die ganze Geschichte der Intelligenz ausgeht, ist der Akt des Selbstbewußtseyns, insofern er nicht frei, sondern
noch unbewußt ist. Derselbe Akt, welchen der Philosoph gleich anfangs
postulirt, als bewußtlos gedacht, gibt den ersten Akt unseres Objekts,
des Ichs. In diesem Akt ist das Ich für uns zwar, aber nicht für sich
selbst Subjekt und Objekt zugleich, es stellt gleichsam jenen in der
Construktion der Materie bemerkten Punkt vor, in welchem die beiden
Thätigkeiten, die ursprünglich unbegrenzte und die begrenzende, noch
vereinigt sind".[72]

Dieser Anfang der Geschichte des Selbstbewußtseins ist damit zugleich der Anfang der Naturphilosophie.

Das ,,depotenzierte" Selbstbewußtsein ist in gleicher Weise Anfang

[68] III, 379.
[69] III, 380.
[70] III, 383.
[71] Vgl. III, 385 ff.
[72] III, 450.

der Naturphilosophie wie der Transzendentalphilosophie (der Reihe des Dargestellten). In beiden Fällen wird vom Subjekt-Objekt des Selbstbewußtseins ausgegangen. In beiden Fällen wird dieses Subjekt-Objekt depotenziert, bewußtlos gemacht, was dazu führt, daß es zwar für uns, nicht aber für sich selbst Subjekt-Objekt ist.

Bezüglich des Anfangs der Transzendentalphilosophie sagt Schelling 1801: „Selbst in dem System des Idealismus mußte ich, um einen theoretischen Theil zu Stande zu bringen, das Ich aus seiner eignen Anschauung herausnehmen, von dem Subjektiven in der intellektuellen Anschauung abstrahieren – mit Einem Wort es als Bewußtloses setzen. – Aber das Ich, insofern es bewußtlos ist, ist nicht = Ich; denn Ich ist nur das Subjekt-Objekt, insofern es sich selbst als solches erkennt. Die Akte, welche dort als Akte des Ichs, also gleich in der höchsten Potenz aufgestellt wurden, sind eigentlich Akte des reinen Subjekt-Objekts, und sind als solche noch nicht Empfindung, Anschauung u.s.w., welches sie nur durch die Erhebung in das Bewußtseyn werden".[73]

Was ist dann aber der Unterschied zwischen der Naturphilosophie und dem theoretischen Teil der Transzendentalphilosophie, wenn ihre Anfänge identisch sind? Der Anfang, von dem hier die Rede ist, betrifft die Reihe des Dargestellten. Der Unterschied zwischen Naturphilosophie und theoretischer Transzendentalphilosophie kann damit nur in der Reihe der Darstellung liegen, d.h. im Verhältnis der Theorie zu ihrem Gegenstand. Der Unterschied liegt darin: Die Naturphilosophie „vergißt", daß ihr Objekt, die Natur, aus einer „Depotenzierung" der in der intellektuellen Anschauung gegebenen Struktur des Selbstbewußtseins gewonnen ist. Die Transzendentalphilosophie aber reflektiert gerade auf diesen Umstand. Das Selbstbewußtsein wird Prinzip der Transzendentalphilosophie, d.h. Anfang der Reihe der Darstellung dadurch, daß es das Resultat der Reihe des Dargestellten antizipiert: es wird zum „Postulat".[74] Die Entwicklung des Subjekt-Objekt wird von Anfang an daraufhin betrachtet, inwiefern sich in ihr die durch die Depotenzierung verlassene Struktur des selbstbewußten, d.h. freien Subjekt-Objekts wieder herstellt. Dabei stellt sich aber im Übergang von der theoretischen zur praktischen Transzendentalphilosophie heraus, daß in dem Moment, wo das Bewußtsein, die Intelligenz, erreicht ist, die Natur (das unbewußte Produzieren) bloßes Objekt geworden ist. Die Transzendentalphilosophie hat also über das in der Naturphilosophie (innerhalb der Entwicklung der Natur) als Resultat

[73] IV, 88.
[74] III, 371.

auftretende Bewußtsein als dem rein ideellen Ich, dem das Subjekt-Objekt ganz objektiv geworden ist,[75] hinauszugehen, um jene Natur (das unbewußte Produzieren) in die Selbstanschauung des Selbstbewußtseins wieder hereinzuholen. Dies geschieht in der Kunst, wo die Einheit der bewußten und unbewußten Tätigkeit dem Ich selber objektiv wird.[76]

Fassen wir zusammen: Geschichte des Selbstbewußtseins hat die Reihe der Darstellung von der Reihe des Dargestellten zu unterscheiden. Hinsichtlich der Reihe des Dargestellten sind Anfang der Naturphilosophie und Anfang der Transzendentalphilosophie nicht nur hinsichtlich ihrer Struktur gleich, sie sind vielmehr ein und derselbe Anfang.

In der Reihe der Darstellung unterscheiden sie sich: Nur die Transzendentalphilosophie faßt die Entwicklung der Natur als eine im Akt des Selbstbewußtseins selber implizierte Synthesis. Nur sie kann die Entwicklung des Ich in Gesellschaft und Geschichte, welche Entwicklung innerhalb der Reihe des Dargestellten die Entwicklung der Natur fortsetzt,[77] verfolgen, und zwar gerade deshalb, weil ihr Prinzip Postulatcharakter hat.

IV. Das Prinzip der Geschichte des Selbstbewußtseins

Das Problem des Prinzips einer Geschichte des Selbstbewußtseins ist das Problem des Verhältnisses von Idee und Dasein, von „Prinzip" und Faktum.

Das Prinzip hat die Funktion, den Anfang als solchen zu erklären, wobei dieser Anfang so bestimmt sein muß, daß er in ihm selbst das movens für die Reihe des Dargestellten enthält. Zugleich aber muß das Anfangende, das „Subjekt" der Geschichte, dasjenige also, was in der Geschichte handelt und dem in der Geschichte widerfährt, als ein wirkliches Dasein in Ansatz gebracht werden. Daß und wie ein solches in Ansatz gebracht werden kann, muß mit und in dem Prinzip selber angegeben sein.

Der Anfang der Geschichte des Selbstbewußtseins wird bei Schelling

---

[75] Vgl. IV 86.

[76] Vgl. III, 605 ff. – Damit ist ein Grundmodell erreicht, das sich im Hegelschen System wiederfindet: Entäußerung und Rücknahme der Entäußerung. Bei Hegel vollendet sich die Rücknahme der Entäußerung aber nicht schon in der Kunst, sondern erst in der Philosophie selber.

[77] Vgl. IV, 89.

durch eine Depotenzierung des Selbstbewußtseins als des sich wissen-
den Subjekt-Objekt gewonnen. So entsteht das reine Subjekt-Objekt
(als unendliche Tätigkeit), das zugleich Anfang der Geschichte des
Selbstbewußtseins wie der Naturphilosophie ist. Es kommt darauf an
zu begreifen, was dies für das Prinzip der Geschichte des Selbstbewußtseins bei Schelling besagt.

Erinnern wir uns: Bei Fichte wurde das absolute Ich als Indifferenz
von idealer und realer Tätigkeit gewonnen im Übergang von der Tatsache des empirischen Selbstbewußtseins zur Tathandlung. In diesem
Übergang geschah zweierlei: 1. Das absolute Ich wurde „bewußtlos"
im Sinne Schellings, es verlor die Bestimmung, Bewußtsein seiner selbst
zu sein. 2. Gerade dadurch aber wurde das absolute Ich zur Idee als
dem Erklärungsprinzip, es wurde bloßes „Prinzip".

Bei Schelling ist das durch die Depotenzierung des bewußten Subjekt-Objekt gewonnene reine Subjekt-Objekt, welches Einheit von
ideeller und reeller Tätigkeit im Sinne der Identität in der Duplizität
ist, zugleich Prinzip der Naturphilosophie; mit ihm ist zugleich der
Grund einer nicht im erkennenden Subjekt, sondern in sich selbst ge-
gründeten Objektivität gesetzt.

Das durch die Depotenzierung gewonnene reine Subjekt-Objekt kann
daher nicht bloße Idee, bloßes „Prinzip" sein, sondern muß Bestimmung eines Daseins, eines Existierenden sein. Dies ist aber durch die
Depotenzierung allein nicht zu sichern, denn diese könnte eine bloße
Idee zum Resultat haben.

Bei Fichte konnte das absolute Ich bzw. die Indifferenz von realer
und idealer Tätigkeit in keinem Sinn Bestimmung eines Substrates
sein. Bei Schelling aber scheint die Duplizität in der Identität (das
Subjekt-Objekt) Bestimmung eines daseienden Substrates zu sein,
nämlich des „Unbedingten" als des eigentlichen Gegenstandes der
Philosophie.

Dieses Unbedingte hat Schelling erstmalig in seiner Schrift *Vom Ich
als Prinzip der Philosophie oder über das Unbedingte im menschlichen
Wissen*[78] eingeführt. Diese Einführung geschieht so, daß zu Beginn
das Unbedingte angesetzt wird, um dann als das „absolute Ich" bestimmt zu werden. Schelling sagt vom Unbedingten: „Es muß etwas
geben, in dem und durch welches alles, was da ist, zum Daseyn, alles,
was gedacht wird, zur Realität, und das Denken selbst zur Form der
Einheit und Unwandelbarkeit gelangt".[79] Vom Unbedingten heißt es

---

[78] I, 151–244 (1795).
[79] I, 162.

weiter: „Es muß also gedacht werden, nur weil es ist, und es muß seyn, nicht weil irgend etwas anderes, sondern weil es selbst gedacht wird: sein Bejahen muß in seinem Denken enthalten seyn . . ." [80] Entscheidend für unser Problem ist weniger die inhaltliche Bestimmung, die Schelling dem „Absoluten" [81] gibt, sondern die Art der Argumentation, mit der es als Gegenstand der Philosophie eingeführt wird. In derselben Argumentationsweise wird das Unbedingte in den naturphilosophischen Schriften von 1799 eingeführt. Dort sagt Schelling, das Unbedingte sei „das Seyn selbst, das in keinem endlichen Produkte sich ganz darstellt, und wovon alles Einzelne nur gleichsam ein besonderer Ausdruck ist".[82] Im selben Sinn sagt Schelling an anderer Stelle: „Da alles, von dem man sagen kann, daß es ist, bedingter Natur ist, so kann nur das Seyn selbst das Unbedingte seyn".[83]

Diese Argumentation, durch die das Absolute als Gegenstand der Philosophie angesetzt wird, entspricht genau der Methode Spinozas, der den ontologischen Gottesbeweis in eine Definition kleidet und an den Anfang seiner *Ethik* setzt.[84] Das über das ontologische Argument eingeführte Absolute ist am Anfang der Naturphilosophie reines Subjekt-Objekt, Duplizität in der Identität. Der Anfang der Naturphilosophie ist aber zugleich Anfang der Geschichte des Selbstbewußtseins im Sinne des Dargestellten. Also ist das Unbedingte zugleich „Subjekt" der Geschichte des Selbstbewußtseins.[85]

Wir versuchen, den Sachverhalt noch anders darzustellen. Die als Struktur des Selbstbewußtseins angesetzte, von der Depotenzierung nicht betroffene Duplizität in der Identität ist „Prinzip" der Geschichte des Selbstbewußtseins. Der Anfang der Geschichte des Selbstbewußtseins innerhalb der Reihe des Dargestellten ergibt sich dadurch, daß diese Struktur als Bestimmung des über das ontologische Argument eingeführten Unbedingten angenommen wird.[86]

---

[80] I, 163.
[81] I, 163 u.ö. – Vgl. auch die Schrift Schellings: *Ueber das Verhältnis des Realen und Idealen der Natur*. WW II, 354–583 (1798); dort besonders 359–378.
[82] III, 11.
[83] III, 283.
[84] Inhaltlich mag das Absolute bei Schelling anders bestimmt sein als bei Spinoza. Auf das Verhältnis der beiden Philosophen kann in diesem Exkurs nicht eingegangen werden. Eins aber scheint sicher; mindestens hinsichtlich der Art, wie er das Absolute in die Philosophie einführt, ist Schelling „Spinozist" (vgl. Schellings Brief an Hegel vom 4. Februar 1795).
[85] Als Beleg dafür, daß dies Absolute auch der Geschichte des Selbstbewußtseins zugrunde liegt, kann die notwendig werdende Unterscheidung zwischen endlicher und absoluter Intelligenz (III, 481 ff.) und die Unterscheidung zwischen absoluter Intelligenz und der „absoluten Identität" (III, 600 ff.) dienen. In der Bestimmung der Duplizität in der Identität begibt das Absolute sich in den Weltprozeß. Es bleibt aber als absolute Identität diesem gegenüber zugleich transzendent. Auch auf dies Problem kann hier nicht eingegangen werden.
[86] Mit dieser Bestimmung ist zugleich notwendig der Prozeßcharakter des so Bestimmten gegeben; es bedarf also keines Anstoßes, das so Bestimmte in Bewegung zu setzen.

Damit ist die Einheit des Prinzips, die Einheit von „Prinzip" und Faktum, von Idee und Dasein: die Einheit von Substrat und Bestimmung. Das „Prinzip" ist Bestimmung des Faktums, die Idee Bestimmung des Daseins. Diese Einheit aber ist das Absolute.

Das Selbstbewußtsein, von Schelling als das Prinzip des transzendentalen Idealismus angesetzt, geht aber nicht in der Gestalt, in der es zunächst angesetzt wird, in das nun als Einheit von „Prinzip" und Faktum bestimmte Prinzip der Geschichte des Selbstbewußtseins ein, sondern in einer depotenzierten Gestalt. Genau dadurch bleibt es als Postulat zugleich dem Prinzip bzw. dem Anfang entgegengesetzt. Damit aber ist seine Funktion nur die einer methodischen Anweisung; es ist in diesem Sinn bloßes Prinzip der Darstellung.

Die Geschichte des Selbstbewußtseins ist bei Schelling in Wahrheit die Geschichte des Absoluten, in der das Selbstbewußtsein nur eine Episode ist. Das Selbstbewußtsein ist als Postulat die Antizipation eines Resultates, das nicht erreicht wird, da Selbstbewußtsein notwendig Endlichkeit impliziert, das „Subjekt" der Geschichte aber das Unendliche, das Absolute, ist. Das Absolute kann daher nicht als Selbstbewußtsein gefaßt werden.

Das Problem des Prinzips der Geschichte des Selbstbewußtseins läßt sich hier in die Frage kleiden: Ist die Einheit von „Prinzip" und Faktum notwendig das Absolute selber? [87]

---

[87] In diesem „Exkurs" ist also ein Anfang gemacht, unsere These, das Problem der Geschichte des Selbstbewußtseins sei das spekulative Grundproblem des Deutschen Idealismus, zu bewähren. Über das Problem des Prinzips einer Geschichte des Selbstbewußtseins konnte u.a. das Verhältnis von Naturphilosophie und Transzendentalphilosophie bei Schelling geklärt werden. Der Verfasser hofft, seinen in dieser Arbeit anhand von Fichte entwickelten Interpretationsansatz für eine Entschlüsselung der *Phänomenologie des Geistes* fruchtbar machen zu können, die, wie leicht zu sehen ist, als „Darstellung des erscheinenden Wissens", als „Weg zur Wissenschaft", der selber schon Wissenschaft ist (Einleitung), eine bestechende Lösung für das Problem der Propädeutik anbietet.

NACHWORT

Die vorliegende Untersuchung erhebt nicht den Anspruch, eine aktuelle Diskussion abzuschließen, sondern versteht sich selbst als Beitrag zu einer Diskussion, die man zwar gegenwärtig für unnötig hält, die es aber wieder zu beleben gilt. Deshalb sei statt einer ausführlichen Zusammenfassung nur noch einmal kurz die These dieser Arbeit wiederholt.

Durch die Kopernikanische Wende Kants wird das Verhältnis von Philosophie und natürlichem Bewußtsein neu bestimmt. Als Transzendental-Philosophie hat die Philosophie nun das in seinem ganzen Ausmaß erklärungsbedürftig gewordene natürliche Bewußtsein zu erklären.

Durch Vermittlung Reinholds nimmt die Erklärung des natürlichen Bewußtseins im Rahmen der frühen Wissenschaftslehre Fichtes, wenn auch nur ansatzweise, die Gestalt einer Geschichte des Selbstbewußtseins an. Diese Ansätze, die im Gegenzug gegen anders geartete Tendenzen herausgearbeitet werden mußten, reichen aber aus, das spekulative Problem, das sich hinter dem Titel „Geschichte des Selbstbewußtseins" verbirgt, sichtbar zu machen.

Dadurch, daß die Philosophie in ihrer Selbstunterscheidung vom natürlichen Bewußtsein ihr Verhältnis zu diesem reflektieren muß, umfaßt das genannte spekulative Problem zwei Problemkomplexe.

1) Sofern die Philosophie in dieser Reflexion sich selbst bestimmen muß, ergab sich, da die Philosophie damit erst in ihrem Anfang steht, das Problem des Prinzips der Geschichte des Selbstbewußtseins. Wie sich gezeigt hat, besteht es darin, die Einheit von „Prinzip" und Faktum zureichend zu bestimmen.

2) Sofern die Philosophie in dieser Reflexion aber auch das natürliche Bewußtsein und dessen Wissen bestimmen muß, ergab sich das Problem der Propädeutik der Geschichte des Selbstbewußtseins. Wie sich

gezeigt hat, besteht es darin, der Alternative von einer Erkenntnis vor der Erkenntnis und einem rein hypothetischen Ansatz zu entgehen.

Aus dem Verhältnis von Prinzip und Propädeutik ergeben sich dann Anfang und Ende, Methode und Gestalt der Geschichte des Selbstbewußtseins.

LITERATURVERZEICHNIS
(Sekundärliteratur, die zitiert oder auf die verwiesen wurde)

Brüggen, M., *Der Gang des Denkens in der Philosophie Johann Gottlieb Fichtes*, Diss. München 1964

Edelmann, H., *Der Begriff des Ich. Zum Problem des Selbstbewußtseins in Fichtes Wissenschaftslehre*, Diss. Köln 1971

Girndt, H., *Die Differenz des Fichteschen und Hegelschen Systems in der Hegelschen „Differenzschrift"*, Bonn 1965

Hartkopf, W., „Die Dialektik Fichtes als Vorstufe zu Hegels Dialektik", in: *Zeitschrift für philos. Forsch.*, 21, 2, 1967, S. 173–207

Held, K., „Der Logos-Gedanke des Heraklit", in: *Durchblicke. Festschrift für Martin Heidegger zum 80. Geburtstag*, Frankfurt 1970, S. 162–206

Henrich, D., „Fichtes ursprüngliche Einsicht", in: *Subjektivität und Metaphysik. Festschrift für Wolfgang Cramer*, Frankfurt 1966, S. 188–232

Jacobs, W. G., *Trieb als sittliches Phänomen. Eine Untersuchung zur Grundlegung der Philosophie nach Kant und Fichte*, Bonn 1967

Janke, W., *Fichte. Sein und Reflexion. Grundlagen der kritischen Vernunft*, Berlin 1970

Kabitz, W., *Studien zur Entwicklungsgeschichte der Fichteschen Wissenschaftslehre aus der Kantischen Philosophie*. Berlin 1902

Klemmt, A., *Karl Leonhard Reinholds Elementarphilosophie. Studie über den Ursprung des spekulativen Deutschen Idealismus*. Hamburg 1958

Kroner, R., *Von Kant zu Hegel*. 2 Bde., Tübingen 1921/24

Lauth, R., „Die erste philosophische Auseinandersetzung zwischen Fichte und Schelling 1795–1797", in: *Zeitschrift für philos. Forsch.*, 21, 3, 1967, S. 341–367

Schäfer, D., *Die Rolle der Einbildungskraft in Fichtes Wissenschaftslehre von 1794/95*. Diss. Köln 1967

Schüßler, I., *Die Auseinandersetzung von Idealismus und Realismus in Fichtes Wissenschaftslehre.* Diss. Köln 1969

Schuhmann, K., *Die Grundlage der Wissenschaftslehre in ihrem Umrisse. Zu Fichtes „Wissenschaftslehren" von 1794 und 1810,* Den Haag 1968

Schulte, G., *Die Wissenschaftslehre des späten Fichte,* Frankfurt 1971

Simon, J., *Sprache und Raum. Philosophische Untersuchungen zum Verhältnis zwischen Wahrheit und Bestimmtheit von Sätzen.* Berlin 1969

Spickhoff, K., *Die Vorstellung in der Polemik zwischen Reinhold, Schulze und Fichte 1792–94.* Diss. München 1961

Zimmermann, B., *Freiheit und Reflexion. Untersuchungen zum Problem des Anfangs des Philosophierens bei Joh. G. Fichte.* Diss. Köln 1969